说话办事的艺术

邢延国 编著

南京出版传媒集团
南京出版社

图书在版编目（CIP）数据

说话办事的艺术／邢延国编著．—南京：南京出版社，2016.6

ISBN 978-7-5533-1345-0

Ⅰ．①说… Ⅱ．①邢… Ⅲ．①心理交往－通俗读物 Ⅳ．①C912.1-49

中国版本图书馆CIP数据核字（2016）第098482号

说话办事的艺术

书　　名：说话办事的艺术
作　　者：邢延国
出版发行：南京出版传媒集团　南京出版社
社　　址：南京市太平门街53号　**邮　　编**：210016
网　　址：http://www.njcbs.cn　**电子信箱**：njcbs1988@163.com
淘宝网店：http://njpress.taobao.com　**天猫网店**：http://njcbcmjtts.tmall.com
联系电话：025-83283893、83283864（营销）025-83112257（编务）

出 版 人：朱同芳
出 品 人：卢海鸣
责任编辑：严行健
责任印制：杨福彬

印　　刷：北京天宇万达印刷有限公司
开　　本：889毫米×1194毫米　1/16
印　　张：16
字　　数：280千字
版　　次：2016年6月第1版
印　　次：2016年6月第1次印刷
书　　号：ISBN 978-7-5533-1345-0
定　　价：29.80元

营销分类：成功 · 励志

FOREWORD

前言

古希腊伟大的唯物主义哲学家德谟克利特告诉我们："要使人信服，一句话常常比黄金更有效。"美国成功学大师卡耐基也曾告诉我们："专业知识在一个人成功中的作用只占 15%，而其余的 85% 则取决于人际关系。"而良好人际关系的建立和获得，很大程度上取决于对语言艺术的正确运用。

现代社会中，语言艺术的正确运用包括了说话与办事两个方面，所谓说话，不是指日常生活中的随口一语，而是指良好的沟通技巧与语言表达能力，而办事，则是指得体有效地处理工作与生活事务的能力，二者相辅相成，缺一不可。一个可以在社会生活中游刃有余，并将家庭生活经营得有声有色的人，必定是一个将这两种艺术掌握得炉火纯青，发挥得淋漓尽致的人。

语言，是人们交流思想、沟通感情最重要的工具之一。只有很好地运用语言，社交活动才能得以顺利进行，待办事务才能顺利而妥善的完成。一个人即使是学富五车、满腹经纶，但是若木讷寡言、不善言辞，便很难在现代社会中生存和发展。当今社会，人才竞争日趋激烈，越来越多的职业要求从业者具有良好的语言表达和沟通能力，推销员、业务员等职业更是如此。这种情况下，不会说话的人将会举步维艰。有人说："口才就是第一生产力"，事实上的确如此。

一个人的说话办事水平，可以决定他的生活层次；一个企业员工的说话办事水平，有可能决定企业的生存发展；一个公民的说话办事水平，有可能影响这个国家的国际竞争力和影响力。大到修身、齐家、治国、平天下，小到求职、恋爱、晋升、谋发展，都离不开良好的说话办事能力。

但是，现代社会中，我们往往会陷入一种误区，以为会说话就是口若悬河、滔滔不绝，其实不然，会说话，把话说得滴水不漏、漂亮得体并不意味着要高谈阔论或喋喋不休，真正掌握说话艺术的人，实际上都是眼观六路，耳听八方的高手，他们深谙人情世故，对所处局势有着准确而清晰的判断，该表达的时候当仁不让，该缄默的时候也不会喧宾夺主，永远进退自如，有礼有节。因此，不难看出，把握分寸，拿捏有度地说话才是真正会说话。用最简练的语言表达最完整的意思，用适当的沉默来代替无谓的争辩，用倾听与微笑点头来鼓励对方表达，等等，这些都是说话的艺术。

掌握了说话的技巧，实际上已经为会办事打下了夯实的基础，处理一件事情时，该件事发生的时间、地点、涉及的人物，都是我们应该综合考虑的因素，其中牵涉的复杂的人际关系，需要调度协调的各项事宜，如何权衡利弊，分辨主次与轻重缓急都是我们需要注意的方面。无论是在繁忙的职场中，还是在琐碎的家庭生活里，我们每个人无时无刻不在面临着突如其来的挑战，这些挑战无一例外都在考验着我们妥善处理繁杂或重要事务的能力。然而只有我们掌握了说话与办事的技巧与艺术，才会在这些考验中脱颖而出，笑傲人生之路。

会说话、会办事是一个人必须具备的一种能力，更是人生成功的秘诀，是必须精通的一门艺术。谁能巧妙地运用这门艺术，谁便会拥有左右逢源的人际关系，蒸蒸日上的事业，甜蜜幸福的婚姻……这本小书，通过一些具体生动的事例教你如何把话说得滴水不漏，把事办得天衣无缝，如果这些技能的学习是漫漫征程的话，希望本书可以成为你在这段路上的良师益友。

目录

第一章

好口才是一生的资本

具备优秀口才的人让听者如沐春风、极为受用，小则可以让别人身心愉悦、有求必应；大则可以推动社会进步、改变国际局势。而那些不具备口才能力的人，小则会引起他人反感，大则会惹祸上身。舌头是圆的，也是软的，又圆又软的舌头能把“丑话”说成“好话”，也能把“好话”说成“丑话”。总之，好的口才是我们一生的资本。

▶口才是魅力的展现

一个人怎么说话，说什么话，当然毫无例外地显示着他的品位和修养。

——希尔顿

纵观古今中外那些可以左右逢源的人，往往都是能言善辩、舌灿莲花之辈。这正是因为一个人拥有出众的口才，便能更加轻易地引起别人的注意、获得别人的赞同，从而达到事半功倍的效果。对他们来说，优秀的口才就是他们胜人一筹的秘籍。即便是一样的语言，从不同的人口中说出来，配以不同的表情、声调，所带来的效果也有云泥之别，可见语言的魅力。

过去人们说：佛要金装，人要衣装；现在人们却这么说：佛要金装，人要口才。衣装可以让一个人的外表得到包装，而语言却是一个人内在的展示，它所产生的影响远胜衣装的作用。再华贵的包装也只是外在的修饰，不管是服装还是香水都会有失去效用的时候，但是语言对于一个人的包装作用却是恒久的，在任何时间与地点，它都可以让你的形象变得完美，引起别人的关注。对每一个人来说，掌握日常说话的艺术便显得尤为重要。毋庸置疑，语言是值得你用一生去挖掘和利用的财富。

古代有一位县官，某天晚上做了一个梦，梦见自己嘴里的牙齿全部掉光了。第二天他吩咐手下的人找来了两个解梦的人。县官问道："你们说说，为什么昨日我会梦见自己满口的牙齿全掉光了呢？"第一个解梦的人不假思索地抢先答道："大老爷，您这个梦的意思是，在您所有的亲属都死去以后，您才能死，一个都不剩。"县官一听，勃然大怒，气急败坏地命人杖打了这个解梦人100大棍，然后把他赶了出去。县官又看了看第二个解梦的人，说："你来说说。"第二个解梦的人不慌不忙地答道："我至高无上的青天大老爷，您这个梦的意思是，您将是您所有亲属当中最长寿的一位呀！"县官听了很高兴，便拿出了100两银子，赏给了第二个解梦的人，并好吃好喝招待了他一番之后才命人送他回去。

同样的事情，同样的内容，为什么一个会挨打，另一个却受到嘉奖呢？其实，只因为挨打的人不会说话，受奖的人会说话而已。

那些掌握了语言艺术的人，每当他们开口，总能用得体的言辞来抚慰别人，他们的妙语连珠，对听者来说是一种至上的享受，即便是谈天说地，也可以让人身心愉悦。

智慧箴言

◎口才是一个人的思想、智慧、知识、性格、气质等综合素质的集中反映。人才不一定都有好口才，但口才好的人必定是人才。口才是现代智能型人才的必备素质，也是走向成功之路的有力保障。

▶口才左右着人生成败

你要想达到自己的目的，最好先掌握说话的技巧，然后用温和的态度与人交谈。

——莎士比亚

随着社会的进步和发展，口才已成为决定一个人生活及事业成败的重要因素。拥有好的口才已经成为衡量人才的基本标准之一，也是一个人走向成功的基础。发挥优秀的口才，可以帮助你轻松达到目的。

拥有好口才，有助于我们身心愉悦、工作顺利，甚至飞黄腾达！正如别人所说：好的口才是人生一大资本，它可使经商者顾客盈门，财通三江；可以使合家欢乐，其乐融融。好口才如战鼓催征，雄兵开拔；如江水直下，一泻千里；如绵绵春雨，滋润心田。

成功学者们常说："事业的成功与失败，往往取决于某一次谈话。"这话一点也不夸张。

美国人类行为科学研究者汤姆士指出："说话的能力是成名的快捷方式，它能使人显赫，鹤立鸡群。能言善辩的人，往往使人尊敬、受人爱戴、得人拥护。它使一个人的才学充分拓展、熠熠生辉、事半功倍、业绩卓著。"

1940年是美、英、苏等国家联合抗击纳粹德国的关键时刻，由于英国处在欧洲反法西斯的最前线，人力、物力都消耗巨大，此时国内的黄金已经濒临枯竭，根本没有经济能力按照"现购自运"的原则从美国获取必需的军事装备。而作为美国总统的罗斯福深知唇齿相依的道理，在反法西斯战争旷日持久的情况下，自己的重要盟友英国一旦被纳粹击溃，希特勒便会一朝得势，这势必严重威胁到美国的切身利益。因此，美国必须全力支持英国，为他们提供必要的军事装备。

但是，在美国国内，有一些目光短浅的国会议员，他们只盯着眼前利益，丝毫不去关心反法西斯盟友和欧洲糟糕的战局，他们只想在英国人身上赚取一笔军火钱。罗斯福深知，应该先说服他们，使《租借法》得以顺利通过，只有这样才能全力支持英国。为此，他在12月17日特别举行了一个意义重大的记者招待会，目的是为《租借法》拉"选票"，以赢得大众的支持。

开始，罗斯福简要介绍了《租借法》，紧接着他用浅显的比喻来陈述了自己的设想："假如我的邻居家不幸失火，而恰巧在不远处的我家有一根浇花的水管，此时要是赶紧借给邻居拿去接上水龙头，就可以帮他灭火，也可以避免火势蔓延到我家，造成我家的重大损失。但问题是，在借出水管前，要不要跟这位邻居商讨一下水管的价格呢？'喂，朋友，这根管子是花20美元买的，你得先照价付钱才能使用。'而此时十万火急，邻居去哪里找钱？我想可以这样，只要他灭火之后原物奉还，还是不要他的20美元为好。如果灭火后水管还好好的，并没有损坏，他会连声道谢；如果他把东西弄坏了，他得照价赔偿，我也不会吃亏。你们认为呢？"

这个比喻可谓是举一反三，浅显易懂，大家都赞成罗斯福的设想。后来经新闻媒体报道，很快传遍全球。此番妙语不仅成功说服了议员们无条件支持《租借法》的顺利通过，而且还赢得了丘吉尔和斯大林等反法西斯国家首脑的高度评价，并被后人传为佳话。

从罗斯福的故事中我们可以领悟出这样一个道理：决定一项事业或一个计划成败的主要因素，真的可能只取决于一次谈话。如果我们出言不逊，无理与人争吵，那么，我们将不可能获得别人的同情、理解、合作与帮助。无数成功者的事实证明，善于说话是事业成功的催化剂，它直接影响着我们的成败。

智慧箴言

◎口才是一个人智慧的反映，它影响着我们人生中的每一个关键时刻，如事业成功、人际和睦、生活幸福等。口才也是一种可以随身携带且永远丢弃不了的能力。

说好话不如会说话

世界上再没有什么比令人心悦诚服的交谈能力更能迅速获得成功与别人的钦佩了，这种能力，任何人都可以培养出来。

——戴普

每一天，人们都不可避免地要说话或听别人说话。我们会发现，和有的人聊天时，总是觉得非常愉悦，原本忧郁的心情会变得豁然开朗；而和有的人说话时，则会让人神经紧张，听到的每一句话都让人如坐针毡；同时，也有一些人，他们刚刚开口说第一句话，就会有人离席，不愿意再听下去了。

把话说好不是一件容易的事。虽然我们天天都在说话，但并不见得个个都会说话。话说得好，小则可以欢乐，大则可以兴国；话说得不好，小则可以招怨，大则可以丧身。所以，话既要说好，也要说巧。

清朝大太监李莲英，是慈禧太后的总管太监，被人们称为“九千岁”，是清末最有权势的宦官。李莲英便是一个深谙语言艺术的人，他才思敏捷，不管应对什么样的场合和人物，都表现得轻松自如。甚至很多时候，连慈禧太后都需要他出面帮助摆脱尴尬局面。也正因为如此，他深得慈禧的赏识。

慈禧有一个爱好，那就是爱看京戏，所以她经常召唤一些戏班子进宫演出。可是她喜怒无常的个性却令被召进宫演戏的戏子们提心吊胆，丝毫没有进皇宫唱戏的兴奋。这戏唱得让慈禧开心，固然是好事，也能得到一些赏赐。可如果哪天慈禧不高兴了，他们可就是提着脑袋唱了。

这一天，当时的京戏名角杨小楼接到了诏书，命他带领戏班进宫给慈禧演出。杨小楼的戏班精心准备，又恰逢慈禧心情不错，整场戏唱得还算顺利。等结束的时候，慈禧将杨小楼叫过来，意欲赏赐一些东西给他。只见她随手一指桌上的糕点说：“这些赏赐给你！”

杨小楼一看慈禧的赏赐，心里不由暗暗发愁，只因慈禧吃饭的排场太大，虽然是看戏吃的糕点，却也有好几百样，让杨小楼带回去他都没法拿。杨小楼看慈禧心情不错，便大着胆子叩头说：“老佛爷享用的东西，奴才不敢领，请老佛爷另外恩赐吧！”

此言一出，四周的人都倒吸了一口冷气。只因这些侍奉慈禧的人太知道她的脾气了，但凡赏赐的东西，无论好坏都要谢恩领取她才高兴。而杨小楼胆敢拒绝，无异于抗旨，这可是杀头之罪。可是令大家感到意外的是，慈禧的心情居然没有因为杨小楼的拒领而变坏，反而问杨小楼：“那你想要什么？”杨小楼想了想，便说：“老佛爷能否赐一个字给奴才？”

这个要求并不过分，慈禧听了也很高兴，便让人准备笔墨，当场写了一个“福”字。可是，当她刚刚写完，一个多嘴的宫女便在旁边说：“老佛爷，福字旁边是‘示’字，不是‘衣’字呀！”大家一看，原来慈禧居然多写了一点，将字写错了。被人当众指出错字令慈禧大为难堪，脸色顿时沉了下来。

原本喜乐的气氛因为这一个错字陷入了僵局。慈禧发现自己写错，也不想将错字给别人，但她已经答应要赐给杨小楼，不给又是失信。而杨小楼也不敢领字，因为怕将错字领回去无异于抓住了慈禧的把柄，万一慈禧被人嘲笑，自己肯定脱不了干系。而如果他又一次拒领赏赐，也一定会让慈禧没面子，势必引来她的怒火。进退两难的局面让杨小楼直冒冷汗，不知道该怎么办。

正当大家为难之际，一旁的李莲英走上前说："老佛爷洪福齐天，她老人家的'福'自然要比世人的多一'点'了。要不怎么显示出她老人家的高贵呢？"

慈禧一听，脸上露出了笑容，众人这才长舒了一口气。杨小楼也立刻说："老佛爷的福小人不敢领。"慈禧也便顺水推舟，另行赏赐，一场危机瞬间消散于无形。

不过是一句话，就令众人进退两难；同样也是一句话，却让大家皆大欢喜。李莲英的睿智令慈禧的尴尬顿解，这也正是他深得宠信的原因。利用语言化解危机的例子，在近现代也同样层出不穷。

在联合国的某一次峰会上，菲律宾前外长罗慕洛和苏联代表团团长维辛斯基发生了激烈的争论。只因罗慕洛不赞成维辛斯基的提议，便遭到了维辛斯基无情的嘲讽，他出言不逊地说："我们大国怎么会和你们这些小国一般见识！"

此言一出，原本嘈杂的会场顿时安静下来，大家都看着受到挑衅的罗慕洛。只见他彬彬有礼地站起来，对其他参加联合国大会的代表说："维辛斯基先生说得没错，我只是一个小国家的小人物。但无论何时何地，将真理之石投向狂妄巨人的眉心，从而使他们的言行有些检点和收敛，正是我们这些矮子的责任。"

罗慕洛这番话立刻博得了代表们的热烈掌声，也得到了广泛的支持。而维辛斯基只好在一旁干瞪眼，脸上一阵红一阵白，什么话也说不出来。

智慧箴言

◎如果你不想让自己做一个井底之蛙，就应静下心来努力学习，拓展自己的视野。若想说话不空洞无物，就应下决心积累大批的、雄厚的、扎实的资本，武装自己的头脑，丰富自己的说话内容，因为好口才就是一种资本。

合适的话题让你所向披靡

不要想到什么就说什么，凡事必须三思而行。

——莎士比亚

俗话说得好，一回生，二回熟。如何衡量同陌生人第一次谈话的成败，首先要审视交谈的话题，因为话题的好坏，直接影响交谈的结果，是交谈的第一要素，不容轻视，更不能忽视。

我们在和朋友、家人一起聊天的时候，话题总是源源不断。但是，为什么有的人一遇到陌生人，就变得头脑空白，说不出话来呢？

在交际中，我们对每一次交谈的话题都应该精心选择，不应随心所欲地张口就来，否则，在还未进入交谈内容时，就已经危机四伏了。但在具体选择这些话题时，要顾及谈话对象。一个话题，只有让对方感兴趣，谈话才有维持和继续的可能。比如，自己是球迷，就切莫以为别人都是球迷。逢人就谈球赛，很可能会让对方感到索然无味。

现代年轻人的话题总是局限于流行服饰、时代潮流等，有的人除了流行以外，对其他的话题都不感兴趣，这种做法本身已限制了话题的范围。那么怎样才能让自己成为说话的高手，又成为受欢迎的人呢？

美国知名记者芭芭拉·华特小姐在刚刚参加工作时，曾经被授命去采访航空业巨头亚里士多德·欧纳西斯先生，这是她做记者以来接到的最大任务。可是当她怀着激动而忐忑的心情见到欧纳西斯时，他却正在与专家们紧张地探讨业界面临的重大问题。

对于欧纳西斯所谈论的货运价格、航线以及对未来的设想等问题，由于太过专业导致芭芭拉根本插不上嘴。眼看时间一分一秒地过去，欧纳西斯已经到了该离开的时候，芭芭拉就要错过采访空手而回了，她心想：我必须找到一个可以引发他兴趣的话题，让他与我交谈。趁着欧纳西斯喝水的间隙，芭芭拉立刻提问：“先生，我想请问您一个问题，您在海运和空运方面都取得了举世瞩目的成就，这非常令人钦佩和震惊。请问您最初的职业是什么？是怎样开始发展这项事业的？”

这个话题成功地吸引了欧纳西斯的注意力，他很愿意与别人分享自己的经历，而整个谈话也立刻朝着芭芭拉所希望的方向开始发展，她以一个精妙的问题作为开始，获得了一次成功的采访。

在与人交谈的时候，需要特别关注对方的特点，避开谈话双方的禁忌，避免进入“谈话雷区”。善于说话的人总是能找到“安全值”最大的话题，引起大家的谈论兴趣，在“雷区”之外会导致对方不悦的敏感话题也需要时刻注意避开。与遭逢不幸的人聊天，应避免聊起不幸的往事；与失恋的人聊天，应该避免聊起爱情与婚姻等问题；而如果对方身体有残疾，则应该尽量避免过分关注他身体的问题。因为这都是谈话的雷区，而与专业人士交谈的时候，在工作之外的时间要少谈工作，在工作时间则应少谈家务；与具备一定社会地位的人聊天时，应该尽量少谈宗教、政治和性等敏感话题，以免引起对方不悦，让谈话陷入僵局。

有一位编辑想邀请一名脾气古怪的作家为自己撰稿，在见面之前，他就听说这位作家让很多编辑都吃了闭门羹，因此心里非常忐忑。当他与作家会面时，发现他果然是一个很难捉摸的人，两个人连话都说不到一起，而编辑因为紧张更加语无伦次。最后自然被作家拒绝，空手而回。

无奈的编辑被深深的挫败感所困扰，回到办公室后他思前想后，寻找着自己做得不对的地方。通过深切的自省之后，编辑认为自己对作家的了解不够，所以才导致了此次会面时遭遇尴尬。于是，他用心收集了杂志和刊物中关于这位作家的所有资讯，仔细研读了他的所有作品，在自己对作家有了进一步的了解之后，又预约了第二次见面。第二次的会面气氛开始时与前一次一样沉闷，但是编辑很快就热情地说：“最近您的作品要被翻译成英文在美国出版了，恭喜您！不过您觉得自己作品的风格能否用英文表达出来呢？”这个话题立刻引起了作家的兴趣，因为这是他最近正在做的一件大事，并深深为这个问题所困扰。于是他马上回答说：“我也很担心啊，所以一直在寻找好办法，你有什么建议吗？”

在和谐融洽的气氛中，编辑和作家进行了愉快的谈话，编辑获得了作家的认可，作家答应为他写稿；而作家也认为编辑给自己提供了一些有用的建议，与他成了朋友。

从上面这个故事中我们可以看出，在交谈中，地位处于劣势的一方有义务寻找话题，引起另一方的谈话兴趣。求人办事时，有所求的人要寻找可以让对方愉悦的话题；在谈生意的时候，乙方要选择有利于合作的话题。最常见的便是处于恋爱中的情侣，往往是男人在寻找话题来引发女性的交谈兴趣，以便让气氛变得热烈融洽。否则，如果话题引起对方不悦，就会增加处于劣势一方的难度。

智慧箴言

◎要寻找话题并不是一件很困难的事。因为在你的生活环境中，凡是能看得到的东西，都可以拿来当做话题。

良好的谈吐为你扫清障碍

谈话，和作文一样，有主题，有腹稿，有层次，有头尾，不可语无伦次。

——梁实秋

一滴蜜糖比一斤苦汁能吸引更多的蚂蚁，良好的谈吐，令人心花怒放，满面春风。

一个人的能力要获得别人的认可，必须通过一定的途径进行展示。一个表达能力不足的人在展示自己的过程中，必然会遭遇困难。就算是他拥有着卓越的想法，并且付出了十足的努力，可是没有了语言的相助，这些才华和努力也不能被别人所了解。良好的语言能力不仅可以帮助我们展示自己，更能够为我们辩护，从而获得比别人更多的成功机会，更快地达成自己的目标。

美国前总统里根在访问加拿大的时候，曾经遭遇过一次突如其来的混乱。当时，里根正在讲台上演讲，忽然看到下面一阵骚动，有人还举出了反美的标语。这种行为很快就被维持秩序的警察制止了。但是作为主人的加拿大总理皮埃尔·特鲁多还是感到非常尴尬。

看到皮埃尔·特鲁多脸上挂着不安的笑容，里根总统在讲台上笑着说："这样的情况在美国是时常发生的，我的演讲总是可以遇到这些老朋友。我想今天的这些人或许是特意从美国赶来，为我的演讲助兴的。"

这一番幽默的自嘲让现场本来紧张的气氛顿时变得轻松起来，皮埃尔·特鲁多的尴尬也立刻被化解。在大家雷鸣般的掌声中，里根的演讲得以继续下去。

可见，拥有良好的语言能力能够帮助我们跳出困境，轻松化解难题。但是在我们的日常生活中，当人们遭遇类似的尴尬，却不能做到这般游刃有余。我们看到更多的是期期艾艾和欲言又止。如何让自己的语言表达变得隽永动听，让每一名听众都可以愉悦地接受，并有效地帮助我们取得成功，这就是语言艺术的奥秘所在。

周总理是一个非常精通外交辞令的人，他总是能用轻松的语言化解难言的尴尬，达到举重若轻的效果。在国际外交界中，至今还流传着一个他与美国前国务卿基辛格之间的对话。

在联合国的一次会晤中，基辛格对周总理说："中国人走路总是喜欢低着头，而美国人走路却总是昂着头。"

这句话猛一听好像是一种随意的调侃，并不带有任何意味，或许它带着一丝不友善，却没有明显的恶意，因此也让听者无法找出基辛格的失误。如果针锋相对地回答，则会显得有失风度，而如果闭口不言，又会让自己白白令人嘲笑。

周总理听基辛格说完，便也笑着用调侃的语气说："因为中国人在走上坡路，自然要低着头走；而美国人在走下坡路，所以昂着头也不奇怪。"听了总理这一番巧妙的回答，连基辛格在内的各国代表都哈哈大笑起来。

这个回答之中不仅有敏捷的思维，更有恰当的分寸，虽然带着开玩笑的情趣，仔细回味却也能体会到反唇相讥的意味。整个谈话的气氛并没有受到任何影响，但周总理已经很好地维护了自己的尊严。

要想在谈话中有得体的表现，就必须要对自己所说的话有提前的认知和考虑。针对自己的谈话对象以及要讲的内容，每一个谈话者都应该在说话前打好腹稿，在脑海中构想好自己要怎么讲，同时观察周围的环境，掌握对自己的谈话有所影响的各种因素，这正是所谓的“凡事预则立”。

在我们的身边，随处都可以看到因为不得体的谈话而带来的不良影响，不管是个人生活还是事业都会因为未经思考的谈话而陷入窘境。就算是父子、夫妻这样亲密的关系，都会因为不恰当的话而让感情受到伤害；就算是大型企业，也会因为不得体的发言而失去支持。小说家亚诺·本奈曾经说过：“日常生活中大部分的摩擦冲突都起因于恼人的声音、语调以及不良的谈吐习惯。”一个小小的语言习惯会对我们的生活带来这么大的影响，我们又怎么能不对它投以更多的重视呢！

宰相刘罗锅是一个家喻户晓的人物，他本名刘墉，生活在乾隆时期，出任乾隆帝的宰相，深得他的信任，乾隆帝不管大事小情都非常乐于与他商议。闲来无事，乾隆帝还喜欢和刘墉聊天，只因刘墉才思敏捷，对答得体，总是能说出让乾隆帝会心一笑的话。

有一回，在议完政事之后，乾隆帝又和刘墉闲聊起来。他感慨地说：“我们转眼之间都要变成老人家了！”

看到乾隆帝一脸的伤感，情绪低落，刘墉便笑着说：“皇上，您还很年轻呢，正是做大事的时候。”乾隆帝听他这么安慰自己，只是摇摇头说：“我属马，已经五十了，怎么还年轻呢？你既然这么说，你今年多大了？”刘墉毕恭毕敬地回答说：“皇上，我今年五十，是属驴的！”

听到这个奇怪的答案，乾隆帝立刻来了兴趣，问他：“你我都是五十，我属马，你怎么属驴呢？”

刘墉看到乾隆帝一脸疑惑，便笑着说："皇上是天子，您属了马，为臣怎么还敢属马呢？所以就只好属驴了。"

这一番对答不仅出乎意料，而且还表达出刘墉对乾隆帝的无限恭敬，不禁让乾隆帝笑逐颜开，刚才伤感的情绪早就一扫而光了。

能够获得乾隆帝的认同，刘墉凭借的不仅是自己的才智，更发挥了语言的无穷魅力。从他的身上，我们可以看到：要想在谈话中获得别人的认同，就要学会使用对方熟悉的语言，谈论对方关心的话题，还要根据谈话的环境进行灵活的变通，只有这样才能契合对方的心情，从而达成目的。

在今天的社会，虽然没有了生杀予夺的皇帝，但在工作和生活中灵活地应用语言艺术，以自己良好的谈吐来赢得别人的认可，依旧是获得成功的法门之一。

智慧箴言

◎话总是说给别人听的，至于说得好不好、是否说到别人心坎上，不仅要看话语是否适当地表达了自己的思想和情感，也要看别人能不能理解并且乐于接受。

雄辩是一种生存之道

一场争论可能是两个心灵之间的捷径。

——纪伯伦

哪里有声音，哪里就有力量；哪里有口才，哪里就有了战斗的号角，就有了胜利的曙光。

在古代，苏秦曾经凭借三寸不烂之舌游说战国诸侯，成为一代谋略大家。而在近代，孙中山先生通过激情澎湃的演讲鼓舞士气，带领中华儿女推翻了清廷统治。到了现代社会，语言更无时无刻不在发挥着它无穷的魅力，它不仅鼓舞士气，而且凝聚人文，甚至可以起到扭转乾坤的作用。而要达到这一切目的，都必须具备良好的口才。雄辩之人在历史上层出不穷，他们不仅实现了个人价值，更推动了历史的进步。口才，不仅是一种巨大的开拓进取能力，也是一种生存之道！

在清乾隆帝时期，还有一位才子因其学识丰富、机智敏捷而闻名于世，他便是纪晓岚。

有一次，乾隆帝突发奇想，想要试一下纪晓岚的机智究竟达到什么地步，便故意问他："何为忠孝？"纪晓岚不知道乾隆帝为什么突然会问起这个，但他不敢怠慢，忙一本正经地回答："君叫臣死，臣不得不死，是为忠；父叫子亡，子不得不亡，是为孝。两者合起来，即为忠孝。"

话音未落，乾隆帝便说："既然这样，那朕就给你一个机会尽忠，赐你一死吧！"

此言一出，四座皆惊，纪晓岚更是摸不着头脑，想不通皇上怎么会突然就对自己赐死。但"君叫臣死，臣不得不死"是他刚刚说过的话，乾隆帝的旨意又不能违抗，他只好谢恩退朝而去。

看到纪晓岚退下，乾隆帝在心里暗暗发笑，他等着看纪晓岚到底有什么办法来化解这个难题。可是一个时辰不到，只见纪晓岚气喘吁吁地跑回来，跪倒在乾隆帝的面前。乾隆帝故意做出一副很生气的样子说："朕已经将你赐死，你怎么还活着？难道你想抗旨吗？"

只见纪晓岚一边喘气，一边急切地说："回皇上，臣领旨之后便到河边去寻死，却遇到了屈原，他问我为什么投河，我将皇上的旨意告诉了他，结果他说：'我当初投河是因为楚怀王是一个昏君，而如今的皇上却非常圣明，你怎么能说死就死，让他背上一个昏君的骂名呢？你应该先回去问问皇上是不是一个昏君，如果是，你再死也不迟。'所以，臣就回来了。"

听了纪晓岚的解释，乾隆帝也陷入了两难之中：让纪晓岚去死，则说明自己昏庸得像楚怀王。他只好笑一笑说："既然这样，那你就先活着吧！"

在这个故事中，纪晓岚所采用的办法是"以其人之道还治其人之身"，让双方的面子都得到了维护，而自己也不用去承受乾隆帝的无理要求所带来的伤害。在乾隆帝首先发难时，他的依据正是纪晓岚自己所说的"君要臣死，臣不得不死，是为忠"，他由此出发对纪晓岚提出了"去死"的要求，显得顺理成章。而话是从皇上嘴里说出来的，纪晓岚又不得不服从这一要求，因此他骑虎难下。为了重新掌握主动权，纪晓岚又想出了办法，利用因君主昏庸而投河的前人屈原之口说出了自己不去死的依据，将难题重新抛给了乾隆帝——去死的前提必须是皇上是昏君，而乾隆帝断然不肯在众人面前承认自己是昏君，因此他的要求也就不用去执行了。

纪晓岚的确机智过人，他用机敏的雄辩能力救了自己一命。假如换另一个人去将怎么样呢？假如换作一个同样是学识丰富，但是缺乏表达能力的人，他还能不能回来？或许他已经跳河自杀了！因此，口才的价值，口才的重要性，我们不可低估。

智慧箴言

◎明哲保身，不是人人都能做到的。只有那些口才良好、善于雄辩的人才能临危不惧，从而更好地反击。

▶沉默是强有力的武器

虽然言语的波浪永远在我们上面喧哗，而我们的深处却永远是沉默的。

——纪伯伦

沉默也是一种战术，如果我们能够恰到好处地运用沉默，就能起到“此时无声胜有声”的独特功效。

人们经常说：舌头是世界上最好也是最坏的东西。因为它可以助人成事，将坏的说成好的；也可以害人败事，将好的说成坏的。正是因为这一点，人们在开口说话前一定要谨慎思考。在没有想清楚究竟应该说什么话的时候，适当地保持沉默，暂时让舌头停止工作，也未尝不是一件好事。

生活之中，每一个人都能体会到：安静的环境最能让人放松神经，让理智得到恢复。这是因为嘈杂会让我们的大脑失去判断力，从而会贸然地做出错误的决定，说出不应该说的话。由此可见，让自己沉默一会儿，给大脑一点思考的时间，将更有助于你说出正确的话。即便针对那些故意找碴儿的人，也可以用不变来应对万变，除了语言可以变成我们的武器，沉默也一样可以产生巨大的力量，让对方重新审视你。

小刘是某工厂一名工人，一天他的一位农村亲戚来看他，顺便给他带来了几只老母鸡。亲戚走后，小刘打算养着这几只母鸡，让它们下蛋，于是小刘就在厂里围墙的角落上垒了个鸡圈，将老母鸡放在里面饲养。

过了没几天，这事被厂领导发现了，领导让人劝小刘将母鸡处理掉，并拆除鸡圈。最终小刘也没有执行，于是厂长就派人强行抓鸡拆圈。小刘对此很是气愤，他跑到厂长办公室去大吵大闹，而厂长正在办公室坐着，专注地看一份文件，一直就没有抬头，也不理会小刘的大吵大闹。吵了一会儿，小刘觉得没什么意思了，这时厂长拉开写字台的抽屉，甩出一份处理决定给了小刘，并告诉他，以后如若再出现类似事件，就勒令其搬出厂区去住，说完厂长就拂袖而去。

此时，小刘的火气全消，他低着头像斗败的公鸡一样回去了。

在这次争执过程中，一方大吵大闹，以语言作为武器来攻击对方；而另一方则保持沉默，用无声作为反击，轻松地产生了震撼力量，让对方认识到了自己的失礼之处，可谓不用一兵一卒便赢得胜利。

老师一直教育我们：要说出自己心里的感受。虽说勇于表达是一件正确的事，人们不应该压抑自己内心的想法，但在生活实践中，我们又可以发现，并不是任何时候任何事都要说出来才能达到目的，在人际交往过程中，适当地采取沉默，有时候更有助于我们的表达。当然，沉默并不代表软弱，也不代表放弃，它同样也是一种态度的表示。

人们往往会误会沉默的含义，认为沉默就是一言不发，任凭别人说破天也不开口表达自己的意愿。而真正的沉默并非如此，它是利用人的眼神、表情以及身体语言等各种方式，综合地展示自己的内心想法。沉默并不是单一的，它也可以表达丰富的含义，人们选择沉默有时是为了避免矛盾冲突，有时则是以另一种方式来暗示自己的态度。下面这个关于沉默的故事正好说明这一点：

古时候，有个以养马为生的农民。一日，他牵着一匹烈马到集市上去卖，途中感到饥饿，于是到一家小饭馆去吃饭。他刚坐下，看见有一个商人模样的人也牵着一匹马走了过来，那个人顺手也要将马拴在这个农民拴马的那棵树上。农民见了急忙过去对商人说："我这匹马还没有驯服，秉性十分暴躁，它会把你的马踢死的，所以你还是拴到别处吧。"谁知，那商人非但不听农民的劝告，还十分无礼地说了几句很难听的话，把马拴好后也进了小饭馆。

正当大家都在用餐时，就听见外面响起了马的嘶叫声，人们急忙跑出来看发生了什么事。商人和农民也跑了出来，只见商人的马已经躺在地上奄奄一息了，不用说，肯定是被农民的马踢伤的。于是，商人拽住农民不放，要农民赔他的马，否则就拉他去见官。农民自然没有钱赔他，于是他们闹到了衙门。县官听完商人的讲述之后，向农民提出了许多问题，可农民始终装作没听见，闭口不言。

县官无奈地说："此人是哑巴，此案无从判起呀！"商人一看，非常气愤，大喊着："他不是哑巴，刚才他还叫嚷呢！"

县官听了，好奇地问："你说他不是哑巴，有什么证据？他刚才叫嚷什么了？"

商人此时已经气糊涂了，便将刚才自己拴马时农民规劝自己的话复述了一遍，说完还得意地说："您看，他不是哑巴吧！"

可是县官听他说完，却笑着说："他果然不是哑巴，但他既然规劝过你，你不听劝怎么还怪别人呢？你的马也没有理由让他来赔偿了。"

直到此时，那个沉默了半晌的农民才说："小民刚才沉默正是因为想借他的口说明事由，现在谁是谁非已经清楚了，我也不用再争辩什么了。"

在音乐演奏中，无数的音符可以组成华丽的乐章，但若没有了休止符的出现，音乐也会变成无休止的噪声。为了让我们的表达更加有力、清晰，产生更好的效果，适当地选择沉默就好像在乐章中加入休止符一样，会令你的语言能力更为突出。这位农民正是掌握了这一技巧，才轻松地以沉默对诬陷，为自己洗清了冤屈。

相对语言来说，沉默是一项更难掌握的语言艺术，聪明的人并非时刻聒噪，他们更懂得用沉默来彰显自己的价值。姜子牙在渭水河畔遇到文王时，并没有滔滔不绝地表现自己的才能，却让文王领略到了他的非凡气质，从而邀请他助自己一臂之力；诸葛亮在茅庐中深居简出，并没有向世人表现自己的谋略，却一样获得了大家的赞扬，让刘备三顾茅庐前来延请。他们所掌握的沉默艺术已经炉火纯青，沉默并没有让他们的才华被埋没，反而更加引人注目。

智慧箴言

◎沉默就好像盐，在生活中不可缺少，却又不宜占据太多。太少的沉默让语言表达失去魅力，不仅无益，反而有害；而太多的沉默则会让人失去表达的机会，错失成功的机遇。只有将沉默恰到好处地点缀在表达的过程中，才能让我们的语言更具力量。

自嘲是一种人生境界

人生的道路都是由心来描绘的。所以，无论自己处于多么严酷的境遇之中，心头都不应为悲观的思想所萦绕。

——稻盛和夫

自嘲是一种生活态度，它可以使原本很沉重的东西刹那变得轻松无比。生活之中难免会遇到挫折，不管多么智慧的人也会遭遇生活的坎坷。在挫折面前捶胸顿足于事无补，只会让人更加难过。适当地为自己寻找一个宣泄口，宽容地对待那些失误，让自己紧张的心可以得到一丝宽慰，也许能帮助你发现生活中的美。

关于美国前总统罗斯福，有这样一个故事：

有一次罗斯福家被窃贼光顾，家里所有值钱的东西几乎都被洗劫。后来，罗斯福的朋友们知道他家被盗后，纷纷前来安慰他，劝他不要太生气，也不要太伤心。听了朋友们的劝告后，罗斯福说："谢谢你们，我亲爱的朋友，你们不用安慰我，我现在很好。另外，我还要感谢小偷呢。因为：首先，他偷去的只是我的一些身外之物，而没有伤害到我的身体和生命；其次，他偷去的只不过是我的部分财物，留下的比偷去的要多；最后，这也是最值得庆幸的，做贼的是他而不是我。"朋友们听完罗斯福的话都哈哈大笑。

遭遇了这样的事情，大多数人都会非常愤怒地谴责盗贼，向人们倾诉自己受到的伤害，寻求抚慰。而胸襟宽广的罗斯福却认识到这些举动毫无意义，在面对不幸的事时，他选择用乐观的态度来看，从另外一个角度寻找解读方式，让自己感受到这件事所带来的阳光，而不是阴霾。生活本已坎坷，如果再自寻烦恼，只会让人更烦恼。而懂得为自己开解、懂得自嘲的人，则会从烦恼中找到快乐。

在日常生活中，懂得自嘲、幽默的人，始终是人际交往中的“润滑剂”，他们让单调呆板的生活增添色彩。他们所得到的并不只是笑声，更赢得尊敬和真诚的友谊。

某些时候，自嘲好像是自己揭自己的短，让自己的缺点暴露出来供别人评点，但事实上，这种方式却更能获得大家的理解，从而树立起亲和、友好、胸襟宽广的形象，更表达出自嘲者无限的自信，让周围的人更乐于和你接近，甚至有时自嘲也能成为一种反击方式。来看下面这个小故事：

清代著名文学家蒲松龄虽然一生清贫，但他为人却是刚正不阿，不畏权贵，一身正气。一日，蒲松龄穿着一身比较朴素的衣服去一个有钱的朋友家赴宴。席间，一个穿绸裹缎的矮胖商人阴阳怪气地问蒲松龄：“久闻蒲先生文采出众，是一个大才子，怎么总也不见先生金榜题名呢？”蒲松龄听出了商人奚落的语气，他只是微微一笑，说道：“先生不知，其实我对功名已心灰意懒，最近我已经弃笔从商了。”这时，又一个满身绫缎的瘦高官吏插话了，他故意装出很吃惊的样子说：“经商应该挺赚钱的呀！可蒲先生为何衣着平平，是不是已经血本无归了？”

蒲松龄叹了口气，接着说道：“唉！大人您真聪明，真是未卜先知呀，我确实是赔钱了。最近我跑了趟登州，在当地碰上了一批刚从南洋运来的象牙，大多都是用绫缎包裹着，也有极少数用粗布包的。我原以为用绫缎包的肯定名贵一些，所以就用大部分的钱买了绫缎包的，至于粗布包的，只要了少许。可谁知，带回家一看，唉！绫缎包的竟全部是狗骨头，粗布包的才是货真价实的象牙！”

权贵们听后一个个目瞪口呆，他们都知道蒲松龄是在骂自己，却各个哑口无言。

面对别人的挑衅，蒲松龄并没有急于掩饰自己服饰的简朴，反而坦然地接受。可是，通过巧妙的语言暗示，他将穿粗布者与穿绫罗绸缎者作了比较，将自己比喻成象牙，而将权贵比喻成狗骨头。正是因为有这份自嘲的自信，蒲松龄才能睿智地给出反击，让那些羞辱自己的人自取其辱。

智慧箴言

◎一个人敢于自嘲，说明他内心首先充满了自信，他对自己非常了解，所以不在乎别人的评价。当他拿自己开玩笑的时候，别人所看到的不是他的不足，而是他的智慧、情趣以及坦诚。

▶口才是一种综合能力

世界上没有一点都不胆怯、害羞和脸红的人，包括我自己。人人都有，只是程度不同，持续的时间也不同。

——戴尔 · 卡耐基

会说话是一种综合能力，这种能力包括表达、聆听、应变等多项。

良言一句三冬暖，正说明说话得体、正确所产生的巨大效果。在每个人前进的道路上，都不可避免要与别人交际，而交际的重要手段就是语言。如果自己的话能给别人带来“三冬暖阳”一样的感受，又何愁不能获得成功呢？有语言学专家认为，口才有初级口才和高级口才之分。只要没有生理疾患、能张嘴说话的人，就可以拥有初级口才。高级口才则是指：不仅要会说话，还要说好话。

善表达，会聆听，能判断，巧应对，是衡量口才好与坏的重要标准。但是，在现实生活中，并不是每个人都能将话说好，或将本来就储存在自己脑海中的东西淋漓尽致地表达出来。

美国有一位叫寇蒂斯的保健医生，同时他也是一位热心的棒球迷，经常去看球员们练球。时间长了，他就和球员们成了好朋友，并被邀请参加一次为球队举行的宴会。在侍者送上咖啡与糖果之后，有几位著名的宾客被请上台“说几句话”。没有想到的是，在事先没有通知的情况下，他听到主持人宣布：“今晚有一位医学专家在座，我们有请寇蒂斯大夫上台跟我们队员们谈谈日常保健及健康问题。”

那么，寇蒂斯能否回答这个问题呢？当然能，而且可以说他是对这个问题认识最充分的人，因为他是研究卫生保健的，并且已有三十余年的行医经验。他可以坐在椅子里向坐在两旁的人就这个问题侃侃而谈一整个晚上，但是，现在，要他站起来讲这些问题，却另当别论了。

此时此刻他不知所措，心跳速度似乎加快了许多倍，因为在他一生中从未做过演讲，他脑海中也在刹那变得一片空白。该怎么办呢？宴会上的人全在鼓掌，大家都望着他。最终他还是摇了摇头，表示谢绝。但他这样做反而引来了更热烈的掌声，众人纷纷要求他上台演讲。“寇蒂斯大夫！请上台演讲！”的呼声愈来愈高。

他知道，此时如果自己站起来走上讲台，他将无法讲出一句完整的话，演讲一定会失败。因此，他站起身来，一句话也没说，转身背对着他的球员朋友，默默地走了出去，深感难堪。

寇蒂斯的经历是失败的，败在他不善言谈。由此可见，只有具备了高超的说话水平，才能掌握获得社会认同的最快捷、最有效的手段。但是，大多数人可能都会像案例中的寇蒂斯医生那样，在演讲时紧张、害怕，因为有这样一个调查结果："当人们要我站起来讲话时，我觉得很不自在、很害怕，使我不能清晰地思考，不能集中精力，不知道自己要说的是什么。"相信每一个人都想获得自信，泰然自若地站在众人面前，并能随心所欲地思考，能逻辑清晰地归纳自己的思想，在公共场所或社交人士面前侃侃而谈，富有哲理，又让人信服。

其实，口才并非天生，它也可以通过勤学苦练而后天取得。人在婴幼儿时期，并不会说话，但可以通过培养而逐渐获得这种能力；成年之后，也可以通过培养、训练，让自己获得卓越的口才。古今中外历史上不乏那些通过刻苦训练而获得这一卓越才能的人。

美国前总统林肯的演讲总是能让人群情激奋，但谁会想到在他年轻的时候，并不是一个能言善辩的人呢？林肯在认识到自己语言能力不足的情况之下，并没有气馁，为了提高演讲水平，他努力学习、训练自己。不管是法庭上辩护的律师，还是传教的教士，都是林肯学习语言能力的榜样。他一边学习他们的表达方式，一边模仿着他们的手势，不管是走路还是睡觉，都在训练自己讲话，甚至会对着树桩与玉米田发表演讲。而最终，他不仅成为美国总统，更成为美国历史上优秀的辩论家。

我国著名的数学家华罗庚，相信大家并不陌生，都知道他有超群的数学才华，但很多人却不知道他也是一位不可多得的"辩才"。他从小就注意培养自己的口才，学习普通话，还背了四五百首唐诗，以此来锻炼自己的"口舌"，因此，他时常在国内外的一些公众场合赢得掌声。

为了达到谈话的预期效果，谈话时我们可以从以下几个方面做起：善于聆听，捕捉反应，敏捷回应，力争主动权；陈述自己的话时要有实在的内容、清晰的观点、严密的逻辑、中肯的分析；有很强的概括能力，简明扼要地把自己的思想完整地表达出来。唯有掌握了这些要点，我们的口才与交际能力才能得以提高。

智慧箴言

◎"口才"即表达主体在人际交往的过程中，运用准确、得体、生动、巧妙、有效的口语表达策略，达到特定的交际目的，取得理想效果的一种语言表达艺术和技巧。同时，口才也是一种综合能力。

练就一副好口才

将自己的热忱与经验融入谈话中，是打动人的速简方法，也是必然要件。如果你对自己的话不感兴趣，怎能期望他人感动。

——戴尔·卡耐基

朴实无华的语言是真挚心灵的表达，是美好情感的展现。因而，语言的朴素美来自相互的处世态度，话如其人，言为心声，平时为人处世质朴真诚，说话也就自然不会扭捏做作。

说话是人的一种基本能力，这是因为，在人的大脑里虽然早就贮存了“语言学习的机制”，但这并不代表人人都是天生的演讲家。虽然大家都具备了良好的口才基础，但有些人能言善辩，而有些人依旧木讷。

人们讲话的目的是沟通、表达，而要想取得良好的沟通、不俗的效果，就必须有恰当的表达方式。一个人要想获得好的口才并非一朝一夕就可以完成，它需要长期的摸索和实践，在生活中体会别人的反应，寻找自己的表达技巧，让别人能够更容易地理解自己。如果一个人的表达不能让周围的人明白，那它便是失败、错误的表达，将会产生更深的隔阂，影响我们的生活。所以，具备良好的表达技巧是每个人都必须学习的。

在抗战胜利的前夕，画家张大千要返回四川，他的学生们在一家酒店举办宴会为他饯行，梅兰芳等众多社会名流也到场作陪。席间，张大千端着酒杯对梅兰芳说：“梅先生，你是君子，我是小人。”大家听到这话都不知道张大千想说什么，连梅兰芳也有些摸不着头脑，只好疑惑地问：“为什么这么说？”张大千说：“因为君子动口，小人动手！我端酒是动手，您喝酒是动口啊！”一句话引来满堂喝彩，宴会的气氛也被张大千幽默的语言推向了高潮。

“君子动口不动手”本是一句俗语，在生活中被广泛应用，但张大千却让它有了新意，从而让人们哈哈大笑，起到了烘托宴会气氛的良好效果。这种方式有很多可借鉴的地方，而最重要的便是灵活、巧妙，只有出其不意才能让听者恍然大悟，进而会心一笑。很多在口才上取得成就的人，他们大多认为自己从小并不善于言辞。那么他们为什么能够靠嘴上功夫吃饭呢？很简单，正因为他们自认为口才不佳，才会加倍努力去提升自己的表达能力。

据说，在西欧有“历史性的雄辩家”之称的狄里斯，原本表达能力很差，他天生声音低沉，且呼吸短促，跟人说话时，时常口齿不清，旁人经常听不清他在说些什么。当时，狄里斯的祖国政治纠纷严重，因此，能言善辩的人备受重视，格外引人注目。尽管年轻时的狄里斯知识渊博、思想深邃，而且十分擅长分析事理，并能预见时代潮流和历史发展趋势。但是，最让他头痛不已的是，自己缺乏说话的能力和表达技巧。他认为这是自己致命的弱点，甚至可能会因此被时代所淘汰。于是，他在作了一番周密细致的思考之后，准备好了精彩的演讲稿，第一次走上了演讲台。不幸的是，他遭遇了惨重的失败，原因就在于他声音低沉、肺活量不足、口齿不清，以至于听众无法听清楚他所言何事。深受打击的狄里斯并没有灰心，反而比过去更努力地训练自己的说话能力。他每天跑到海边，对着浪花拍击的岩石放声呐喊；回到家中，又对着镜子观察自己说话的口型，练习发声，坚持不懈。狄里斯如此努力了好几年。工夫不负有心人，再度上台演说时，博得了众人的喝彩与热烈的掌声，并一举成名。

并不是一定要将黑的说成白的，才算是好口才，只要能为我们的生活增添乐趣，让讲话的人更受关注和欢迎，都可以称之为口才好。除此之外，好的口才还要注意讲话的场合，不同的场合说出不同的话，让表达符合情境要求，同样也是好口才的标准。在朋友聚会的场合中，可以通过幽默、逗趣的话来让大家开心，让气氛更融洽；而在会议、谈判等场合中则要谨慎讲话，用严谨的语言表达自己的态度和认识，才有助于达到讲话的目的，才能真正发挥口才的效力。

智慧箴言

◎要想练就一副过硬的口才，就必须一丝不苟，刻苦训练，正如华罗庚先生在总结练“口才”的体会时所说：“勤能补拙是良训，一分辛苦一分才。”

包装语言，提升无形资本

一条船可以由它发出的声音知道它是否破裂，一个人也可以由他的言论知道他是聪明还是愚昧。

——狄摩西尼

两件相同的商品，不一样的包装会让它们有不同的定价；而两个一模一样的人，不一样的穿着也会让他们得到不同的评价。可见包装在人们的生活中有多大的作用。语言也离不开包装，同样的话经过不同的表达方式包装，也会产生不一样的结果。

唐伯虎是众所皆知的机智才子，此外，他还思维敏捷，是个沟通高手，在很小的时候就已经有很强的辩论能力了。

有一次，他和几个孩子在路边玩皮球，县太爷正好坐着轿子经过，皮球不偏不倚被踢进了轿子里，重重地砸在县太爷的乌纱帽上。正在轿子里沉思的县太爷被吓了一跳，气愤地大喊：“是谁在撒野？”

孩子们看到县太爷发怒，都吓得各自跑回家去了，只有唐伯虎大踏步地向前走去。只见他彬彬有礼地说：“大人，请您息怒，我们之所以敢在这里玩耍，是因为现在生活安定，而这都是托了您的洪福，我们才能过上这样的日子啊！”

这话让县太爷心里顿时一喜，被球打中帽子的怒气也消了一半。看这个孩子这么会讲话，他便有意逗一逗唐伯虎，笑着说："你既然这么能说会道，那我出个对联，你能对得上，球就还给你。"

唐伯虎从小便以对对联而闻名乡里，现在又听说可以拿回自己的球，自然毫不犹豫就答应了县太爷的要求。县太爷看了看周围逃跑的孩子们，又看了看唐伯虎，笑着说："上联是：童子六七人，唯汝狡！"唐伯虎听了，眼珠子一转便有了下联，他说："太守二千石，独公……"

看着欲言又止的唐伯虎，县太爷忙问："独公什么？"

唐伯虎故意顿了顿，说："如果能拿回球，自然就是'独公廉'；如果拿不回球，那就是……"

县太爷一听，哈哈大笑着说："如果我不将球还给你，你是不是就要说'独公贪'了？看来为了我的清誉，我也得把球还给你啊！"

就这样，唐伯虎凭借自己的机智勇敢和善辩的口才征服了县官。

生活中难免会遇到让人不好说的话题，在选择不出恰当的表达方式时，可以通过幽默的笑话、机智的玩笑来作为传达。在表达出自己意愿的同时，也不会引起对方的反感，更不会让听者感到不快。委婉的表达需要掌握好"恰到好处"这个度，让大家都不会产生什么负担，而又能心领神会。

某公司新来了几位女职员，她们有时在工作时的言谈很不文雅，多次被公司经理听到，甚至对他这个上司说起话来也很随便。

有一天，这位经理把一名已经任职两三年的女职员叫到办公室，对她说："新来的这几个年轻人说话有点随便，请你代我转告一下好吗？"

过了两天，结果令人感到很意外。那几个女职员的谈吐有了很大的改变，特别是那个负责转告的女职员，对自己的言行更为小心翼翼了，恐怕是经理的转告让她觉得自己也包括在内了。

这个女职员的情形，连主管也意想不到。在说一些令人不好接受的话时，巧妙地利用"第三者"的传递会产生更好的效果，这也是语言表达的技巧之一。通过中间人来传话可以减少批评所带来的尴尬，让被批评者更易于接受，也更利于改正。而在采用这一方式的时候，则更要注意掌握尺度，避免因中间人的传递失误而带来出乎意料的效果，那样反而会起到反作用。

人们都明白"好话难听，良药苦口"的道理，但在生活中，大家还是不愿意听到批评自己的声音。如果可以给批评的话增加一些包装，就好像给药裹上一层糖衣，更利于大家接受，从而让“好话”和“良药”真正到达需要它们的地方。

智慧箴言

◎舌头是一把双刃剑，运用恰当，它可以让我们成功；反之，也可能会让我们失败。所以，好好包装一下自己的语言，把话说好，这也是一种无形的资本。

正确利用口才这把双刃剑

人之作孽，莫甚于口；言语尖刻，必为人忌。

——朱熹

语言艺术，犹如一把双刃剑。利用得好了，则双方受益、互惠共赢；利用不好，则不欢而散，甚至两败俱伤。

现代社会对人才的要求尤其注重表达能力，一方面是因为表达能力反映一个人的内在修养；另一方面则是因为善于表达的人更能适应社会和工作环境。人们总说地球越来越小，正是因为人们的联络越来越紧密，交流也越来越频繁。不管工作、生活都需要和不同的人接触，只有拥有好的表达能力，才能在瞬息万变的社会中如鱼得水。交谈需要口才，谈判更需要口才，对良好口才的需求无处不在，巧舌如簧也不再是一个贬义词，而成为对好口才的赞美。拥有了好口才，就如同拥有了腾飞的翅膀。

小李大学毕业以后，决定不依赖任何人去自谋职业。一天，他在一份人才报上看到他很向往的某知名公司要招聘一位具有工作经验和特殊才能的专业人员。小李很是高兴，但他并没有盲目地去应征，而是用了很多时间去收集该公司及公司经理的有关信息，更是详细地了解了该公司的产品以及公司经理的奋斗史。

在掌握了这些信息以后，他去这家公司应征了。和经理见面之后，小李开口说：“我很愿意到贵公司工作，贵公司是一个很好的平台。此外，我觉得能在您手下做事，是我巨大的荣幸，因为您是一位非常了不起的成功人士。”经理一边仔细听着，一边不停地点着头。小李继续说道，“我知道您在20年前创办公司的初始，只有一张桌子、一位职员和一部电话机，经过您不断的艰苦奋斗，才有了今天的巨大成就。您的这种精神令我十分钦佩，我也正是奔着这种精神才前来接受您的考核，我希望留下来和贵公司一起成长。”

小李的言谈引起了这位经理的共鸣，因此，这位经理也乘兴回顾起了自己的成功经历。小李始终在旁倾听，以点头来表示钦佩。最后，经理简单地问了小李的一些情况，最终拍板：“你就是我们需要的人。”

从这个故事中可以看出，人们都乐于回忆当年奋斗的经历，这位经理也不例外。小李正是抓住了经理的心理，才取得了最后的成功。可见在同领导沟通时，懂得如何说话、说些什么话、怎么把话说到对方心坎上，是很重要的。

老刘在某高校的讲台上勤勤恳恳地工作了几十年，到了退休的时候，学校为他和另一位曾多次荣获过“先进工作者”称号的老张一并举行了一个欢送会。与会的领导和同事们对他们两位的工作和为人进行了热情洋溢的肯定和赞扬，但是，相比之下，对曾荣获过多次“先进”的老张的赞美则更多些。

当轮到两位老同志致辞时，他们对大家的赞扬作了一番深情的感谢，一时间，会场里充满了一种令人动情而又温馨的气氛。作为答谢，话本该说到这里为止，然而，老刘却并未就此打住。他由人们对老张“先进”的赞扬中引起了感触，并作了一番感慨：“说到先进，很遗憾，我从来也没有得过一次……”话音未落，坐在他对面的、平日与他相处得不很融洽的一位青年教师突然抢过了话头：“不，都是我们不好，不是你不配当先进，是怪我们没有提你的名。”他话语中带着一根不肯饶人而又让人难堪的“刺”，老刘的眼角眉梢被“刺”出了一股伤感和愤怒。一时间，会场中也出现了一种尴尬气氛。

一位领导见苗头不对，马上接过话茬儿，想缓和一下气氛。照理说，他应避开“先进”这个敏感的话题，转而谈论其他。然而，这位领导却反反复复劝慰老刘说：“你对‘先进’的问题不要太在意，没有评过先进，并不等于不够先进，先进不仅在名义，更要看事实。”他这一席话，等于把本应避而不谈的话题作了重复和引申，使本已尴尬的局面变得更为尴尬。

智慧箴言

◎语言艺术也是一种阅历。在不同的时间、不同的场合以及面对不同的人时，我们应该用不同的方式说出不同的话来，这样才能收到理想的言谈效果。

第二章

会说话 助你网罗人才

语言艺术好比一匹宝马，驾驭好了可以日行千里，帮你冲锋陷阵；驾驭不好，就可能让你摔跟头，甚至踢伤别人。所以说，灵活运用语言艺术，说话讲求尺度分寸，既是一项交际技能，也是一种生存资本，更是修养气度的表现。会说话、有修养的人很容易被人接纳，招人喜欢。因此，会说话的人往往能够左右逢源，并在交际场合如鱼得水。

言谈举止“礼”字当先

礼貌使有礼貌的人喜悦，也使那些受到人家礼貌相待的人们喜悦。

——孟德斯鸠

古人言：“凡人之所以为人者，礼义也。”“鹦鹉能言，不离飞鸟；猩猩能言，不离禽兽。”因此，人若无礼，就和禽兽没有区别了。

礼是人的一种行为规范、处世之道。孔子曾说：“以礼敬于人，人们就服从你；以礼敬于神，神就保佑你；以礼敬于天，天就会相助你。”这是不可改变的道理。而我国素有“礼仪之邦”之称，故此，怎样以礼待人、妥善处事就成了每个人不容忽视的问题。

民间流传过这样一个故事：

一个年轻人在去往某地的途中迷了路，当他遇到一位老者时，脱口问道：“喂，老头！到××地还有多远啊？”老人回答说：“不远了，还有两三百丈。”年轻人听了感到很奇怪，便又问道：“喂，你们这个地方怎么不论‘里’，而论‘丈’呢？”老人看了看他，不紧不慢地说：“小伙子，我们这本来也是讲‘里’的，可自从来了个不讲‘礼’的人就讲‘丈’了。要论‘礼’，就该给那个先不讲‘礼’的人两个耳光！”

故事中的年轻人，由于没有掌握起码的社会交往的礼节，不懂得社会交往时何谓礼仪，因而导致交往受挫。这表明，约定俗成的社会交往应酬礼仪一经形成，就深深地制约着个人的社会行为，影响着社会交往的结果。

某公司的老王患有高度近视，十步以外，看不清来人的面貌，对于熟人，只会借由听声音来辨别他是谁，因此不熟悉的人，往往误会他是自大成性。他为补救他的缺憾，就是对倒茶小妹，也总是加上“请你”或“谢谢你”等词，有人来到面前有所陈述或要求时，他总是起立，绝不坐在椅子上，有时还称他们为“先生”。这些举动未必让人产生好感，但相信至少不会发生恶感。

与老王相反的是公司的经理李某。当有职员去见他时，他不但坐着不动，也不屑回应一声，而且也不关注他人的陈述。来人只好站在旁边说话，有时碰到他不高兴，或认为他人说的话不对，李某竟始终不开口，好像听而不闻，也始终不看人家，好像视而不见，让人落得一场没趣，只好悻悻离开。他对高级职员如此，对其他下属当然可想而知，就是对待朋友，同样也是爱理不理的神情，实在令人难受。当他得势的时候，大家只敢在背后批评，当面还是恭维奉承，但心里都反感他。他制造了这种恶因，后来形势逆转，一时攻击他的人非常多。当然可能还有其他重要原因，然而平常待人傲慢，至少是原因之一。

孔子说：“不学礼，何以立。”孔子所谓的“礼”，自然不单指礼貌而言，但是礼貌必在其中是可以肯定的。言语行动、音容笑貌，都要注意。文质彬彬，然后君子，礼多人不怪，在对人方面，礼多才足以表示你是位君子呢！

在繁忙的开学季节，学子们都来到了自己向往的大学，准备办理入学手续。有一名新生看着自己手上的登记表，发现有好几个不同的地方要去，而自己随身携带的行李又很重，无法带在身边。此时，恰巧路边有一个老人正在散步，这名新生心想：反正老人也没事做，正好让他帮我看行李。于是，他跑过去连个招呼都没打，便说：“帮我看一下行李。”说完就去忙自己的手续了。

等这名新生办完全部手续回到行李寄存的地方时，发现老人果然一直在替他守着。但他却连一句感谢的话也没有，提着行李就走了。

在开学典礼上，这名新生又见到了老人，原来他是本校的校长！校长站在讲台上，也看到了这名新生，他微笑着说：“我今天想给大家讲一讲礼仪！”新生听到这话，不由得脸红到了脖子根儿。

年少的时候，人们总是以“年轻不懂事”为由给自己开脱，而养成不讲礼貌的习惯之后，即便是走入社会，他也不会注意到自己没有礼貌，而这将为他带来很多阻碍。

礼貌是一种智慧，这表达着对别人的尊重，不会引起对方的反感，也就自然地给自己拓宽了交际空间，这是每一个人都必须遵守的法则。

从这个意义上讲，没有礼貌的人是举步维艰的。多礼还必须诚恳，多礼而不诚恳，可得知其人的虚伪，虚伪反而使人讨厌。能诚恳，才能恭敬，才是真的礼貌。俗语说：“人熟礼不熟。”这就表示，对于熟人，也要有礼貌。

智慧箴言

◎礼是什么？礼是一个人的形象，礼是一个人的名片，礼是一个人的面子。在应酬中，“礼”字当先，尊重他人，就是给他人面子，与人方便，也是与己方便。

尊重是交谈的基础

施予人，但不要使对方有受施的感觉。帮助人，但给予对方最高的尊重。这是助人的艺术，也是仁爱的情操。

——刘墉

尊重是一种美德，带有神奇的力量。它体现一个人的道德高尚与否，心地纯正与否，气度宽广与否。尊重别人可以消除隔阂，拉近友谊，显示修养，赢来信任，换得朋友。

在日常生活中，我们常常可以听到“人心隔肚皮”这句话。但是，我们也应该看到：人们之所以不能坦诚相待，正是因为自己先充满了戒备，不能打开心门。如果大家都能够以尊重他人为基础，诚恳地对待别人，自然可以交到更多真诚的朋友。

尊重与真诚是结交“真朋友”最可靠、最必要的途径，在交往的过程中，受益最大的其实还是自己。一个人的能力与见识毕竟有限，如果可以集思广益，则会带来智慧的风暴，可以完成更艰巨的任务，创造更伟大的成就。我们每个人都渴望朋友，在交友的过程中却又难免遇到坎坷，但如果人人都以尊重他人为先，宽容对待别人，又何愁交不到朋友呢？

也就是说，真诚待人不仅仅是一种态度，也是一种能力和美德，它需要设身处地地为他人着想，给别人面子，维护他人的尊严。

一次，清洁工露西去一位好莱坞演员家做保洁，女主人给她布置完工作之后，突然问她：“我现在能抽一支烟吗？”露西吃了一惊，回答道：“您是在问我吗，夫人？”女主人说：“是啊，我想抽支烟。”露西忙说：“这是您的家呀，为什么还要问我呢？”女主人说：“因为你在这里工作，我吸烟会影响到你的，所以应该得到你的允许。”

事后，露西愣了许久，也想了许多，她还是觉得很奇怪，一个人在自己家里抽烟，还要去征求一个清洁工的同意，简直是令人匪夷所思!露西不得不承认，从那一刻起，她感到非常高兴，也很感动，因为她做家政工作这么多年以来，从来没有哪一家的主人像这位夫人这样对待过自己，因此，她感到了前所未有的被人尊重的喜悦。她想，尽管自己仅仅只是一个清洁工，可并不是低人一等，即使在别人家里，自己也有被尊重的权利，况且女主人是那么的真诚。所以，露西每次到这家做保洁，都会很乐意额外地帮女主人多做些事情。

一个人，不论他的家庭背景如何，不论他的社会地位如何，个人能力或者经济条件如何，他在人格与尊严上，都是与别人平等的。人与人的交往本来就是相互的，如果你本着一颗平常心，不求回报，你反而会得到更多，因为你的路越走越宽，你的朋友越来越多。自然，你遇到困难的时候也就会有更多的人来帮助你。

要做到真诚与尊重，首先，要相信自己，因为信任自己是信任他人的前提，在一定程度上向他人敞开心扉，是尊重别人的第一步；其次，要从他人的角度关注别人的想法，并理解和关心他人，你就会获得别人的信任，陌生人也会变成你的朋友；最后，不要吝啬你的微笑。真诚地向一个人展露微笑，他就无法再对你生气，敌意马上变成了友善。因为微笑是一种魅力，是广交朋友、化解矛盾的有效方法。需要注意的是，微笑要发自内心，不能“皮笑肉不笑”。温馨亲切的微笑可以给对方好的感受，也可以反映出自身的气度和修养。

智慧箴言

◎古人云：“爱人者人恒爱之，重人者人恒重之。”以自己的爱心和尊重去对待别人，也必然会获得他人的回报，得到别人的尊重与爱护。可见对别人的尊重也是对自己的尊重，这个美德我们每个人都应该坚守。

▶真诚是最有效的表达

真者，精诚之至也，不精不诚，不能动人。

——《庄子》

真诚是人类最伟大的美德之一，一个对生活、对事业、对自己和他人真诚的人，写文章能以真诚动人，办事情能以真诚悦人，说话能以真诚感人，最终也会以真诚赢得最精彩的人生。

“精诚所至，金石为开”，好口才的第一步就是要让人感觉到你的诚意和热心。诚意要求的是内容，热心要求的是表达的态度，唯有“情自肺腑出，方能入肺腑”。俗话说得好：“有了巧舌加诚意，就能够用一根头发牵动一头大象。”

1913年，美国科罗拉多州煤铁公司的矿工们为了要求加薪而进行了一场罢工。因为该公司处理不善，结果导致这场罢工演变成了一场流血事件，最终劳资双方的矛盾也都走向了极端。这次罢工前后持续了两年之久，是美国工业史上有名的一次大罢工。石油大王洛克菲勒的儿子小洛克菲勒最初想到的办法是暴力镇压，他邀请军队协助，结果却酿成了惨剧。愤怒的工人开始了更大规模的罢工，这场战斗看上去将会无限期延长。后来，在父亲的劝告下，他改变了主意，选择了柔和、真诚的方法。他每天都深入工人当中慰问，使双方的情感慢慢地好转。后来，他叫工人们组织成一个代表团与合资方洽谈协商。在小洛克菲勒的努力下，工人们渐渐对他失去了敌意。于是，在时机成熟的时候，他决定对罢工运动的代表们作一次十分中肯的演说。

在那次演讲中，小洛克菲勒十分动情地说：“在我的有生之年，今天恐怕要算一个最值得纪念的日子。因为能够和诸位认识，我感到十分荣幸，如果我们的聚会在两个星期之前举行，那么，我就会以一名陌生人的身份站在这里了，因为那时我只熟悉诸位中的极少数，还不认识大家。但这两个星期以来，我每天都到南煤区的各个帐篷里去察看，和在座的每一位代表都有过单独谈话；我也看过了诸位的家庭状况，也见了诸位的妻儿老幼。期间大家都对我十分客气，完全把我看作是自己人。所以，今天我们在此相聚已经不是陌生人，而是朋友了。

“既然是朋友，我们不妨本着相互的友谊，共同来讨论一下我们大家共同的利益问题，这应该是使人感到十分高兴的。今天来参加这个会的人员都是厂方的职员和工人的代表，感谢诸位的到来，我相信在这里我们一定能化解一切矛盾，消除一切隔阂，并且彼此成为好朋友。我今天虽然是代表着公司方面的董事会，可是，我并不是站在和诸位对立的位置。我们彼此关心的问题，现在我很愿意提出来和大家讨论一下，让我们一起从长计议，获得一个双方都能兼顾到的、圆满的解决办法，因为，这是对大家都有利的事……”

这一段演讲并没有运用华丽的辞藻，也没有鼓舞人心的口号，但它的真诚却打动了矿工们的心，罢工事件终于获得了圆满地解决。

智慧箴言

◎我们在与人交往时，必须秉持一颗赤诚的心，将自己最好的一面通过语言表达出来，不要流于巧言令色、油嘴滑舌。

好的修养助你成功

性情的修养，不是为了别人，而是为自己增强生活能力。

——池田大作

如果一个人的脸上长有疤痕，则需要使用化妆品或药品加以治疗弥补。同样，谈吐方面的缺陷也要改变，虽然这些毛病不具有决定意义，但如果不加以注意，就会演变成习惯，从而会影响到自己在他人心目中的形象。

礼貌所表现出的是一个人的修养和素质。制定法律是通过法律来约束社会人的行为，而礼貌则是一个人发自内心地对自己的要求，无须法律的约束、告诫，更无须别人的提醒。使用礼貌的语言应该作为我们的自觉而成为习惯。在现代社会中，文明礼貌的用语也越来越被认为是人格魅力的一部分。

具备良好礼仪素养的人在人群中总是光鲜夺目的，因为他所表现出来的仪表和风度能够得到大家的瞩目和尊敬。在人际交往过程中，礼貌的语言如同润滑剂，可以让大家更为流畅、愉悦地交谈，让所有人更为和睦地相处。

一批大学生在毕业实习期间，被老师带到某单位实验室里参观，参观完毕，他们在会议室里等待着该单位领导的到来。

此时，女秘书端着水杯进来，给每个人送上了一杯水，所有人都坦然地享受着这一服务，还有人不喜欢喝白开水，希望可以让秘书给自己倒绿茶。这其中只有小刘一位同学在接过水杯时礼貌地说："谢谢，辛苦了！"秘书抬头看了他一眼，脸上露出了笑容，她回应道："同学，不客气。"

这时单位领导走了进来，他急忙和大家打着招呼："我代表单位所有员工，欢迎同学们的到来。今天我跟大家介绍一下我们单位的相关情况，我看同学们好像都没带笔记本，正好我们单位印了一些纪念手册，送给同学们每人一本做纪念吧。"当这位领导用双手给同学们奉上纪念册时，同学们都很随意地用一只手接了过来，看到这种情况，这位领导的脸色很难看，老师站在一旁也很尴尬。这时发到了小刘这儿，他马上很礼貌地站了起来，身体微倾，双手接过手册，说了一声："谢谢您！"领导眼前一亮，伸手拍了拍小刘的肩膀问道："你叫什么名字？"小刘照实回答。领导微笑着回到自己的座位上。

过了两个月，在毕业分配表上，小刘的去向一栏里赫然写着该单位的名称。有几位同学感到不满，他们找到辅导员老师问："小刘的学习成绩最多也就算个中等，我们个个都比他强，凭什么选了他而没选我们？"老师看了看这几张有些稚嫩的脸，笑着说："是人家点名来要的，你们的机会是完全一样的。但是除了学习以外，你们需要学习的东西太多了，如个人修养也是一门很重要的课程。"

语言是思想的衣裳，谈吐是行动的羽翼。它可以表现一个人的高雅，也可以表现一个人的粗俗。

在一个熙熙攘攘的十字路口，一位牵着宠物狗、打扮时髦的中年女士冲身旁的交通协管员喊道："喂，怎么到马路对面去啊？"协管员头都没回，说："下回说话请带上主语，客气点。"然后顺手一指，"直走，前面桥下过马路！"这位女士悻悻然离去，协管员也没好气地冲周围的人抱怨。

很简单的一个问路，却因为问路人不懂得使用基本的礼貌用语而造成了双方的不愉快。其实，这位女士只需在问路时加上几个简单的词语，比如，"您好！请问……"，敬称"您"再加上"请"，相信协管员在回答问题时也会客气得多。从协管员这方面来说，虽然问路人说话不礼貌，但也不需要动气，更不需要针锋相对。他可以先使用礼貌用语指路，然后再婉转地提醒问路人注意礼节。

其实，任何时候都不要小看了"请"、"您好"、"谢谢"、"对不起"这些简单的礼貌用语，如果能恰当使用，既能在主观上使人感到身心愉快，又能在客观上促进人际关系的和谐发展。

礼貌的语言是一种修养，礼是人与人之间进行沟通与交流的基本原则，它不仅能赢得别人的尊重，还能拉近双方的距离，从而使交流更顺利。所以无论在什么时候，说话都不得无"礼"。在人际交往中，能够正确使用礼貌用语，有利于营造双方相处的融洽气氛，不仅给予了对方充分的尊重，也展示了自己的修养。

智慧箴言

◎语言是人们互相了解的窗户，是走进别人内心的桥梁，也是人类进化过程中最重要的一项创举。只有擦亮自己的窗户，才能让别人看到更清晰的你；也只有更稳固地搭建自己的桥梁，才能真正走进别人的内心。

赞美是最好听的声音

赞扬，像黄金钻石，只因稀少而有价值。

——塞缪尔 · 约翰逊

赞美是这个世界上最好听的声音，是美德的影子，更是一种气度、一种发现、一种理解、一种智慧、一种境界、一种升华。

有人说：“我赞美敌人，敌人成为我的朋友；我赞美朋友，朋友成为我的手足。”可见赞美在语言中的魅力实在无穷。人们总是希望听到别人对自己的赞美，而不喜欢听到别人揭短，这也是人之常情。尤其是在缺乏自信的时候，一句赞美就好像一束阳光，可以让人倍感温暖。

赠人玫瑰，手有余香。学习赞美别人，会让你得到更多的赞美。赞美不仅能够让人际关系更加融洽，还可以推动感情进一步升华，就算是怨恨的阴云，也会在赞美的阳光中消散。

一天，小张去邮局寄信，她在排队等候的时候发现柜台内的女职员一脸冷漠，对顾客非常不耐烦，对自己的工作也是漫不经心的。小张是一个善解人意的女孩，她想：她们日复一日地卖邮票、称信件，耐性再好的人也免不了会感到厌倦。

于是小张打定主意：“我一定要让她高兴起来。”她观察了片刻，发现这位职员有一头非常漂亮的头发。当轮到小张寄信时，她递上信件后友善地说：“您的头发真漂亮，乌黑柔顺，我真希望自己也能拥有您这样的头发。”

女职员诧异地看了小张一眼，马上露出笑容说道：“谢谢你的赞美！”接着，她们愉快地交谈了一会儿，留下了彼此的联系方式，后来，她们还成了好朋友，这位女职员工作更积极了，对顾客的态度也和善了许多。

由此可见，赞美能激发一个人内在的热情，让他用和善、友爱的态度去对待周围的人。真心诚意的赞美对改善人际关系有极大的帮助，而它又与曲意逢迎有着本质的区别。赞美是诚恳的，如果缺少了诚恳，它会变得空虚，只是用悦耳的词语去取悦对方，就会变成阿谀奉承。

有一位厨师以烤鸭子而闻名，他的手艺得到了许多顾客的肯定，老板自然也非常欣喜，但从未给他正面的表扬。

这一天，老板邀请了一名贵客，请厨师拿出自己最好的技术制作了一只烤鸭。这道菜获得了客人们的一致赞赏，但老板却发现鸭子只有一条腿。他很奇怪，便叫来厨师问：“这烤鸭怎么只有一条腿呢？”厨师说：“我们店里的鸭子都是一条腿呀！”

老板听了这话，感到非常诧异，便来到后厨查看。当时已经是深夜，鸭子都用一条腿撑着睡觉。厨师说：“您看，我没说错吧！”老板摇摇头，用力拍了拍手掌，被惊醒的鸭子都站了起来，老板说：“你看，明明是两条腿。”

厨师做出一副恍然大悟的样子说："原来鸭子也是需要掌声才能有两条腿的呀！"老板立刻明白了厨师的深意，没过多久便给他加薪，同时再也不吝惜自己的赞美，总是找机会夸赞他的烤鸭技术，大家的关系也更加密切和谐了，生意自然也更好了。

所以说赞美也是一门学问，巧妙地赞美别人，不仅会赢得对方的尊重，还会提高你在别人心目中的地位。当然，赞美别人对自己也会有所帮助。因为，你若想让对方接受你的观点或想法，就必须先让对方能够静心倾听你的想法。而要对方倾听，就不能使对方产生反感。此时赞美的话就会发挥最好的效用。赞美别人的同时，也吸引了对方的注意力，对方才有时间静心倾听你的想法。

赞美是博得人心的好方法，只要话说到了点子上，就能深得人心，在与他人打交道、共事时就会变得轻而易举。

智慧箴言

◎我们常说："良药苦口利于病，忠言逆耳利于行。"但是，在生活中，真正能听得进逆耳忠言的人却并不多，因此，说话时不妨灵活变通，适当加入一些技巧，说些赞美别人的话。

婉转是另一种策略

言谈是衣着的精神部分，用上它、撇开它，就和戴上或摘下装饰着羽毛的女帽一样。

——巴尔扎克

委婉是一种既温和婉转又能清晰明确地表达思想的谈话艺术。它的显著特点是"言在此而意在彼"，能够诱导对方去领会你的话，去寻找那言外之意。漫漫的人生之旅总是充满了坎坷和泥泞，没有谁的一生会一帆风顺。当我们遇到困难和障碍时，要学会冷静对待，并懂得用"此路不通，另辟蹊径"的方式去处理。比如，有些话不能直言，可以婉转地去讲；不知道对方葫芦里卖的是什么药时，可以投石问路，摸清底细。有时候为了减轻对方敌意，放松警惕，我们还需要给对方点"甜头"尝尝。总之，说话不能总是直来直去的，而是要在适当的时候使用绕弯子、兜圈子的迂回战术。因为，这样的表达方式往往更有效果，更容易达到自己预期的目的。

1998年10月6日，也就是朱镕基总理视察中央电视台的前一天，中央电视台的领导给主持人敬一丹下达了一项重要任务，那就是必须想办法得到总理的亲笔题词。这对敬一丹来说，无疑是一道巨大的难题。因为人人都知道，朱镕基总理在任上海市市长时，就曾给自己规定了“不受礼、不剪彩、不题词”的“三不”原则。所以，这让敬一丹伤透了脑筋。

第二天，朱总理准时来到了中央电视台。在台领导的陪同下，朱总理走进《焦点访谈》节目组演播室，演播室里的所有人都立刻起立鼓掌，气氛立即热烈起来。朱总理跟大家打过招呼之后，坐了下来。大家在周围簇拥着，七嘴八舌地与总理交谈起来。这时，坐在一旁的敬一丹感觉时机来了。她大大方方地走到朱总理面前说：“总理，您辛苦了，感谢您在百忙之中来到中央电视台，我们在场的人都很荣幸能见到您。可惜的是，我们还有许多同志却不能来看您一眼，现在在场的这些人只是我们《焦点访谈》节目组的十分之一。”总理听了敬一丹的话，说：“你们有这么多人啊?”敬一丹接着说：“是的，其他人员整日都在外地为采访而奔波忙碌，非常辛苦。他们说也很想来这儿跟您直接交流，但由于他们得以工作为重，终究都没能得到这样的机会。您看您能不能给他们留句话呀?”敬一丹在恰当的时机婉转又诚恳地说出了请总理题词的请求，同时她把准备好的纸和笔恭恭敬敬地递到朱总理面前。总理看了一下敬一丹，笑了。他接过纸和笔，随即写下了“舆论监督，群众喉舌，政府镜鉴，改革尖兵”16个字。总理写完，全场响起热烈的掌声。

敬一丹的绕圈子的确运用恰当，可圈可点。请求题词，先把在外“四处奔波”、“非常辛苦”的记者抬出来，在感情和道义上绕好了一个让人不宜也不忍拒绝的“套子”，另外语气委婉，表述又贴切诚恳，结果她终于如愿以偿。

普鲁士国王威廉二世酷爱钻研创造，他曾花了很长时间亲自动手设计了一艘军舰，并在设计书上写道：“这是我集多年研究经验和长期精细工作的结晶。”不久后，他请来一位国际上著名的造船设计师，让他对自己的设计作出鉴定。过了几周，这位设计师送回其设计稿，并写了一些意见：“尊敬的陛下，您设计的这艘军舰绝对是一艘威力无比、坚固异常和外形美丽的军舰。估计它能开出前所未有的速度，它的大炮射程也将是世上最远的，因此它有超强的攻击力。此外，您的设计非常精湛，舰内的设备比较齐全，这也使舰上所有人员都会感到舒适无比。毫不夸张地说，这个设计可以称得上空前绝后。但是，仅有一点美中不足，您设计的这艘战舰在我看来有一个缺点，那就是它下水后不久就有可能沉入海底。”

在人生之路上，遇到困难障碍是难免的，有的人会停下来抱怨，有的人干脆放弃，有的人会尝试硬碰硬，而聪明的人则会选择绕行，这就是委婉的艺术。

智慧箴言

◎交谈双方是不同的人，自然也具备不同的心理状态，要让自己的话更受欢迎，就必须让它更适应对方的心理，用委婉含蓄的语言来表达是对别人的尊重，当然更能获得别人的赞同，也更能使人接受你的建议和说法。

用恰当的玩笑拉近距离

用玩笑来应付敌人，自然也是一种好战法，但触着之处，须是对手的致命伤，否则，玩笑终不过是一种单单的玩笑而已。

——鲁迅

玩笑，是人际交往中不可缺少的交流艺术，而取笑，却应当从交往中戒除。

开玩笑一直被人们称为“只有聪明人才能驾驭的语言艺术”，而自嘲又被称为开玩笑的最高境界，自嘲即是以拿自己开玩笑的方式，博得大家的欢心。由此可见，能自嘲者必是智者中的智者，高手中的高手。在社会交往中，当你陷入尴尬的境地时，借助自嘲往往能使你从中体面地脱身。

在一场盛大的宴会上，宾客们非富即贵，都是很有社会地位的人。服务员端着盘子托着红酒穿梭在人群中，为宾客送上饮料。突然，当一名服务员走过宴会厅的时候，脚下一滑，不慎将一杯酒泼了出去，而这酒则不偏不倚地泼到了一位宾客的光头上。

所有人都惊呆了，这种失误简直不可容忍，有人感到诧异，有人则幸灾乐祸，想看服务员和这位宾客怎么收场，整个宴会厅的气氛顿时紧张了起来。可是谁料这位宾客擦了擦自己的头，笑着说：“老弟，你认为这种方法可以治疗脱发吗？我可是一直在寻找秘方呢！”

在场的所有人听到这句话先是一愣，继而哈哈大笑起来，尴尬的气氛顿时一扫而光，宴会又恢复到欢乐之中。

一个紧张的局面因为一句轻松的玩笑而化解，这位宾客不仅表现出了自己大度的胸怀，更维护了自身的形象，让自己不至于显得那么狼狈。原本是一件坏事，反而让大家对他有了更好的印象，变成了一件好事。自嘲是语言艺术的法宝，可以让你在交际中反败为胜，但也要注意不能拿对方作为嘲笑对象，否则就会取得相反的作用了。

无论是在家庭里，还是在公众场合，人们都不会天天紧绷着脸。茶余饭后，工作之余常开点玩笑，既可以活跃气氛，又可以放松神经。但开玩笑是要讲艺术的：粗鲁的玩笑不能开；有伤他人自尊的玩笑不能开；揭人隐私的玩笑不能开；挑拨感情的玩笑不能开；内容不健康的玩笑不能开。总之开玩笑要把握分寸。如果玩笑的效果让人觉得受嘲弄了，说不好还会闹出矛盾来，造成不必要的麻烦和损失。

小李和小王在同一个单位上班，平时两人关系也不错。一年愚人节，小李故意装作气喘吁吁的样子跑到小王的办公室，说：“小王，你妈妈在工厂出事了。”小王一听就着急了，赶紧往妈妈的单位奔去，结果弄得那个单位的人莫名其妙。小王后来才知道这天是愚人节，但他觉得小李咒他妈妈出事的这个玩笑开得太过了。而小李却以为，本来就是愚人节，开一个玩笑没什么大不了的。两个人最终还是因此发生了激烈的争执，甚至反目成仇，再也不相往来。

据相关资料显示，在西方国家，每年的愚人节都会发生很多意外，造成不可弥补的损失，甚至造成许多民事案件、交通事故等。近些年，中国人也过愚人节，人们也习惯在愚人节这天说说小谎、开开小玩笑，但这玩笑可要开得适当，恰到好处，像小李这样的玩笑岂不是适得其反。

小李和小王的故事提醒我们：开玩笑的内容要值得注意，要做到既能引人发笑，又不能影响朋友之间的友情。有些低级趣味的小笑话，会让别人觉得你这人太低俗，没素质。有的人还喜欢拿同事的一些笑柄来开玩笑，“哪壶不开提哪壶”，本来别人心里对此就特别敏感、特别忌讳，你再拿来说笑，自然会闹出不愉快。更要切忌拿别人的缺点和生理缺陷开玩笑，这就更容易引发矛盾了。

开玩笑还要注意对象，有的人喜欢嘻嘻哈哈，经常和人开开玩笑；有的人却不苟言笑，喜欢严肃、安静，这时就要区别对待。

开玩笑，还要分场合、分时间。同事正在工作，你却不知忙闲地开玩笑，不是等着挨白眼吗？在严肃的会场，你无所顾忌地开玩笑，不是招领导批评、同事反感吗？总之，开玩笑有很多禁忌，无论如何都要把握好分寸，将玩笑开得恰到好处。如果玩笑开得适度，开得有技巧，还能够为自己赢得喝彩。

智慧箴言

◎开玩笑是一项需要严谨地把握尺度的语言艺术，它更考验一个人的语言能力。将捉弄他人、嘲笑他人认为是开玩笑的人，显然并没有真正理解它的含义，而这种行为也只能给他带来麻烦。

第三章

用语言艺术为职场铺路

好口才可以说是一种可以随身携带的能力。在职场生涯中，口才的好坏往往直接影响一个人的前途和命运，所以，娴熟得体的口才已成为职场生存的必需。

好口才为你赢得机遇

言不顺则事不成。

——孔子

机遇，是成功的前提条件。然而机遇不是人人都可以拥有的，它只属于那些能言善辩、积极争取的人。有时候一个机遇能够成就一个人的一生。所以，如何把握和创造机遇成了热门话题。

尼尔·鲍尔特，是美国加利福尼亚州储藏室设计改装公司的创始人。一天，他有急事要赶往城外，由于公司的司机不在，他便在公寓前拦下一辆出租车。当他坐上座位后，那位友善的司机便跟他攀谈起来。

“您住的这个公寓真的是相当漂亮。”司机说。“嗯，是的。”鲍尔特心不在焉地回答。

“先生，我敢打赌，您的储藏室肯定很小。”他很有把握地说。听他这么一说，鲍尔特顿时来了兴趣：“你说得不错，它确实很小。”

“那您有没有听说过给储藏室进行重新改装呢？”司机问道。“啊，是的，我听说过。”

“事实上，除了开出租车以外，我的业余工作是按照客户的要求为他们重新设计和改装储藏室，以帮助他们充分而有效地利用储藏室的空间。”接着，司机问鲍尔特有没有想过要对家里的储藏室进行改装。“暂时倒没想过，”鲍尔特回答道，“不过我确实希望储藏室的空间能再大点。我听说有一家著名的公司也在做这种生意。”“哦，我知道，您说的是加州储藏室设计改装公司吧，那确实是一家大公司。不过，找他们做你得多花很多钱，其实他们能做的，我也一样能做，而且在价钱上要比他们便宜得多。”司机接着说，“您可以这样，先打电话给加州储藏室设计改装公司，跟他们说您需要对储藏室进行改装，让他们派人来您家进行估价。等估好之后，您要求他们留下一份设计图纸给您。一般来说，他们不会同意，不过，您就说是把图纸给您的妻子看，以征求她的意见，相信他们就会给您留下设计图纸。然后，您打电话给我，我保证可以和他们做得一样，而且价钱要比他们便宜30%以上。”

“听起来这真是非常有趣。朋友，这是我的名片，如果你愿意光临我的办公室，我们可以好好谈一谈。”鲍尔特笑着说。司机接过名片看了一眼，顿时惊讶得差点从驾驶座上弹起来。

“哦，天哪，”他惊叫道，“您就是大名鼎鼎的尼尔·鲍尔特先生啊？我曾经在电视上见过您，当初正是因为觉得您的计划和想法非常好，我非常羡慕，才做起这一行的。”司机一边说一边从后视镜里仔细地打量着鲍尔特。

“鲍尔特先生，刚才的事真是对不起，我的意思并不是说你们公司的价格太贵，我也不是说……”

“别激动，朋友，说实话，我很欣赏你的风格和口才。你非常聪明，而且非常有进取心，我很欣赏这一点。因为你知道乘客都是你忠实的听众，因为他们不得不听你的宣传。你为什么不来找我呢？”后来，这位善谈的司机果然来到了鲍尔特的公司，并且还成了公司最优秀的业务员之一。

那些健谈而又睿智的人总能在纷繁复杂的环境中找到突破口，从而为自己创造出新的机遇，这个司机正是如此。还有这样一个故事：

某单位有两个给领导开车的司机，由于单位要进行精简裁员，必须精减掉一个司机，留下另一个司机，所谓竞争上岗。单位领导把他们叫进办公室，让他俩分别谈谈想法。第一个司机滔滔不绝，讲了二十来分钟，说我将来要开车，一定把车收拾得非常干净利索，遵守交通规则，而且要保证领导的安全，一定要做到省油等。第二个司机言简意赅，只说了不到三分钟。最终领导决定留任后面这位司机。原来他是这样说的：“我过去遵守了三条原则，如果领导留用我，我今后也一定遵守这三条原则：第一，听得，说不得；第二，吃得，喝不得；第三，开得，使不得。”

领导一听，好！这个司机好！那么，好在什么地方呢？原来，这个司机的三条原则大意是：听得，说不得。领导经常会坐在车上研究一些工作或私密问题，往往在没讲之前都是保密的，我只能听，不能说，严格保密。吃得，喝不得。经常陪领导出差或开会，参加这个，参加那个，最后总得吃饭呀！这饭也得吃，但是千万不能喝酒，喝酒是司机的大忌，酒后驾车是拿领导的生命开玩笑。第一保密，第二保证领导的生命安全。第三开得，使不得。你别看我开车，但是只要领导不用的时候，我也决不私自开车，公私分明。

这个司机正是抓住了问题的关键，这就是口才的艺术，是这种艺术使第二个司机获得了成功。可见，会说一口漂亮话在人生的旅途中是多么重要。

智慧箴言

◎俗话说："一手漂亮字，一口漂亮话。"这是人出门在外的两块"敲门砖"，有此两项过硬的本领，就可以赢得他人的好感、获得成功的机遇。

好口才是成事的基础

好口才是所有成功者的共同特点。

——戴尔·卡耐基

说话的能力是成名的快捷方式，它能使人显赫，鹤立鸡群。能言善辩的人，往往使人尊敬、受人爱戴、得人拥护。它使一个人的才学充分拓展、熠熠生辉、事半功倍，业绩卓著。

——汤姆士

很多人认为现代社会对人的要求过高，在具备专业技能的基础上还要求口才，显得求全责备。但事实上，对口才的要求和推崇并不是现在才有的，早在20世纪初它就已经得到了很多人的重视。如果说在20世纪"口才、金钱、原子弹"是世界发展的最有力武器，那么在21世纪，"口才、电脑和金钱"则是推动社会进步的新生力量。可见，不管时代怎么变换，口才一直受到无与伦比的重视。

不管是生活还是事业，都有对口才的要求。在生活中具备好口才，可以顺畅地与人联络感情、沟通情绪，可以让家庭更加和睦、朋友更加友爱。而在工作中具备好口才，可以让你的观点更容易被人接受，获得更多的支持。

事实上，一项事业的成败，常会在一次谈话中获得效果。如果我们出言不逊，无理与人争吵，那么，我们将不可能获得别人的同情、合作与帮助。无数成功者的事例证明，善于说话是事业成功的催化剂，它直接影响事业的成败。

作为美国最著名的推销员，乔·库尔曼的经历是相当传奇的。他幼年丧父，成年后做过职业球手，然而上帝却残忍地夺取了他的手臂，让他再次回到苦难中。但库尔曼并没有气馁，凭借着超凡的毅力，他成为美国薪水最高的推销员。他每天售出五份寿险的纪录至今无人超越。

在论及自己的成功时，库尔曼认为对他帮助最大的是那句话："您是如何开始事业的？"这是一句有魔力的话，它能帮助库尔曼敲开任何一个人的门。

有一次，库尔曼去拜访了一位繁忙的老板罗斯，每天都有好几个推销员找他，却都无功而返。当库尔曼遇到罗斯时，也遭到了同样的拒绝。但他没有放弃，反而与罗斯攀谈起来。当他问“您是怎么开始干这一行”时，罗斯的话匣子一下子就被打开了，滔滔不绝地与库尔曼讲起了自己的经历，甚至邀请库尔曼与自己共进晚餐，以便继续交谈。

此后，罗斯成为库尔曼最忠诚的客户之一，从他的手上买走了很多份保险。

如果推销对象连话都不肯说，任谁也无法完成任务，库尔曼正是认识到了这一点，找到了对方最感兴趣的话题，打开了他倾诉的大门。他的成功值得所有推销员借鉴，对于每个人都有参考价值，制造一个良好的突破口，也许你的事业从此就走上了康庄大道。

智慧箴言

◎君子不开口，神仙也难下手。一定要想办法打开客户的“话匣子”。有时候，与客户成为朋友，比赚取眼前利益要重要得多，因为与客户的朋友关系是一笔永久的财富。

言不在多，达意则灵

当一个人无话可说时，一定说得十分多而拙劣。

——伏尔泰

并不是说得多便是优秀的口才，能够用最简练的语言获得别人的认同、正确地传递出自己的信息，才是口才真正的价值所在。如果一个人滔滔不绝却都是废话，除了得到反感之外，别无任何价值。

莱特兄弟是飞机之父，他们给世界带来了最高效的交通工具。在1903年12月的一天成功飞离地面后，他们就成为全世界的明星，受到了很多人的邀请去发表演讲。

在法国的一次宴会上，莱特兄弟又一次受到邀请发表讲话。再三推托之后，莱特走上了讲台，他只说了一句话，却成为有史以来最精彩的演讲之一。他说：“据我所知，鸟类中会说话的只有鹦鹉，而鹦鹉是飞不高的。”

这句话言简意赅，却博得了满堂喝彩。

作为被人尊敬的科学家，人们也许会认为莱特一定会说很多他辛苦研发的经过，他遭遇挫折的经历，以及不放弃的精神。但这一切都不是莱特所要表达的，仅仅是一句话已经概括了他所有的经历，表现了他最值得别人学习的精神，那就是埋头苦干。

为了表达自己，人们总是喜欢采取华丽的辞藻、奇特的结构来讲述，认为这样就可以使自己的谈话更精彩，使自己的演讲更吸引人，然而他们却不知道朴素、简洁的语言也同样具有超凡的魅力。

在剑桥大学的一次毕业典礼上，享誉全球的英国首相丘吉尔被邀请来作一次演讲。这一次演讲也将是丘吉尔一生之中最后一次演讲，大家都翘首以盼，希望可以听到他说一些自己成功的感悟，给学子们一些值得借鉴的经验。

当丘吉尔进入礼堂的时候，雷鸣般的掌声显示出大家的期待。可是丘吉尔却平静地走上讲台，只说了一句话便结束了演讲。

他说：“Never give up！”（永不放弃）

大家诧异地看着丘吉尔穿上外套走出会场，才反应过来，顿时掌声雷动。

毫无疑问，这是一次精彩的演讲，虽然是简单的一句话，但人们却看到了丘吉尔之所以能取得如此巨大成就的最根本原因。

在使用语言的时候，最忌讳的便是没有了论点，而最有效的则是紧紧抓住自己的焦点，在最短的时间内让别人领悟。著名美国作家马克·吐温曾经参与过一个慈善家的演讲募捐活动，他原本打算捐款一百美元，可是在听完慈善家长篇大论的讲述之后，却一分钱都没有捐便离开了。因为他认为慈善家说得太多，已经忘记了他要说什么，反而浪费了听众的时间。

现代人都非常珍惜时间，认为时间就是生命和金钱，因此更要求我们在讲话的时候可以论点明确，少一些废话，多一分精练。简洁的语言更能引起人们的兴趣，只要抓住关键点，可以让别人领会我们的意图，便是最好的表达。

在成为美国总统之前，林肯曾经做过律师。而他认为自己之所以能够在官司中获得胜利，是因为他珍惜法庭辩论的时间，让法官和陪审团可以在最短的时间里接收到最有效的信息。为了达到这个目的，有时候他会放任对手无限度地发表观点，而自己抓紧时间只说最关键的部分。在某一次法庭辩论的时候，经过长时间的审判，大家已经非常疲惫，而对方律师却滔滔不绝地说个没完，一直用了两小时才说完，只留给林肯几分钟。但林肯却用了不到一分钟的时间就说明了自己的观点，最后居然获胜。

在交谈中，人们最忌讳的便是漫无目的地乱讲一气，尤其是在工作场合，这只会显得你根本没有自己的想法，只是在浪费时间。抓住最为关键的部分，珍惜自己的时间，也珍惜对方投注在自己身上的注意力，才能让信息得到有效传递。

智慧箴言

◎大多数人误认为好口才就是能说，其实不然，因为夸夸其谈往往会让我们联想到废话连篇，能用最简单的语言表达自己的意思才是口才好的表现，而这就要求我们能够找到交谈或辩论中的关键点，“抓住一点，不及其余”，往往会获得意想不到的效果。

用真诚的语言换取信任

真实、真情和真诚的态度，是用语言打动人心的最佳诀窍。

——库图佐夫

在演说和一切艺术活动中，唯有真诚，才能使人怒；唯有真诚，才能使人怜；唯有真诚，才能使人信服。

——李燕杰

人与人之间，无论是雇佣关系，还是朋友关系；无论是亲戚还是顾客，相互之间都应真诚相待。那么，我们该如何换来他人对我们的真诚呢？答案很简单，只有七个字，那就是：用真诚换取真诚。

在人际关系错综复杂的社会中，人们越来越认识到真诚的重要性。如果语言没有了真诚，就好像花朵失去了色彩，将不再具有任何的吸引力，它所能产生的效果也将大打折扣。没有人愿意投注自己的精力在那些虚假的语言上，只有漂亮的言辞又怎么能打动别人的心呢？

松下幸之助在创立松下电器之初非常艰辛，他总是和推销员一起走上街头，向人们推销自己的产品。可当时的日本社会对于松下电器并不了解，所以总是砍价。而松下幸之助面对这种情况，每每都能以真诚打动别人，换取别人的信任，让产品得以顺利卖出。

在松下幸之助的传记中，他写出了自己的秘诀。他说：“我总是告诉人们，松下电器虽然是一家小工厂，但工人们都非常认真地工作，产品的品质绝对可以保证，为了获得消费者的认可，我们已经将利润降低到最少了。”这种语言虽然朴素，却赢在真诚，人们也就不好意思再和他砍价了。

语言的本质不过是人们沟通的工具，而真诚则是这工具所承载的情感，通过朴素而简洁的语言传递出去。当人们接收到这样的态度，自然也会拿出真诚来回应。

拳王阿里从年轻的时候便因超凡的拳术而驰名沙场，是人们最崇拜的拳击手。但大家对他的了解也仅此而已，对于他的为人，并没有多少人知道。

在一次比赛期间，阿里的膝盖受伤了，现场的观众听说了这件事感到非常失望，因为他们都是购票进场，专门赶来一睹拳王风采的。阿里向裁判提出停止比赛的要求之后，大家的失望情绪更加浓烈，甚至开始叫骂。

此时，阿里拖着受伤的膝盖走上场，对所有的观众说："我的膝盖受的伤病不至于影响到比赛，如果我坚持，还是可以上场。但你们一定不愿意看到一个受伤的拳王，为了不影响大家的兴致，我请求停赛，是为了等自己身体痊愈后，以最好的状态再为大家表演。"

这一番话顿时赢得了在场观众的掌声，因为阿里所表现的真诚，人们更加崇拜他，虽然这一次他并没有打拳，却获得了最热烈的掌声。

真诚之所以可以打动人心，是因为它是真情实感，来自于人们内心，真心为别人着想的人总是可以赢得别人的理解。阿里发自肺腑的解释能够获得观众的认可，也正是因为他从观众的利益出发，此举不仅换来了理解，更为他赢得了掌声和支持。

由于所处的位置和角度的不同，人们对于同一事物的看法难免有所误差，这就需要大家都拿出理解的心态，而真诚正是这一份理解的外在表现。当自己的感受得到了别人的理解，人们就会产生认同感，也拿出同样的真诚作为回报，这远比对抗更有利于我们沟通。凭借自己的主观意志指责别人不会给大家带来任何的好处，只有真诚的理解、关注才能赢得别人的认可，也只有真诚的语言才能打开别人的心门。

智慧箴言

◎与人交谈，贵在真诚。有诗云："功成理定何神速，速在推心置人腹。"如果你能用得体的语言表达你的真诚，你就能很容易赢得对方的信任，与对方建立起信赖关系，对方也可能因此喜欢你说的话，并因此答应你提出的要求。能够打动人心的话语，才可称得上是"金口玉言，一字千金"。

"坦诚"二字值千金

人无明镜自鉴必龌，国无忠臣犯颜必亡。

——《大清圣训》

坦诚的态度能使我们广结善缘，使人生立于不败之地，能够缔造幸福美满的人生，并使社会祥和温暖。

美国著名教育专家卡耐基在强调口才的重要性时说："假如你的口才好……可以使人家喜欢你，可以结交好的朋友，可以开辟前程，使你获得满意的结果。譬如你是一个律师，你的口才好，便能吸引一切准备诉讼的当事人；如果你是一个店主，你的口才会帮助你吸引顾客。"当然，好口才必须要建立在诚信的根基之上，你不要以为这是小节，你的一生，或许正是因为你的坦诚而改变。

一个业务员在推销岗位上工作了十几年后，他突然有些反感和厌恶用强颜欢笑、编造假话、吹嘘商品等招徕顾客的习惯做法。他觉得不应该这样做，那样的话会给生活带来一种压力。为了摆脱这种压力，他决定以后要真诚待人，从此不再对顾客讲假话，要以一颗真诚的心来对待他们，即使被解雇也无所谓。出乎意料的是，当这种想法浮现在大脑后，他顿时觉得自己的心情比以往更加轻松起来。

这天，有一名顾客来到店里，问他店中有没有一种可自由调节高度的椅子时，他就随手搬来一把椅子，如实地向顾客介绍说："老实说，先生，这种椅子质量并不是很好，我们也经常会接收到顾客的投诉和退货。"

顾客说："是吗？可是我看到很多人家都在用这种椅子呀，我感觉它似乎还挺实用的。"

"也许是吧。不过，据我看，这种椅子不一定能升降自如。没错，它款式新，但结构有毛病。如果我隐瞒它的缺点，就等于是在欺骗您。"这位业务员耐心地给顾客解答。

客人追问："你说结构有毛病？"

"是的，它的结构过于复杂精巧，反而不够简便。"

这时，业务员走近椅子，用脚去踩脚踏板。本来要轻踩，但是他一脚狠狠踩下去，使椅子面突然向上撑起，正好撞到顾客扶着椅子的手上。业务员急忙道歉："对不起，我不是故意的。"

没想到客人反而笑起来，说："没关系，不过我还要仔细看看。"

"没关系，买东西如果不精心挑选，会很容易吃亏的。您看看这椅子的木料，品质并非上乘，贴面胶合也很差。坦白地说，我劝您还是别买这种椅子，不如看看其他牌子的，要不到其他店看看也可以，说不定那里会有更好的椅子。"业务员说。

客人听完这番话，十分开心，要求买下这把椅子，并马上取货。但是，等到这位顾客一走，业务员立即遭到经理的训斥，同时被告知到人事部办理离职手续。过了一小时，业务员正整理东西，准备打包回家时，店内突然来了一群人，争相购买这种椅子，几十把椅子一下子就卖空了。

原来，这些人都是刚才那位顾客介绍来的。看到店里生意如此火暴，经理大吃一惊，最后业务员不仅没被辞退，工资还提高三倍，休假时间也延长一倍。经理甚至还称赞他如实介绍商品的做法，是一种新型的售货风格，应该继续保持。

由此可见，坦诚更能换取他人的信任，从而得到丰厚的回报。

智慧箴言

◎人际交往中，坦诚的语言，往往会带来意想不到的效果，纸终究包不住火，刻意的隐瞒是行不通的。生意人更应该如此，想要财源不断，那么就要坦承自己商品的优缺点，这样才能有顾客盈门。

▶想客户所想，谈客户所需

说话不在多，在于说得对，说中了事和理的要害，才能打动听者的心。

——谢觉哉

每个人都可能诚实地说什么，但要说得有条不紊，明智又恰当，却没多少人能够做到。

——蒙田

客户最需要的，就是我们最关注的。急客户所急，想客户所想，与客户交谈时，永远设身处地地为客户着想。只有这样，你才能立于不败之地。

做业务，要善于抓住不同客户的特点，区别对待，也就是我们平常所说的“投其所好”。会做业务的人，在每个领域都能如鱼得水，这与他善于抓住对方的兴趣，并能投其所好的做法是分不开的。

陆先生在美国的西雅图开了一家蛋糕店，由于行业竞争较为激烈，蛋糕店的生意并不是太红火。情急之下，陆先生决定实施一些优惠活动，于是每当客人订完蛋糕后，他都会奉送一小盒点心，内附写满“幸福美满”、“心想事成”等祝福语的“吉祥卡”。

一次，一对年轻的美国情侣满怀喜悦地走进陆先生的蛋糕店，前来订制婚宴蛋糕。他们早就听说了这家蛋糕店别出心裁的优惠活动，想看看自己会得到怎样的祝福。但是，当他们打开装点心的小盒子之后，却没有发现所谓的“吉祥卡”，顿感非常不吉利，心里很不愉快，于是便找陆先生“兴师问罪”。陆先生又是道歉，又是解释可能是工作人员粗心忘记放进小盒子了，但无论怎样，年轻的情侣还是面露不悦。

这时，陆先生的妻子正好有事来店里，听了情况后，上前微笑着说道：“没有吉言就是最好的吉言。”这是一句美国谚语，年轻情侣听了之后，顿时转怒为喜，高兴地与陆先生的妻子握手拥抱，连连道谢。

在意外事件面前，夫妻俩的处理方式大不相同。丈夫采取的是正面消极的应对策略，而妻子采取的则是侧面出击，主动投其所好地说话。显然，妻子的做法更加有效，她对自己店员的失误做出了机智的解释，直逼要点，既掩盖了自己的过失，征得了对方的原谅，又消除了对方的不祥之感，满足了对方的心理需要。

说服顾客的方法很多，其核心就是投其所好，从满足客人的需求出发，将自己摆在客人的位置上，设身处地地为对方着想。当然，也不能盲人摸象般地胡乱谈论，最终导致客人的反感。打动人心的最佳方式是：跟他谈论他最感兴趣的事物。

有一位学者曾说过：“如果你能和任何人连续谈上十分钟而让对方产生兴趣，那你便是一流的沟通高手。”

这句话看起来简单，做起来却不容易，因为“任何人”这个概念范围是很广泛的，也许是工程师、律师，也许是教师或艺术家。总之，无论三教九流，各种阶层人物，你能和对方谈上十分钟，并让他们产生兴趣，这是需要很高的说话技巧的，所以说做到这一点很不容易。

不论困难或容易，我们都要渡过这个难关。经常有许多人因为对对方的事业毫无认识而相对沉默，这不论对客户还是对业务人员本身来说都是很痛苦的。其实肯下点功夫，这种尴尬的情形就能够减少，甚至成为一流的沟通高手也并非难事。

在美国，富勒公司是最大的生产黑人化妆品的企业，知名度和信誉度都非常好，而约翰逊公司则是一家同类小企业，从实力上来讲，根本无法同富勒公司相提并论。但是，令人意想不到的是，这家小企业现在已完全可以跟富勒公司并驾齐驱了，这到底是什么原因呢？

原来，约翰逊公司除了在产品质量上做足工夫外，还采取屈居第二的推销法。它在自己的广告中这样说：“富勒公司是化妆品行业的金字招牌，您真有眼力，买它的化妆品算了。不过您在使用它的化妆品后，再涂上一层约翰逊公司的水粉护肤霜，准会收到意想不到的奇妙效果。”

那些买得起富勒化妆品的黑人，并不在乎多买一瓶约翰逊水粉护肤霜试试，借此契机，约翰逊的产品也就堂而皇之地走进了千家万户。

在人类所有的行为动机中，好奇心是最有力量的一种，唤起好奇心的方法可以灵活多样，约翰逊公司正是通过富勒公司的产品名声唤起了购买富勒公司产品的客户的好奇心，然后在此基础上将自己的产品推销出去。

好奇心就好像一条绳子，会牵引着人们朝着未知的方向一直探索下去，只要利用好这条绳子的走向，就能让顾客朝着你需要的方向而来。一个引起好奇心的问题和举动可以创造很多的商机，产生好奇心之后的客户也是最易于引导和掌控的。利用好好奇心，就可以达到事半功倍的最佳效果。

智慧箴言

◎谈客户所需、客户所想是一种营销策略。与客户沟通时开场白往往很重要，能引起客户好奇心的开场白会使销售人员处于主动地位。所以，要善于与客户交谈，这样才能打开自己的财路。

倾听也是一种交流

如果独自一人时自言自语是一种愚蠢，那么在别人面前倾听自己的声音更是双倍的不智。

——格拉西安

在与人交谈时，每一个人都希望自己可以掌控现场。为了表现这种掌控力，他们喜欢不断地表达自己，却忽视了去关注对方，有时甚至会出现打断对方讲话的尴尬场面。对一个善于谈话的人来说，他并不会用一直说来作为掌控谈话的手段，适当地倾听别人讲话，做一个好的听众同样也是语言艺术中非常重要的部分。

在推销员这个职业的培训中，讲师总是鼓励他们多说话，而人们接触到的推销员也绝大多数会说个没完。基本上，在一次推销过程中，推销员会占据70%的讲话时间，而客户只有30%。这样的推销是成功的吗？不，这种推销员往往业绩平平。

有很多成功的推销大师并不是一直不停地在说，相反，他们总是强调倾听的重要性。在他们的推销时间中，自己只占了30%，而把更多的时间留给客户说。

杰尔·厄卡夫是美国自然食品公司的“推销冠军”。这天，他按照约定，精神抖擞地去拜访一位客户，可是到了这位客户家中的时候，她对他推销的一种叫作芦荟精的保养品并没有表现出多大的兴趣。杰尔明白，这个时候自己若继续喋喋不休地推销，只能是徒劳无功。

当杰尔正在思考如何打破尴尬气氛的时候，突然看到这位女主人的阳台上摆着一盆漂亮的盆栽，便不由赞叹道：“好漂亮的盆栽啊！平常真的很难见到。”

女主人见这名推销员对自己钟爱的盆栽很是喜爱，便介绍道："没错，这是一种很罕见的品种，属于兰花的一种。它真的很美，美在那种优雅的风情，同时也芬芳无比。还有，这个宝贝很昂贵的，一盆就要800美元。"

"什么？800美元？我的天哪！是不是每天都要给它浇水呢？"

女主人开始耐心地介绍自己钟爱的兰花，杰尔聚精会神地听着，并适时给予回答。

这一次聊天以杰尔的成功推销而结束，女主人爽快地买下了他的产品，并对他长时间的倾听表示感谢。

将倾听作为一种推销手段是对语言艺术的进一步提升，不说反而比说更好。学会倾听可以获得更多的信任，也可以更快地达到推销的目的。一名出色的推销员，在了解顾客感受的过程中必然要倾听，只有倾听才能让他知道自己接下来要说什么，从而做到有的放矢。

原一平是日本著名的保险推销大师，他曾有过这样一段推销经历：某天，他访问了一名出租车司机，出租车司机对他的推销毫无兴趣，并且坚定地认为自己一定不会去买保险的。

当时，这名司机答应再见一次原一平，原因是他听说原一平的家里有一台可以放彩色有声影片的放映机，而自己从未见过这种先进的机器。

原一平并没有追着那名司机不断地去说服他，甚至当他到了他家来做客时，也绝口不提买保险的事。他播放了一个介绍保险的影片给客人观看，影片在结束时提出了一个问题："保险可以为您带来什么？"

影片结束之后，客人陷入了沉思，客厅出现了短暂的安静。原一平并没有趁着他安静的时间说话，他给客人思考的时间。几分钟之后，那位司机忽然站起来，问原一平："请问我现在还可以购买保险吗？"

一张高额的人寿保险单终于签成了，而这所依靠的并不是原一平的不停地解说。

当别人需要表达和考虑的时候，给他们一段时间远比穷追猛打要来得有效，适当地保持沉默是更为明智的做法。

智慧箴言

◎既然人有两只耳朵、一张嘴巴，就已经说明了听比说更重要。推销工作虽然要求不断说话才能有进展，但如果忘记了倾听就会变得盲目。不忙于说话和不乱说话同等重要，语言艺术之中，聆听也是一门深奥的学问。

不随意打断客户的话

对别人的意见要表示尊重，千万别说："你错了。"

——戴尔·卡耐基

对推销员来说，在与客户交谈时绝不能随意打断客户的话，而应让他心平气和地将话说完，就算他的意见不符合实际情况，也要听下去，除非情况非常特殊。

在别人表达异议的时候，即便你认为他所说的并不成立，也不能因此而打断别人。聆听别人讲完是对他最大的尊重，同时也是自己涵养的体现。就算他不接受你的建议，你所表现的这一涵养也会获得他的好感。

老王近几年经商赚了不少钱，于是把自己的平房拆掉，盖起了一套三层的楼房。当房子刚要封顶时，几个朋友前来道贺，并在他家吃饭。席间，来了一位专门安装铝合金门窗的个体户，与老王一见面就递了张名片。其实这个个体户是镇上的老张，老王也见过他几次，不过没有业务往来。

老张见到老王以后，便开始推销自己的产品。听完老张的介绍后，老王说："虽然我们以前不认识，但通过刚才的一席话，加上几位朋友的介绍，我感觉你对铝合金门窗安装的经验很丰富，我也相信你能做得很好。不过是这样，在你之前我们厂里一名下岗钳工已经向我提起过这事了，说他下岗了，门窗安装之事让他来做……"

老王的话还没说完，老张便插话道："你是说那东跑西走的小张吧？他最近是给几家安装了门窗，但他那'小米加步枪'式的做法怎么能与我们的专业技术比呢？"

这话不说还好，一说便马上让老王改变了主意，他接着说："不错，他是手工作业，没有你们那先进的设备。但他现在已下岗在家，资金不够丰厚，只能这样慢慢完善。出于同事之间的交情，我也不能不给他做!"

结果老张只得快快地离开了。之后，老王对朋友们说："这个老张没听明白我的意思，就把我的话给打断了。本来我是暗示他，做铝合金门窗的人很多，不光他一个人上门来找业务。我已打听过了，他做门窗已多年，安装熟练，而且也很美观。但他的报价很高，我只是想杀杀他的价格，可他的一番言语攻击了我同事的人品，我宁愿找别人，也不要让他来安装。"

聪明人知道自己应该在什么时候开口说话，但不管是什么时候，都绝对不是在别人讲话的时候。因为打断别人除了显示你的鲁莽和无礼之外，并无任何的好处。

每一个人都希望自己的发言得到别人的重视，以此类推，即便是作为营销对象的顾客也并不希望只听推销员一个人说个不停。因此，给予别人讲话的时间，并表现出十足的倾听兴趣，将会是对他最大的鼓励。

不打断别人的讲话是一个好的倾听者最基本的要求，此外他还应该适当地表现出自己对于所听内容的兴趣，双眼应该注视着讲话的人而不是东张西望。当一个推销员面对喋喋不休的顾客时，如果他可以面带微笑，注视着顾客的眼睛或嘴唇，将会让顾客感受到他的诚意，也一定会获得这名顾客的好感。

不打断别人并不代表要顺从别人的观点，让顾客成为推销工作中的主导很有可能导致此次推销的失败。在掌握交谈的话语主导权基础上，应该适当地掌控话题的走向，让顾客去说自己希望听到的内容。而满足了顾客谈论的欲望之后，对他提出一些合理的建议，也势必会得到他的认可。

智慧箴言

◎销售的技巧很多，听客户把话说完，不随意打断客户的话，应该算是一种基本的礼貌。但是偏偏很多业务人员不能做到这一点，认为自己比客户说得少就是让客户占据了主动权，所以拼命接话头，这是一种大错特错的误解，不仅会使客户反感，也很有可能会因此丢掉生意。

对下属说话要留余地

讲话气势汹汹，未必就是言之有理。

——萨迪

谴责的话比敌人的行动伤人更深。

——普鲁塔克

在任何团队之中，由于分工的不同，必然会导致不同的位置，作为领导的上司拥有团队之中的权威地位，而下属则需要听命于上司。这种地位的差别很容易会导致某些上司忘乎所以，成为不注意自己言辞的糊涂领导，导致团队出现不和谐因素。

仔细看来，上司和下属之间的本质是相同的，只是分工不同而已。下属也会有自己的情绪，上司也并不是一个事事都正确的人。为了让团队可以有效地运作，上司和下属之间必须要注意言辞得当，保持融洽的合作关系。

多年前，通用电气公司面临一项需要慎重处理的工作——免除查尔斯·史坦恩梅茨的部门主管之职。史坦恩梅茨在技术方面是一等的天才，但他担任计算部门主管却是彻底的失败。然而，公司又不敢冒犯他，也绝对解雇不了他。

于是，公司给了他一个新头衔，让他担任“通用电气公司顾问工程师”——工作还是和以前一样，只是换了一个新头衔——并让其他人担任计算部门主管。

史坦恩梅茨在接到新的任命之后并没有因被调离岗位而不满，因为新的职位看上去比目前的主管职位更有面子，让他有一种荣升的感觉。这一良好的感觉使他暴躁的脾气没有发作，反而开心地投入新的岗位。而公司人力部门也因为保全了史坦恩梅茨的面子，避免了公司内部的一次风暴。

为了顾全一个下属的面子而费尽心思，看上去似乎有一些不值得，但事实上，因为面子而引起的麻烦会让公司的运转受到更大的伤害。为了保证大家能和谐相处，适当地考虑别人的感受是很明智的做法。当我们以上司、长辈等姿态来批评下属、晚辈的时候，如果可以更委婉一些、体谅一些，不仅可以减少对他们的伤害，还能减少很多不必要的争执。

有一位著名的人力资源专家曾经说过：解聘一个雇员并不会给我带来多大的享受。因为在解聘的过程中，这位专家不得不面对一个残忍的事实：雇员将要被所效力的公司抛弃。而这种感受会对雇员的感情产生很深的伤害，让他觉得自己没有受到应得的尊重。针对这种情况，这位人力资源专家提出了新颖的做法：在解聘雇员的时候，他并不会直截了当地告诉对方被解雇，反而会回忆他在这家公司所付出的辛苦劳动，并满怀真诚地赞美他、感谢他为公司所做的一切。这种做法让被解雇的人感受到体谅，认为自己所做的一切都是值得的，而解聘也变得轻松了。

佛雷德·克拉克在美国宾夕法尼亚州创办了一家机械公司，这里会聚了很多有才学的年轻人。然而在一次公司的生产会议上，副总裁却认为生产部门的工作不够认真负责，非常尖锐地向部门总监提出了很多问题。

事实上，这位副总裁提出的问题都在总监的职责范围之内，只要他接受这些意见就可以很快改进。但在会议上，当副总裁气势汹汹地质问他时，这位总监却觉得自己的尊严受到了伤害，于是问题也被搁置起来，以致公司浪费了很多时间。

法国作家安托·德·圣苏荷依曾经说：“我没有权力去做或说任何事以贬抑一个人的自尊。重要的并非我觉得他怎样，而是他觉得自己如何，伤害他人的自尊是一种罪行。”即便是在下属发生了失误的时候，上司也应该体谅他的处境，因为工作的目的并不是挑某个人的错，而是寻找解决问题的方法。通过委婉的表达、和谐平等的协商，远比质问更容易获得问题的答案。

智慧箴言

◎作为管理者，不可图一时之快严厉地批评甚至讽刺下属，对于下属的错误，一定要作出积极引导，即便是下属真的错了，也要注意自己批评时的措辞，使下属没面子很可能使自己失去一名好员工，甚至失去巨额利润。

谦虚让职场之路更开阔

谈论一切事情定要抛开自我吹嘘，绝不要絮絮叨叨地对别人谈你个人关心的事以及自己的私事。你对这些事虽然兴趣盎然，而别人却会讨厌，觉得有粗鲁之嫌。

——吉斯特菲尔

良贾深藏若虚，君子盛德貌若愚。

——老子

俗话说：木秀于林，风必摧之。枪打出头鸟，这说明，一个人只有时刻保持谦虚的态度，他的路才能走得更远。一个人身处顺境的时候，往往容易得意忘形，变得不可一世，而这也是他开始走向失败的前兆。不懂谦虚的人容易树敌，是因为他被骄傲蒙蔽了双眼，看不到别人的优点和进步，而一味地夸耀自己的成绩。在锋芒外露的同时，伤害到别人而不自知。

法国哲学家罗西法古曾经说过："如果一个人表现得比别人优越，那他必然会得到敌人；而如果一个人让别人表现得优越，那他会得到朋友。"当别人有良好的表现时，应该不失时机地表示肯定；而当自己有了优越的表现时，则应该想到自己的优越会让别人感受到压力，适当地收敛锋芒并不会伤害你所取得的成就，更不会消减你的形象，反而可以让别人感受到你的体贴与善意，从而获得更多的朋友。

一个人不断挑战周围人的尊严，必然会引起别人的反感和排斥，在工作场合中养成这样的坏习惯，只能是孤立无援。同事之中往往会有人表现得狂妄，就算他才思敏捷也不能赢得同事们的喜爱。因其处处显示优越感的行为早已失掉了自己的威信，成为大家眼中不受欢迎的人。中国古代著名的思想家老子也曾经说过："良贾深藏若虚，君子盛德貌若愚。"正是说明君子应该像聪明的商人隐藏宝物一样谦虚地表达自己的品德，懂得收敛锋芒。一个总是喜欢炫耀自己优点的人，也会在无意中将自己的缺点暴露出来。

谦虚并不等于不表现自己，充分展示自己的优势是当代社会的要求，而在展示自己的过程中找到适当的方式、方法，则需要良好的技巧。一个真正优秀的人，懂得在让别人注意到自己优点的同时，也会对自己心生好感，从而肯定自己的优点。

小刘是刚刚从大学毕业的新教师，她博览群书，对最新的教育理论和教育方式有些研究，讲课时也因幽默风趣，颇受学生欢迎，以致引起一些任教多年却缺乏这方面研究的老教师的嫉妒。小刘也发现了这个问题，为了改变自己的处境，她故意在办公室同事面前大谈自己的劣势，说自己缺乏教学经验，对学校和学生情况不了解等，并非常诚恳地向老教师们强调：“希望老教师们多多给予指教。”

就这样，小刘“自曝劣势”后，终于有效地淡化了自己的“危机”，同时衬出了其他老教师的优势，减轻和弱化了他们对自己的敌视。

勇于展示自己的优点值得肯定，而适当地暴露出自己的缺点，则是为了让大家对自己有更清晰的认识，从而愿意伸出援助的双手。小刘的做法为她赢得了老教师的支持和帮助，正是她最聪明的地方。

自我表现是一个人内在的心理需求，一味地讲求谦虚而不去表现，反而会表现得矫揉造作，并且会失去成功的机会。在热情和诚恳之间找好适当的位置，拼搏时用尽全力，而在他人需要帮助的时候热忱相助，不去刻意地美化自己，则会更易于让周围的人接受你。

善于交流的人都善于表现自己，而他们并不会一味地突出自己，他们所表现的适当谦虚会烘托出其他人的优秀，这种方式让他在同事之中的形象更加高大。过于出风头的人不会成为受欢迎的人，因为他总喜欢将自己和同事对立起来，用来烘托自己。保持谦虚的态度，是工作和生活中应该坚持的最基本原则，只有这样才能在赢得别人赞赏的同时又不会惹来别人的非议，从而更好地完成工作。

智慧箴言

◎与同事的关系如何，直接影响自己的工作、晋升空间。所以在职场中，要与同事保持“朋友”的关系，做到谦虚上进，这样既能给自己的工作带来很多便利，又能为自己赢得同事的肯定、领导的器重。

赞美让人生之路更畅通

赞美是最美丽的诗歌。

——歌德

“人人都爱听好话”，这虽然是一句俗语，却真实地反映了一项说话的艺术——赞美。无数心理学家都在提醒我们：要想获得一个人的好感，首先必须要从心理上与他亲近，这是让别人接受你的捷径。如果一个人有求于人，恰当地使用赞美则可以达到意想不到的好效果。

人们都渴望着被别人肯定，赞美是对他人优点的正面肯定，让他人认识到了自己的价值，自然会在心理上产生愉悦。赞美可以算是人际交往过程之中无往不利的催化剂，就算是再冷漠的人，听到别人对自己真诚的赞美也会露出微笑。这种可以随时随地使用的语言利器既然如此有助于我们的生活和工作，为什么不多多加以利用呢！

有个京城的官吏要调到外地上任，临走前他去向恩师辞行告别。他的老师对他说：“外地不比京城，人生地不熟的，你在那儿做官很不容易，所以，你应该学会谨慎行事。”官吏说：“没关系，现在的人都喜欢听好话，我呀，准备了100顶高帽子呢，见人就送他一顶，就不会有什么麻烦了。”

谁知，恩师听完以后很生气，他以教训的口吻对这个学生说：“我曾经反复告诫过你，做人要正直忠厚，对人也该如此，你怎么能这样？”官吏说：“恩师息怒，我这也是无奈之举啊，要知道，天底下像您这样刚正不阿、不喜欢戴高帽的人能有几个？”官吏的话一说完，恩师就得意地点了点头。

走出恩师家之后，官吏对他的朋友说：“我准备的100顶高帽子现在只剩99顶喽！”

虽然这是一个玩笑，但在引人发笑的同时也引人深思，它显示出赞美无比宽广的适用范围，不管是什么人都不会拒绝它，也不会因为它而引起不满。即便是那位“正直”的老师也会在听到学生的赞美时含笑应许，因为赞美正是针对人们对尊重的需求，让受到赞美的人感受到尊重。

在某城，一家文化公司欲建一座现代化的写字楼。这一天，公司张经理在工作时，家具公司的工作人员小波找上门来推销办公家具。“哟，好气派！我从来没有见过这样漂亮的办公室。如果我有一间这样的办公室，我这一生的心愿就都满足了。”

小波这样开始了他的谈话，他用手摸了摸办公椅扶手，说：“这不是红木吗？这可是难得一见的啊！”“是吗？”张经理的自豪感油然而生。说完，不无炫耀地带着小波参观了整个办公室，兴致勃勃地介绍设计比例、装修材料、色彩调配，兴奋之情，溢于言表。

结果可想而知，小波顺利地拿到了张经理签字的办公家具订购合同。

要想获得别人的好感，维持长久的关系，那就不要吝惜自己的赞美，它可以帮助你在人际交往过程中走得更加顺畅。著名的成功学大师卡耐基不管走到哪儿都会受到欢迎，一位企业家曾揭示了他的秘密：“他会和任何人握手，并且鼓励你、赞美你。这样的人又怎么会不受到大家的欢迎呢？”赞美与奉承不同，奉承是虚假的客套和毫无来由的夸奖，而赞美则是对别人优点的真诚赞赏。奉承可以换取一个人暂时的好感，但当他恢复理智之后，却会因为这种虚伪的言辞而对其更加疏远。赞美却能够赢得一个人永久的亲近，因为被赞美者深切地感受到他所受到的尊重与重视，自然会付出百倍的热情和真诚回报给赞美者。

智慧箴言

◎赞美别人绝对是一种产出大于投入的人脉投资，它不仅会让你收获一份好心情、好人缘，更会为你带来巨大的物质回报，所以，为什么不学学如何赞美身边的人呢？经常恰当适时地赞美他人，一定会为你带来意想不到的效果。

第四章

巧用幽默的力量

语言艺术里有一种境界叫做幽默。有人说幽默的脸是美丽的，幽默的笑是友爱的，幽默的心态是乐观的，幽默的意志是坚强的，幽默的品格是豁达的……幽默包含着人生非同一般的大智慧，如果我们学会了利用幽默的力量，那我们就能克服一切困难和迷惑，取得人生的成功，直达人生的最高峰。

幽默是一件美丽的外衣

我很怀疑世人是否曾体验过幽默的重要性，或幽默对于改变我们整个文化生活的可能性——幽默在政治上、在学术上、在生活上的地位。

——林语堂

美国的一名心理学家说过："幽默是一种最有趣、最富有感染力、最有普通意义的传递艺术。"是的，幽默之美，首先在于它的趣味性和感染力。

这天，一位神采奕奕的老教授健步走向讲台，突然，他绊倒在了一个学生的脚上。学生惊慌失措，教授反而转身向这名学生抬了抬自己的帽子，表示道歉。然而，刚转过身的他又绊倒在了讲台前方的一个废纸篓上。学生们强忍住笑意，老教授于是又转过身去向废纸篓抬了抬他的帽子。

上述事例说明，幽默不仅是一种语言艺术，也是一种行为艺术，恰如其分地运用它，往往可以化解尴尬，收到意想不到的效果。

幽默之所以会受到如此多人的欢迎，是因为它是一种含蓄委婉、充满了轻松愉悦的表达方式。同日常语言不同的是，幽默所表达的内容往往不会直白，需要人们经过一番品味之后才能感受到其中真实的含义。而这个品味的过程则充满了乐趣，它反映出人们的学识修养和情商，这种情形类似于喝茶——回味才是最重要的！回甘的龙井等茶受到大家的喜爱，而自然隽永的幽默也一样会受到大家的追捧。

一天，监狱里的三个囚犯在百无聊赖之际回忆起了过往，纷纷感慨如果拥有自由之身将是一件多么美好的事情……

聊天中，甲问乙："你究竟做了什么事，被关到这里来了？"

乙回答说："因为我在1953年骂了伊万诺维奇。"

乙又问甲："你为什么也被关到这里来了？"

甲回答道："和你一样，我也是因为骂了伊万诺维奇。不过，我是在1963年。"

他们两人同时问丙："你是因为什么被关在这里的呢？"

丙凄惨地笑了笑："你们虽然不认识我，但你们早就听说过我，我就是伊万诺维奇，我是1973年被关进来的。"

这则小小的故事并没有义正词严地去谴责强权者，反而只是用一句话就说明了强权者最后的下场是跌进自己所制造的牢笼中。这种表达方式轻松、愉悦，让所有人都会心一笑。

这天，某电视台的摄影师被紧急通知跟随一名记者前往事发地进行采访，因为匆忙，摄影师带了一台坏掉的机器就出发了。无奈之际，只好借用一位路人的家用小相机应急。不料那位小相机的主人却带着几分嘲讽的语气说："早知道您用这种小机器，我就自己拍好送给您!"摄影师回头一笑："这也就是为什么要我来拍的道理!"

摄影师这句话不仅不失幽默，而且含蓄地予以了路人还击——"就是因为不敢用你老兄拍出的烂东西，所以还得我这位专家出马"！

如果摄影师果真将前面一大段讲出去，难免不演变为正面的冲突，那样不仅影响工作的进程，也有损于自己的形象。而那淡淡又短短的一句幽默，既维护了自己的尊严，又给予了对方有力的还击。这正是幽默的最高境界。幽默有时候就如同一件美丽的外衣，既能化解尴尬和纠纷，又能突显表达者的涵养和气度。

智慧箴言

◎幽默总是于诙谐的言语中蕴涵着真理，体现着一种艺术美。因而，幽默也是乐观健康、情调高雅的。攻击他人缺点的"幽默"则不能称之为"幽默"。

▶幽默是智慧的化身

没有机智的人，不可能表现出高度的幽默。

——梁实秋

幽默不是深思熟虑的产物，而是随机应变、自然而成的结晶。幽默往往与快捷、奇巧相连。幽默往往需要智慧来支撑，离开了智慧，幽默就失去了源泉。真正高级的幽默，往往出现在最恰巧的时机，给人灵光一现之感。而且不会太过直接，因为幽默多少带着几分戏谑，如果太直接，难免尖刻伤人，所以要绕个弯子来，品位才显得高。

一位风度翩翩、谈吐不凡的乘客被带到了火车的问讯室，正在接受列车长严厉的审问。

“刚听我们的列车员说，你曾20次到北京，都没有买过车票，对此，你如何解释？你知不知道这是违法的行为？”列车长严肃地问。

“是的，刚才列车员检票时，我的伙伴手忙脚乱地寻找自己的车票，他翻遍了身上所有的口袋，终于找到了……”这位乘客回答。

“请正面回答我的问题。”列车长打断了他的话。

“是的，先生，请您听我把话说完。然后我就开玩笑地告诉我的伙伴，找不到也没关系，我曾20次去北京都没有买过票。”

列车长怒不可遏，准备下车后将他交至公安局。“很简单，我是开着汽车来的。”乘客继续说。列车长终于无言。

这位乘客智慧至极、幽默至极，具有“把稻草说成金条”的本事。可以想见的是，他以前一定做过无票乘车者，但他能巧妙地运用幽默为自己开脱，列车长也对他无计可施。这就是幽默的力量。

幽默是智慧的化身，依仗智慧，临场发挥的幽默才最具生命力。有备而来的幽默当然也能在一些场合应付一些尴尬，但难免有人工斧凿之嫌。

一天，俄国学者罗蒙诺索夫神情悠然地走在大街上，遇见了一个衣冠楚楚、不学无术的纨绔子弟。纨绔子弟闻听他便是著名的学者罗蒙诺索夫，本想前去恭维一番，但看到罗蒙诺索夫裤子上的破洞时却挖苦他说：“在这个破洞里，我看到了您的聪明才智。”罗蒙诺索夫则毫不客气地回敬：“先生，从这里我却看到了另一个人的愚蠢。”

裤子上的一个破洞成为纨绔子弟嘲笑罗蒙诺索夫的依据，他自认为自己的嘲笑很幽默，但罗蒙诺索夫却以他自己的方式给予了还击，让他无地自容。可见幽默者首先要有敏锐的思维以及强烈的自信。

周恩来总理也是一代幽默大师，他的幽默同样充满了智慧。

安娜·路易斯·斯特朗虽然是一名美国记者，但她却一直致力于宣传中国在世界上的形象。这位中国人民的老朋友在举办八十寿宴的时候，周恩来总理也欣然出席。

在宴会上，人们都恭喜安娜·路易斯·斯特朗长寿，而只有周总理独辟蹊径地说：“斯特朗女士其实还很年轻呢！”在众人大惑不解的时候，周总理笑着用中国的计量单位斤、里都比国际上所通用的公斤和公里要小的例子，说明斯特朗虽然八十岁了，但在中国却只能算是四十岁，因此她还非常年轻。这一番解释赢得了满堂喝彩，女士们都喜欢别人说自己年轻，在总理提议下，大家都举杯祝贺斯特朗女士四十岁生日快乐，让她开心得笑出了眼泪。

无论是从表述的方式还是情感的流露来看，周恩来总理的幽默都无哗众取宠、故弄玄虚之嫌，只给人以轻松愉悦之感。随机应变的幽默往往需要借助其他一些事物，英国作家狄更斯就曾借助自己的职业幽默了一把，同时也为自己解了围。

狄更斯在工作之余，十分喜欢钓鱼。一次，他独自一人来到河边钓鱼。正当他专心致志地钓鱼时，一个陌生人走了过来，说：“先生，您在钓鱼吗？收获如何啊？”

“是啊，我在钓鱼。唉，别提了，今天也不知道怎么了，愣是没有一条鱼上钩，可就在前些日子，也是在这个地方，我却钓到了整整一桶的鱼!”狄更斯有点抱怨又有点骄傲地回答。

“是吗?看来先生的运气今天不怎么好啊！”陌生人摆出一副得意的面孔，“我的朋友，您知道我是谁吗?我是这条河的管理人员，这段河面是严禁钓鱼的!按照规定，我要对您进行罚款。还有，您要对您那天钓走的那一整桶的鱼做出赔偿。”说着，自称是管理人员的人便从口袋里掏出一本单据，准备开罚单。

见此情景，狄更斯连忙反问：“那么，亲爱的朋友，您知道我是谁吗?”

狄更斯赶紧补充说：“我是作家狄更斯，您不能罚我的款，因为虚构故事是我的职业。”

狄更斯靠自己非凡的灵敏和机智，通过幽默的通道，为自己辩护，顺利地脱了身。

智慧箴言

◎幽默不仅仅是一种语言的艺术，它更是生活的艺术、智慧的艺术。如果一个人不具备智慧，不具备对生活的细致观察，也就不能有幽默的语言。它能折射一个人的生活态度以及修养，也能带动周围的世界变得快乐。

幽默的人最豁达乐观

幽默是一切智慧的光芒，照耀在古今哲人的灵性中间。凡有幽默素养者，都是聪敏颖悟的。他们会用幽默手腕解决一切困难问题，而把每一种事态安排得从容不迫，恰到好处。

——钱仁康

豁达是一种可贵的品格，幽默能恰到好处地帮你展现这种品格。

豁达是一种大度和宽容，豁达是一种美德，豁达是乐观、豪爽，是博大的胸怀、洒脱的态度，也是人生的最高境界之一。而幽默的语言艺术恰恰向人们展示了豁达这一良好品格。幽默则是对人性的一种肯定，亚里士多德就曾经说过：“幽默发现正面人物在个别缺点掩饰下的真正本质。我们正是这样不断地克服缺点，发展优点，这也就是幽默对人的肯定的力量所在。”

巴尔扎克是19世纪法国最著名的作家之一，他创作的《人间喜剧》被称为法国社会的“百科全书”。即便如此，他的大半生时光仍旧是贫困潦倒。

一天晚上，巴尔扎克正在租住的小房间里睡觉，忽然有个小偷爬了进去，在他的书桌上胡乱翻找。巴尔扎克被吵醒了，但他并没有喊叫，而是悄悄地爬起来，点亮了灯，面带微笑而又平静地说：“亲爱的朋友，别翻了，我白天都不能在书桌里找到钱，现在天黑了，你就更找不到了。”

夜半时分，有小偷光临，不是什么好事，也绝对不会令人愉快，但是心胸豁达的大作家巴尔扎克却跟小偷开起了玩笑。显而易见，幽默显现了一种宽广博大的胸怀。有幽默感的人大多宽厚仁慈，富有同情心。当然，幽默并不是超然物外地看破红尘，而是一种积极豁达的人生观念。

豁达不是伟人的“专利”，普通人也能拥有这种品质，分享这种快乐。

一名公司职员在晚上加班结束之后，去一家小餐馆用餐，吃到半饱之时，他在自己的碗中发现了一块小石头，于是赶紧喊服务员过来。当服务员赶来时，他表情平静地朝自己的碗里指了指，说道：“请帮我把这块石头抬出去好吗？”服务员自知理亏，赶紧道歉，并重新盛了一碗饭上来。

公司职员这种幽默得近乎艺术化的表达比起板起面孔的训斥恐怕要好上很多。美国前总统华盛顿曾经说过：“世界上有三件事是真实的——上帝的存在、人类的愚蠢和令人好笑的事情。前两者是我们难以理解的，所以我们必须利用第三者大做文章。”

罗杰斯和苏瑞是楼上楼下的邻居。罗杰斯从事酒吧主唱的工作，因此总是很晚下班回家。最让苏瑞受不了的是，罗杰斯几乎每天晚上回到家后都会打开收音机听一会儿，这严重影响了苏瑞的睡眠。

这天，苏瑞忍无可忍，上楼敲开了罗杰斯的房门，并说："亲爱的朋友，请把你的收音机借给我用几天好吗?""怎么，你也喜欢晚间特别节目吗?"罗杰斯兴奋地说，还以为找到了知音。"不，我只是想夜里安安静静地睡上一觉。"苏瑞回答。

婉转表达亦是一种幽默，幽默不是得理不饶人，也不是生硬地对抗，而是用一种柔和的方式让错误的一方更好地认识到自身的错误，从而积极修正不正确的行为，同时这也展现了表达者的豁达和宽容。

晚饭过后，萧伯纳决定去街上走走，不料被一个骑车的冒失鬼迎面撞倒在地，幸好只是受了一点皮外伤。骑车人急忙将萧伯纳扶起，并连声道歉，可是萧伯纳却做出惋惜的样子说："小伙子，你的运气不太好啊，如果今天你把我撞死了，就可以名扬四海了！"

没有责怪，没有愤怒，也没有谩骂，萧伯纳以一种幽默豁达的态度原谅了这个冒失鬼，相信这个冒失鬼也从中吸取了教训。

人与人在相处的过程中，难免会发生矛盾冲突，由于某种原因，当你必须对朋友当面提出批评或建议时，不妨采取上面这种曲折暗示的方式，这样既能表达你的意见，又能避免短兵相接、激化矛盾，还能表现你豁达大度的良好修养，何乐而不为呢?

智慧箴言

◎豁达乐观是人类美好的品行操守之一，一个遇事豁达乐观的人，他的思想是积极的，他的生活是愉快的，他们通常能够超然物外，不受世事羁绊。而豁达乐观却时常需要通过幽默这一手段来展现。

幽默为你梳理人际关系

一个真有幽默感的人别有会心，欣然独笑，冷然微笑，替沉闷的人生透一口气。

——钱钟书

学会运用幽默的艺术，就能与任何人相处得很融洽；掌握了幽默的技巧，就会朋友遍天下。

我们每个人都想拥有优质的人际关系，优质的人际关系是我们事业成功、生活幸福的重要保障之一。然而，现实生活中，我们在与人相处时，不可能总是一帆风顺，很多时候，由于某种原因，我们也会被他人误解，甚至被嘲笑、被轻视。这时，如果我们任由失控的情绪发泄，就会造成人际关系的严重不和谐，将为自己的生活和工作带来极其不好的影响。而幽默则是帮助我们梳理人际关系的良好工具，很多情况下，我们都不妨一试。

被视为美国历史上最伟大总统之一的罗斯福是身残志坚的代表人物。由于身体方面的缘故，他的体力不及常人。年轻时，他曾与人到一个农场去伐树，到了晚上收工时，他的领队询问白天每人伐树的成绩，同伴中有人答道："塔尔砍倒了53株，我砍倒了49株，罗斯福这个笨蛋只砍倒了17株。"

听了此话，罗斯福心里非常难过，当罗斯福就要发怒时，他突然想到自己砍的树的确很少，简直和老鼠筑巢时咬断树基一样，不禁笑着说："你说得不对，我是用牙齿使劲咬断了17株。"

生活中的很多人在与他人交往相处的过程中听不得半点"逆耳之言"，别人的言辞但凡稍有不恭，便极力辩解，甚或大发雷霆。其实这些都是不明智的做法——不仅不能赢得他人的尊重，反而会让人觉得你不易相处。

做人，就是要学会"为人处世"，学会与各种各样的人建立起良好的人际关系。当遭遇别人的嘲笑或攻击时，不妨保持一种随和、幽默的姿态，这样便可以轻而易举地克服人际关系中的障碍。

夏日傍晚，一辆破旧的公交车上挤满了人，空气混浊得几乎令人窒息。加上人与人之间的拥挤，工作了一天的人们几乎个个都没有愉快的表情。这时，一名中年男性乘客突然高喊道："各位，大家都吸一口气，缩小些体积，我挤得受不了啦，快成照片了!"大家忍不住笑了起来，表情不再那么沉重，陌生人之间仿佛在瞬间也变得亲近了起来。

能够活跃气氛的"活宝式"人物无论到了哪里都会备受关注和欢迎，上述故事中的中年男性无疑非常成功地扮演了此角色。

茫茫人海，找到志同道合的朋友并不是一件容易的事情。其实，交友并不难，难就难在交友的方法上，幽默交友有时候不失为一种有效的方法。陌生的朋友见面，如果幽默一点，气氛将变得活跃，交流将变得顺畅。

在一条狭窄的小胡同中，两辆三轮车迎面而来，不期而遇。两辆三轮车的主人是两位倔强的老者，他们俩对峙在小胡同中，谁也没有给谁让道的意思。过了一会儿，其中一位拿出一沓厚厚的报纸看了起来，另外一位也耐不住了，高声喊道："喂，老哥，今天有什么新闻啊？看完后借我看看啊!"

正在看报的老者被逗乐了，于是主动倒车让道。通过后来的聊天，两人志趣相投，竟然还成了很好的朋友。

上面小故事中向人借报看的那位老者真可谓将幽默的艺术发挥到了极致。所以，当我们与陌生人发生冲突的时候，不妨也学着幽默一点、大度一点，这样矛盾也许很快可以化解，敌意也会变成友谊。

朋友间的幽默，方式很多，只要“幽”得开心、“默”得可乐就可以了。

小仲马是19世纪法国著名的剧作家。有一次，他的一个作家朋友的剧本上演了，邀请小仲马同去观看。“一个，两个，三个……”小仲马坐在最前面，不停地回头数。

“你在数什么呢?”朋友疑惑不解。

“我在替你数打瞌睡的人。”小仲马风趣地说。朋友哈哈大笑。

后来，小仲马的《茶花女》公演了，于是也邀上次那个作家朋友同去观看。这次，那个朋友也回过头来找打瞌睡的人，好不容易也找到了一个，说：“呀！今晚也有人打瞌睡呀!”小仲马看了看打瞌睡的人，说：“你不认识这个人吗?他是上一次看你的戏睡着的，至今还没醒呢!”

真正熟识、了解的朋友之间往往是需要互相打趣的，这样生活才有乐趣可言。太过客套、太过拘束的两个人一定不是真正意义上的朋友。当然了，友谊是需要建立在真诚的基础之上，离开了真诚，一切将无从谈起。

“爱人者人恒爱之，敬人者人恒敬之。”交朋友要以诚为本，朋友之间要以诚相待，互相尊重，互相理解，互相关心，互相帮助，但也不能过于客套或掩饰。

智慧箴言

◎人人都喜欢和有幽默感的人交往，因为跟这些人聊天是一件很开心的事。所以有无幽默感，直接影响着一个人的人际关系的好坏。

幽默帮你赢得芳心

我主张“游戏人间”，看任何东西，要有点游戏式的幽默感。很多事严肃不得，恋爱与婚姻都是，不用严肃，认真即可。

——吴淡如

好的爱情往往是可遇不可求的，我们要善于运用幽默，抓住身边的每一个机会，在一见钟情的时候，用幽默的语言表达出我们内心深处的爱恋。

当你在生活中遇到一个心仪的女孩，她花容月貌、亭亭玉立、气质不凡，深深地吸引了你。这时，你应该怎么办呢？可能很多人都会觉得这样的女孩可望而不可即，不敢上前攀谈。事实上，几乎所有的女孩都以被人追求而自豪！所以，勇敢地把握住上天赐予你的怦然心动的

机会，以幽默的语言作为手段，与你心仪的女孩攀谈吧！

我们来看看法国著名领袖戴高乐将军是怎么做的。

1920年，在巴黎某次盛大的舞会上，戴高乐上尉一眼就看上了人群中美丽端庄、光芒四射的汪杜洛小姐，于是鼓足了勇气，走到这位小姐面前，风度翩翩且十分有礼貌地邀请她跳舞。汪杜洛小姐欣然同意。在跳舞的过程中，戴高乐上尉真诚地说：“能够认识你，小姐，我感到非常荣幸，是一种莫名其妙的荣幸……”而汪杜洛则说：“上尉先生，我不知道还有什么话比您的话更动听、比此刻的时光更美好……”他们一边跳着舞，一边互诉爱意，当第六支舞曲结束时，他们已经山盟海誓，定下终身了。

这恐怕就是人们常说的一见钟情吧，这种浪漫的际遇可遇不可求！戴高乐上尉之所以能够轻易俘获美丽大方的汪杜洛小姐的芳心，除了他的个人魅力外，还在于他对汪杜洛小姐发自内心的真诚的赞美；另外，他那句“莫名其妙的荣幸……”难道不带有一丝淡淡的幽默味道吗？

如果你也获得了戴高乐一样的机会，你是否能够把握住，赢得美人芳心呢？其实幽默也是需要信心和勇气的，如果被对方的傲气所征服，自己内心不能坦然地面对，就不能展示出你的幽默。当你心中对自己无比自信，并且可以轻松地面对这个人时，自然谈笑风生，用幽默的语言去吸引她，从而让她注意到你的优点。

小志在一家广告公司上班，他工作踏实努力，业绩不俗，但在追求女孩子方面却显得有些木讷，因此一直处于单身状态。最近，他在乘坐电梯时总能遇见一个漂亮秀气、举止优雅的女孩子，内心很是喜欢。

虽然几乎每天都会遇见这个女孩子，但小志却迟迟不敢与她搭讪、接触。

这天中午下班后，小志看见这个女孩独自一人走进了一家牛肉面馆，于是毫不迟疑地跟了进去。

他鼓足了勇气，有点紧张地问女孩：“经常在电梯里碰见你，请问你叫什么名字?”

女孩抬头看了看他，漫不经心地说：“我叫意大利面啊!”

她显然不想报上真名，但小志没有气馁，他开口道：“这么巧啊，我叫加州牛肉面！”

女孩被逗乐了，冷漠的脸上立刻露出了灿烂的笑容。后来，这位“意大利面”真的和“加州牛肉面”走到了一起，这真是幽默的神奇魔力。

在和陌生人接触的时候，人们往往会因为紧张而乱了阵脚，有时候只好预先想好自己要说什么，但这种不灵活的做法无法应对现场的变化，带来的时常是失败。幽默是随机应变的，它需要机智，也需要敏锐地对现场变化做出反馈，只有这样的幽默才能真正发挥出效力。

在人际交往的过程中，几乎每个人都有说错话的经历，人因为犯错才显得更加可爱。说错话并没有什么可怕的，只要你能运用幽默，迅速拿出补救措施，就能化险为夷。

在一次聚会上，一位男士对坐在他对面的女士产生了好感，为了引起她的注意，就与她搭讪道："见到你很高兴，你丈夫怎么没来?"

"对不起，我还没有出嫁……"

"明白了，你丈夫是个光棍儿！"

这位女士先是被男士问得十分尴尬，但马上被男士的话逗得脸上有了笑容。男士带有冒犯性质的问话没有惹恼女士，女士从男士的答话中体味到他的幽默气质。后来，他们成了一对情侣。

智慧箴言

◎在这个世界里，幽默始终扮演着一个守护神的角色，在危急时刻，它给人提供安全感；在悲剧时刻，它会引导其向喜剧方向发展。在爱情中，如果你能够将幽默运用自如，一定会品尝到爱情果实的独特芬芳。

用幽默营造家庭的和谐

和聪明的人恋爱很快乐，因为他们很幽默，会说话，但也时时存在着危机，因为这样的人容易变心；和老实的人恋爱会很放心，但生活却也非常乏味。

——高寒

幽默是家庭生活的润滑剂，它能给家庭带来阳光和春风。

身处婚姻的围城之外，很多男男女女都会对它抱以无限的憧憬：可以朝夕相伴、长相厮守，可以一起为了某个目标而努力奋斗，可以一起布置自己温馨的小家……但是，任何事情都有其两面性。朝夕共处、卿卿我我固然甜蜜，但时间久了，难免不滋生厌倦感。台湾著名作家戴志晨先生说："婚姻是人世间'老化'最快的一种关系。结婚后，新郎、新娘都在一夕之间变成老公、老婆。"事实上的确如此。针对爱情的老化问题，戴志晨先生开的处方是"幽默"，他说："懂得夫妻幽默之道的人，可以防止婚姻老化，使双方永远做英俊的新郎、漂亮的新娘。"

小吴和小艾是青梅竹马的恋人，由于父母的阻挠，两人的感情一直没有得到顺利的发展。几经波折，有情人终于走到了一起。

然而在经历了婚后几个月短暂的甜蜜和幸福后，由于鸡毛蒜皮的小事，两人总是争执不断。在一次激烈的争吵中，小艾厉声说道："天哪，这哪像个家!我再也不能在这样的家里待下去了!"说完，就拎起自己放衣服的皮箱，夺门而去。小吴并不是性格倔强的人，这么多年，小艾每每发脾气，他都习惯了。于是赶紧追出门去，大喊："小艾，等等我，咱们一起走!这样的家有谁能待下去呢!"听到这话，小艾忍不住"扑哧"一声笑了，两人重归于好。

夫妻相处，宽容和理解很重要。在婚姻的"保卫战"中，有的人懂得怎样去保护自己的幸福，保持爱情的活力。他们以幽默来代替粗鲁无礼的语言，解决日常生活中的分歧。虽然他们也相互挑剔，也会产生纷争，但是经由幽默调节后，一切纷争都显得微不足道了，经历了冲击后的爱情生活反而显得更加活跃。

著名的哲学家苏格拉底为世人所敬仰，然而少有人知道的是，他的妻子脾气火暴，无愧"泼妇"之称。对此，苏格拉底不以为意，反而自我解嘲说："有这样的妻子好处很多，可以帮助我修炼耐力、提升修养。"有一次，这位"泼妇"妻子不知道由于哪儿不顺心，又对苏格拉底发起脾气来，大吵大闹，苏格拉底忍无可忍，只好退避三舍。

谁知道他刚走出家门，怒气未消的妻子就从楼上倒下一大盆水，把苏格拉底浇得像只落汤鸡。苏格拉底打了个寒战，无奈地说道："我早就知道，响雷过后必有大雨，果然不出所料。"这位泼辣的妇人自知理亏，当然也心疼丈夫，赶紧出门将苏格拉底追了回来。之后，她火爆的脾气也收敛了许多。

哲人毕竟是哲人，他有着不同凡人的豁达、宽容和幽默，他懂得化解矛盾的委婉迂回的措施。家庭生活中，如果夫妻双方都能学习一点苏格拉底的这种精神，那么生活必将更加美好，处处洋溢着欢乐。

通常情况下，善于以幽默作为双方摩擦和争执润滑剂的夫妇，他们获得的幸福比其他家庭都多。幽默就是这么高超的艺术。

小美和辉辉新婚宴尔，甜蜜之至。这天下午，小美撒娇道："亲爱的，你能把昨天换下来的脏衣服洗一下吗?"辉辉说："不，亲爱的，你看我还在午睡呢!"小美不乐意了："我只不过是考验你一下，其实衣服都已经洗好了。"辉辉说："亲爱的，我也只是和你开玩笑而已，其实我很愿意帮助我的小娘子洗衣服的。"小美："我也是在和你开玩笑，既然你愿意，那就请你快去干吧!"辉辉不得不佩服小美的幽默和聪明，高高兴兴地洗衣服去了。

在家庭中，不仅需要有温柔的感触，也需要有不断激荡的热情和活力。这种热情和活力可以表现出爱情的灵巧、有趣，它能使爱情富有朝气。

如果你觉得生活太过平淡，幽默就能为这种平淡增添欢乐。它不仅可以让人们心情愉悦，也可以促进人们之间的感情，营造温馨、愉快的气氛。夫妻之间的幽默可以让争吵变得甜蜜，也可以让两个人感受到对方的情趣，让爱情变得更美好。

这天，一对夫妻又因为一点小事吵得不可开交，妻子一气之下提出要离婚。去民政局的路上，要经过一条小河。丈夫因为身体很强壮，并不害怕河水的冰凉，神情自若地脱掉鞋子，准备蹚水过河。妻子却在河边犯起了难。丈夫回过头温和地说：“我背你过去吧。”妻子没有拒绝，但是没走多远，妻子突然说：“算了，咱们回去吧!”丈夫诧异地问：“为什么?”妻子不好意思地低着头说：“离婚回来的时候，谁背我过河呢?”

只要一方能针对矛盾的具体情况，采取相应的沟通方式，巧用言语，就可以尽快打破僵局，让家庭生活恢复往日的欢乐与和谐。

智慧箴言

◎家庭是一个很好的诱发幽默的环境，因为家庭中充满了善意和爱，所以，当夫妻之间发生矛盾时，可以用幽默来消除紧张，缓和矛盾，从而营造一个和谐温馨的家庭环境。

幽默是圆滑的智慧

幽默是生活波涛中的救生圈。

——拉布

有人说职场生涯是枯燥的，但如果我们加入了幽默这种“调味剂”，或许又是另一番景象了。职场是我们赖以生存和发展的空间。但有时也难免有人际关系的不协调，上下左右的不相容。但如果运用幽默，我们的工作肯定会一帆风顺，卓有成效。

随着我国市场经济体制的建立，“自谋生路”的就业方式给求职者带来了挑战。现如今，在过去被称为“天之骄子”的大学生想找一份好工作也不容易。当然，要谋到一个称心如意的职位，首先还要靠自身素质，但是其他因素也将对求职者的前途造成很大影响。比如在面试过程中，运用幽默技巧就有助于取得成功。请看下面这个例子。

小李性格开朗，今年刚刚大学毕业。一次，在应聘某家公司的销售助理这个职位时，遇到了一道笔试题，其题目是：cryogenics这个单词是什么意思？小李冥思苦想，仍旧没有答案。最后，他幽默地写下了这样一句话：“这个单词的意思是我最好到别处去工作。”结果，非常意外地，他取得了成功。

由于销售助理这个职位通常情况下都需要与人沟通，而幽默是评判沟通能力强弱的一个重要指标，大概是出于这个原因，小李被意外地录取了。

富有创意的想法加上幽默的力量，往往能帮助我们更有弹性地去处理很多事情。其实创造力能激发一个人在他生活和事业各方面的成就。我们可以运用富有创意的方式来达到某种目的，用它来寻求答案，有时要凭借幻想来发现，在大脑里设想：“如果我这样做的话，会怎么样?”

的确，在职场中你可以运用幽默制造笑声，赢得更多的机遇。在对待顾客时不妨也多使用幽默的谈话艺术，相信幽默的力量也能帮助你取得共赢的结果。

如果你正和挑剔的顾客打交道，幽默是最有效的工具。请看下面这位售货员是怎样运用幽默打破了和顾客之间的僵局的。

在拥挤的百货大楼里，一位女士气愤地对售货员说：“幸亏我没有在你们这里找‘礼貌’，在这里根本没有‘礼貌’。”售货员想了一会儿，说：“你能不能让我瞧瞧‘礼貌’的样品?”女士想了一会儿，会心地笑了。

拥挤使女顾客不快，售货员用一句幽默的话令顾客会心一笑，把顾客的不愉快化为乌有，从而争取到顾客的合作，成功化解了一场矛盾。当自己或单位提供的服务不周到时，采用幽默的方式道歉，同时解释原因，能够在笑声中得到顾客的谅解和合作，这正是幽默的力量所在。

某火车站的候车室里，挤满了焦急等待回家的人。然而，由于天气情况不好，客流量又非常大，影响了火车的正常运行，时间一误再误。

一名工作人员为了维持秩序，出现在了人群中。这时，一名气急败坏的乘客抓住他大声嚷嚷道：“列车并没有按照时刻表运行，还在候车室里挂时刻表干吗？”显然，这个问题并不是人为能改变的。如果工作人员义正词严地解释客观理由，冲突难免就会进一步升级。但这位工作人员却机智地说：“出现误点的情况我们也很着急。不过，要是当真没有挂列车时刻表的话，也就无法说出火车误点多久了。您说对吗?”一句幽默的回答，使生气的乘客也无可奈何地笑了。

火车晚点是谁也不愿意看到的情况，然而这也是一些客观因素造成的，车站工作人员也无计可施，所能做的，就是充分理解乘客的心情，并想方设法去安抚乘客，而幽默不失为解决此问题的一大妙计。

智慧箴言

◎幽默不仅能够让你用自身的机智、自嘲、调侃和风趣给人们带来欢乐，而且还能激励士气，有助于提高工作效率。有幽默感的人总是能在工作中保持良好的心态，并有效地维系与客户之间的良好关系。可见，幽默是职场中的处世大智慧。

用幽默表达自己的不满

天真有高下之分，幽默则绝对是智慧的产品。

——张小娴

幽默是一种缓冲剂，在我们表达不满时，它能让对方虚心接受批评，而且不会有逆反和抵触情绪。

在生活中，面对他人犯下的错误，我们难免会控制不住自己愤怒的情绪而加以指责。这样往往会诱发一场尖锐的正面冲突。其实，如果换种思维方式，变指责为幽默，可能就会在表达自己不满的同时，也避免伤了和气。因为人与人之间的感情传递是相互的，如果你的态度是温和的，对方的态度也不至于太差，更何况他是过错方呢?

一天，老王懒于做饭，便去楼下的小餐馆用餐。不料小餐馆卫生状况不佳，米饭里竟能拣出很多小沙砾。老王实在难以下咽，便将小沙砾一粒一粒地拣出来摆放在桌子上。服务员看了以后抱歉地说："对不起啊，小沙砾不少吧？"老王笑笑，点点头说："是啊，不过还是有一点米的。"

老王没有直接批评米饭的质量不好，而是拿服务员说的"小沙砾不少吧"大做文章，幽默地说，饭里除了沙子"还是有一点米的"，通过先肯定后转折的形式表达了自己对米饭中沙子过多的不满，显得非常的委婉。尽管幽默很多时候会用于揭露弊端、批评错误，但它绝没有锋芒毕露，相反地，它总是让人和颜悦色地指出人们的缺点，让人们在笑声里看到自己或他人的错误，使之顿悟，进而悔改。

这天下午，一个六七岁的调皮小男孩偷偷跑到一家理发店，对理发师说："叔叔，我看见爸爸每天上班前都要刮胡子，但他却不帮我刮，您可不可以帮我刮一次，我也是小小男子汉啊！"理发师说："来吧，小小男子汉。"

等小男孩坐下后，理发师在他的脸上稍微涂了一点肥皂水，便去忙其他的事情去了。小男孩等得不耐烦了，叫了起来："叔叔，你怎么还不给我刮胡子呢?"

"我在等你的胡子长出来呢!"理发师答应着说。

上面这个故事中，理发师没有直接严厉责备小男孩的胡闹，也没有把他拒之门外，而是运用含而不露的幽默技巧和小男孩开了一个玩笑，使小男孩在幽默轻松的交流中认识到自己的错误。其实在生活中，如果带上一些幽默的色彩，指责也可以表达善意。

用曲意表达也是一种令人拍案叫绝的幽默方式。这种方式要求人们曲折地、间接地而不是直白地表达自己的意思，在制造幽默时，无论从素材上还是思维方式上都要真假并用，且带有相当大的假定性。用这种技巧把你的意思略作处理，使之变得耐人寻味，你就可以通过委婉曲折的形式使对方领悟你的本意。请看下面一则对话。

这天，一名自称是文学爱好者的青年来到一家出版社，好不容易找到总编室，兴冲冲地问主编："主编，您觉得我这些诗作写得怎么样？"主编回答道："写得相当不错啊，几乎毫无瑕疵，完全可以发表了。不过，有一个地方需要稍微改动一下。""真的吗?那怎么修改啊？"青年问。主编："只要将你的名字改成郭沫若就行了。"

这位主编巧妙地运用幽默的方式，委婉地表达出了自己的意见，同时又给作者留足了面子。如果运用正常的思维，直白地说"你这首诗完全是照抄郭沫若的"，虽然很简洁，意思也能表达得很清楚，但无疑会伤害到作者的自尊。

把本来可以直说的话，含蓄地表达出来，有时候会产生一种出乎意料的幽默效果。

饭桌上，面对妈妈做的菜，儿子尝了一口说道："好苦呀！"

妈妈上了一天的班，本来已经很累了，见儿子这么挑剔，气不打一处来，便说："那就不要吃菜，只喝汤就行了。"

过了一会儿，爸爸回来了，见儿子那么委屈，便询问妈妈缘由。

妈妈说："这孩子太挑剔了，好好的菜非说苦，为了惩罚他，我让他只喝汤。"

爸爸说："是吗？让我来尝尝。"

爸爸尝完之后，皱着眉头对妈妈说："亲爱的，我求你也罚我只喝汤吧！"

妈妈终于领悟，会心一笑，继而向儿子道歉去了。

妈妈累了一天，又忙着为全家人准备晚饭，着实辛苦。爸爸能体味到妈妈的辛苦，因而机智地运用幽默的表达方式，向妈妈传达出了菜确实是苦的这个信息，使妈妈在会心一笑的同时认识到了自己的错误。这种方式比直言相告明显要好很多。

智慧箴言

◎生活中，意欲表达对过错方的不满时，有理的一方如果能够撇开严肃的态度，以幽默的语言向对方传达掩藏锋芒的暗示性责备，那么无疑能够达到避免伤害他人的目的。

▶幽默是一种应变能力

良好的幽默态度是处理一切难题的良方。

——海涛法师

生活中谁都不可能一帆风顺，任何人都有遭遇坎坷的时候。如果顺境时需要的是心态的平和，那么在逆境之中拥有一颗乐观的心则更加重要。

不同的视角会带来不一样的感受，对生活的态度不同，自然也会得到生活不同的回馈。失败和成功之间也具有很多不同的视角。一个乐观、幽默的人能够让失败变成成功，因为他把失败当作成功之前的磨砺，不过是成功的前奏而已。发明大王爱迪生一生之中遭遇的失败无数，但他却一直用幽默的态度来面对。

爱迪生一心想发明出电灯，为人类创造光明。但是这个过程却历尽了千辛万苦，尤其是在寻找做灯丝的材料时，失败了一千二百多次，依然找不到一种既耐高温又经久耐用的金属。这时有人劝他放弃："你已经失败了一千二百多次了，难道还继续失败下去吗?""不，我并没有失败。我已经发现一千二百多种材料都不适合做灯丝了。"爱迪生幽默地说。

爱迪生正是以幽默的态度面对失败，从而在失败中看到希望，在挫折中找到鼓舞。当你的自信遭遇打击的时候，幽默会给你力量，让你重新站立起来。

在生活中，每个人都难免遇到令人尴尬的人，做出使自己尴尬的事情，而且因此陷入一种狼狈的境地。这时略施幽默来进行自我调节，便能抹掉困窘，扭转尴尬局面。

一个女孩马上就要订婚了，她喜悦至极，为了给参加订婚宴会的亲朋好友留下一个好印象，她面带微笑缓缓走入宴会厅。不料越是小心越是容易出岔子，女孩被一个落地灯绊倒在地，但她立刻跳了起来，说："瞧！表演杂技是我的强项。"

女孩幽默的做法一下子就把尴尬的场面扭转了，而且还给人留下了聪明、活泼的好印象。仅这一件小事，亲朋好友们就已充分了解了她的智慧和能力。

幽默需要敏捷的思维，以便对周围变化的信息做出迅速的反馈。

1800年，约翰·亚当斯竞选美国总统，共和党人指控他曾派遣竞选伙伴平克尼将军到英国去挑选四个美女做情妇，两个给平克尼，两个留给自己。约翰·亚当斯听后哈哈一笑，说道："假如这是真的，那平克尼将军肯定是瞒过了我，全都独吞了!"

正如某位哲人所说："当我们的社会通过一种幽默的能力而被深刻地认识，当每一位公民业已被幽默所征服，我们也就置身在一种和睦的气氛中了。"用幽默的力量来释放你自己，使你的精神超脱尘世的种种烦恼。用幽默来增加你的活力，使生活多一点情趣。

智慧箴言

◎罗伯特·斯蒂文森曾经说过："一般掌握了幽默这门艺术的人，都有超常的应变能力，他们体内随时都能迸发出一股强大的力量，独自应付任何困苦的窘境。"

把幽默当作反击武器

幽默来自智慧，恶语来自无能。

——松林

幽默可以借力发力，有时能够收到四两拨千斤的奇效。

幽默的魅力不仅在于能够引人发笑，它还可以作为反击武器，巧妙地回击那些不礼貌、攻击性的语言。生活中有很多幽默正是因为借力反击而产生，通过对方的语言逻辑来给予回馈，达到“以子之矛攻子之盾”的效果。

下面这个故事，正是当别人发难嘲讽的时候，对方以攻击者本身的逻辑来推理，给予幽默回击的例子。

一对青年情侣这天心血来潮，准备去乡间踏青。他们开着豪华的车子行进在去郊野的道路上，迎面走来一位老妇人，牵着一头瘦骨嶙峋的驴子。“早安啊，驴妈妈。”他们停下车子不无嘲笑地说。“早安，我的孩子们！”老妇人答道。

原本用于嘲笑别人的语言，却给自己带来了羞辱，这真的是自食恶果的典范。而这位老妇人以自己的睿智反击了别人对自己的不敬，同时也让这两个年轻人得到了教训。

生活中人与人之间难免会产生一些矛盾，如果直接还击对方，可能会将矛盾扩大。不如在受到别人的言语攻击时，使用幽默来进行十分巧妙的应对和隐蔽的反击，就能收到很好的效果。当然，这并不是一件容易的事情，在听到对方攻击性的话语后，先来个故弄玄虚，然后话锋突然一转，回击对方，这样的幽默由于突然的回转就带上了戏剧色彩。

当遭遇别人恶意的攻击时，恶言相向并不能帮助你摆脱困境，反而将你降低到与攻击者一样的水准。但如果保持缄默任由别人去发挥，则显然不是我们该有的反应。如何既有力地回击又能保持自己的风度和尊严，幽默便是最好的选择。它能让你的回击充满力度、充满智慧，让对方颜面扫地的同时更增添你的风采。

这天，一个富翁沿河散步，不幸失足掉进了水里。一个穷人看见后，想都没想就跳进了水里，冒着生命危险将其救上了岸。然而吝啬的富翁只给了这个穷人一个便士作为酬谢。

聚集在岸边围观的几个人非常气愤，叫嚷着要把这个忘恩负义的家伙抛到河里去。这时，走过来一位老者，他微笑着说：“把他放下吧，他值几个钱他自己清楚。”

在使用幽默反击时，需要抓住对方逻辑之中所存在的错误，进行延伸，从而推理出荒谬的结果，却让他不得不接受，达到反击的目的。

有一次，主人要出行，吩咐用人说：“麻烦你晚上把这双皮鞋擦一下，我明天出行要穿。”

第二天，主人发现用人并没有按照自己的吩咐做，于是问用人怎么回事。用人不紧不慢地说：“擦了有什么用，路上都是灰尘，很快又会脏的。”主人没有说什么，自己动手擦了起来，然后对这个用人说：“好了，我们现在出发吧！”用人诧异地说：“可是我们还没吃早饭呢！”主人立即应道：“吃了有什么用，很快又会饿的。”

用人显然在为自己的懒惰找借口，主人给予用人的反击既诙谐幽默，又很有力。反戈一击的幽默往往以后发制人、“以其人之道还治其人之身”为特点，就像一句西方谚语所说的那样：“把上帝的还给上帝，把恺撒的还给恺撒。”

有时夫妻之间一方的话带有极强的进攻性与侮辱性时，另一方不可直接反击，那样会激发矛盾。不如试着运用返还幽默法，按照对方的逻辑去理解或作出推论，将对方侮辱性的话语巧妙地反弹回去，以使对方警醒。请看下面这则幽默故事。

一位聪明且言语犀利的妻子总是嫌自己的丈夫不够优秀，决定玩个小把戏刺激他一下。一天下班回家，她故作兴奋地对丈夫说：“我今天请算卦先生看过手相，他说我的第二任丈夫是个英俊潇洒、学识渊博、事业成功又善解人意的人。”“哦！原来你跟我是第二次结婚呀！”丈夫不动声色地说。

妻子拐弯抹角地指责丈夫不够优秀，而面对妻子的变相指责，丈夫幽默且不动声色地进行了反击，相信妻子也会进一步认识到，原来丈夫也是一个相当聪明的人呢！

这天，一对平日里就爱吵架的夫妻又“开战”了，只听妻子粗鲁地吼道：“你简直就是一头蠢猪!”

丈夫也很生气地回答说：“这么多年来你一直跟一头猪生活在一起，你是什么？”

妻子辱骂丈夫是猪，丈夫没有一味退让，而是抓住妻子言语的荒谬性，又将谩骂返还给了妻子，使她自取其辱，提醒她在骂别人的同时也是在骂自己，伤害别人的同时也是在伤害自己。可见，幽默可以借力发力，幽默的力量是巨大的。

智慧箴言

◎当遭遇别人的冷嘲热讽时，千万不要将自己降低到与他同等的水准去用恶言回击，那样于事无补。如果选择幽默的方式来表达自己的情绪，则会让你的风度远远超越那些攻击者。

良好的心态来自幽默

说些笑话融以佛法，这样比较没有烦恼。

——广钦

幽默是一种特性，能够引发喜悦，带来欢乐，或以愉快的方式娱人。有了幽默，我们可以学会以笑来代替苦恼。借着幽默的力量，我们能让自己和他人超越烦恼，营造一个好心态。

生活在大千世界里的人们，时刻都应控制自己的情绪，这是快乐人生的根本。当你遇到痛苦和烦恼的事情时，幽默的力量就会帮助你把握自己的心理平衡，赋予你一种超然的心境，使你能免于陷入自卑情结，带给你愉悦的身心成长和光明的前景。

肆虐的暴风雨突然袭来，一艘客船不幸沉入苍茫的大海中。两名遇难者抱着事先准备好的救生圈漂浮在大海上，不期而遇。其中一位绝望地说：“伙计，我们离地面一定还很远，救援人员迟迟不来，我们是不是就要死了？”

另外一位安慰他说：“不，你错了，亲爱的伙计，顶多不过两米。”

“怎么，你疯了？你是说只有两米?”

“对，向下两米!”谈笑间，救援人员已经到了。

汤玛斯·卡来尔曾说：“真正的幽默是从内心涌出，更甚于从头脑涌出。它不是轻视，而是爱。”幽默是一种智慧，能够帮助我们调整心态，振作精神，进而脱离尴尬的窘境。

一位商人在做一笔大的生意前嘱咐妻子，如果这笔生意失败了，就把屋子弄得灯火通明；反之，则只点一支蜡烛就行了。“为什么要这样做呢?”妻子不解地问。

“生意失败了，我的竞争对手便会得意扬扬。可让他们生气的办法之一，就是让他们看到我家灯火辉煌。”商人解释说。

“那如果成功了呢?”“如果成功了，当然也要竞争对手们陪我高兴。我只点一支蜡烛，他们就会认为我快穷死了，一定会乐得跳起来。”

面对工作或事业上的压力，我们不妨像那位商人那样用幽默的心态来对待，这样就会使我们紧绷的神经得到暂时的放松，心态放松了，烦恼消失了，做起事情来就更容易成功。

某女士身材丰满，看着满大街身姿曼妙的女子，不由心生羡慕，于是下定决心减肥。然而一段时间下来，并无成效。一天，她对同事发牢骚说：“你说我怎么就减不下来呢，真是要急死人了！”同事安慰道：“其实你还好，不算太胖，看起来很健康。”

此女士接着说道：“还不胖呢，昨天称体重都快70公斤了。”“那你当时一定是在锻炼身体，手里正拿着两个哑铃吧!”同事的一句话把这位一心想减肥成功的女士逗得前仰后合。

上述小故事中的女士因身材丰腴、减肥不成功而苦恼，她的同事并没有从胖瘦角度入手，而是新辟天地，引出健康的话题，最后回归本题，委婉加以肯定，使此女士虽然验证了自己胖的事实，但在幽默氛围中化解了烦恼的情绪。

小王居住在单位的集体宿舍里，然而单位的集体宿舍由于年久失修，屋顶经常漏水。小王和舍友虽多次向自己的领导反映，但问题迟迟没有得到解决。有一天，市里的领导到基层来视察，检查团中有人指着墙上漏雨时留下的痕迹问小王："这房子经常漏水吧？"小王绕了个圈子，说道："瞧您说的，只有下雨天才漏。"

小王的幽默和豁达不得不让人佩服，对于领导对自己的问题的忽视并不记恨。"瞧您说的"似乎在否定问者的猜想，但"只有下雨天才漏"无疑是在自我否定，与问者的猜测内容相一致，但其效果却不同。他非常幽默地强调了自己的住房漏雨问题，又不让自己的领导过于难堪。

有一次，一名当红女演员去某餐厅用餐，刚刚坐定，便走过来一名刁钻古怪的老妇人。老妇人用手摸了一下这名女演员的脸庞，说道："对不起，我摸不出有多好。"

女演员修养良好，看在老妇人年长的份儿上，并没有过分计较，而是微微一笑，说道："您说得极是，我看也没有多好。"老妇人又戴上老花镜，仔细地看了看女演员的五官，说："不错，真的是没有多好看。"看来不反驳一下是不行了，女演员说道："您又摸又看的，新的也变旧了。"在场的人不由得笑了。

学会运用你的幽默智慧主动与人交往，在与人接触的最初一刹那，幽默就已经帮助你把自己的壳打碎了。

如果直面生活中的尴尬，往往带来的结果是让尴尬更加尴尬，而如果巧妙地披上糊涂的外衣，则可以让大家会心一笑，让尴尬消失于无形。敢于装糊涂的人正是因为他们有这样机智的反应以及化解尴尬的智慧，通过对于"假"的应用，来让别人受到迷惑，从而得到"真"的结果。

一对陌生的青年男女在别人的介绍下约会，面对其貌不扬的先生，小姐轻蔑地说："你有宝马吗？"先生摇摇头："没有。""你有洋房吗?""没有。"小姐转身就走，并抛给先生一句话："那么，看来我们也没有缘分！"

先生无可奈何地起身，自言自语道："难道非要我把劳斯莱斯换成宝马，把别墅换成洋房吗?"这位装糊涂的先生通过这一做法，让一个势利的小姐现出了原形，同时也让她感到无比羞愧。

在人际交往过程中，多一点糊涂会让你显得更加幽默可亲，那些糊涂的语言不仅可以产生幽默的效果，更能拉近彼此的距离，你的聪明和智慧自然会得到朋友的赞赏。

智慧箴言

◎幽默是生活的润滑剂和开心果，幽默能使人们平淡的生活充满情趣。哪里有幽默，哪里就有活跃的气氛；哪里有幽默，哪里就有笑声和成功的喜悦。而那些谈吐不俗、机智风趣的人往往也是心态良好的人。

第五章

既要说到 也要做到

好口才、好观点固然重要，但光动嘴和动脑而不付诸行动也会与成功无缘。成功是一种实践活动，它始于理想，成于行动。光有理想而不去付诸行动，理想就是空谈。平凡的成功者总是靠着正确的想法和脚踏实地的行动，一步一步地踏上自己的成功之路。

找对正确的人生方向

这个世界需要的是一位真正具有灵感的、勇敢的杰出领袖。

——刘易斯

拿破仑说：“不想当将军的士兵不是一个好士兵。”这句话告诉我们，人要有志向，志向决定着一个人努力和判断的方向，志向的大小决定人生的高度。

人生如同一场竞技，不仅要付出努力，更要方向正确。坚强和毅力固然可敬，但只有在正确的方向下才会发挥作用，选错了人生方向，就会与成功背道而驰。

20世纪40年代，有一个青年颇有绘画天赋，他先后在慕尼黑和巴黎的美术学校学习，对现代艺术各个流派的技巧都十分熟悉。

一次，他的一幅未署名的画被人出高价买走了，原因是买画者误认为它是画师毕加索所作。这件事情给了他很大的启发——倘若这样，不久就可以成为富翁了。于是他开始全面模仿像马蒂斯、毕加索、凡东根这样在现代艺术史上占有重要地位的画家的作品。这些赝品即使是有经验的鉴赏家，鉴定起来也十分吃力。

但是，当局最终查出了他就是那位躲在幕后的假画制造者，判了他两个月的监禁。这个人就是埃尔米尔·霍里，世界上最著名的假画制造者。

谁也不能否认埃尔米尔在绘画方面的才华，可惜的是他却迷失了自己的方向，将才华运用在不正确的地方，最后落得锒铛入狱的下场。他曾经的辉煌不过是游走在危险边缘得到的利益，而他沉迷于对别人的模仿时，已经渐渐忘记了自己的理想。

可见，一个人如果走上了错误的路，等待他的将是失败和痛苦。他在狱中的时候，又该是何等痛苦与悔恨，但是木已成舟，注定无法挽回。

所以说，人生除了积极地追求，勇于付出辛苦的汗水以外，还要注意拼搏的方向。方向找对了，成功是早晚的事；方向错了，走得再快也是南辕北辙。当一个人把努力用在错误的方向时，其失败就已经命中注定。

中国古代的寓言故事《南辕北辙》告诉我们一个最浅显的道理：方向最重要。一个人如果找对了方向，就可以不断前进，迅速达成目的。而如果弄反了方向，再多的努力也只能是让他背离终点越来越远。这个道理适用于生活、工作等各个方面，选错方向不仅让成功的概率降低，更让人力、物力被无意义地浪费。

对人生而言，努力很重要，但选择好努力的方向更重要。很多人不能成功，原因在于方向的错误。许多人埋头苦干，却不知所为何来，到最后才发现成功的阶梯搭错了方向，却为时已晚。

一天，一只蜜蜂和一只苍蝇先后飞进了同一个瓶子里。由于瓶口极小，蜜蜂和苍蝇在里面周旋了很久，都没有逃脱。苍蝇选择了暂时休息，蜜蜂则不停地盯住一个地方咬，不久，它死在了里面。休息好的苍蝇在瓶子里不停地寻觅，终于发现了出口，顺利逃脱。

很多人终生劳碌，一无所获，只因找错了方向，把精力用错了地方！生活之路多曲折，找对方向才是发挥自己勇敢精神的正确归宿。所以，我们努力做事的时候，一定要弄清楚方向是否正确。

英国前首相丘吉尔曾经说：“人的伟大不在于你在做什么，而在于你想做什么。”梦想是引导人们前行的旗帜，人类正是因为有了梦想而伟大，如果你有自己的梦想，那么必然会为之付出努力。

梦想给人前进的动力，让人不断追求进步。正是因为它所在的位置那么高远，才促使人们更加努力地挖掘自己的潜力，去寻求突破。在自我突破的过程中，人们会发现自己已然获得了长足的进步和改变。

一个真正的梦想必定充满挑战性，正因为它具有挑战性，又是自己所选择的，所以你一定会积极地想完成它。你的梦想就是你的使命，不仅是一种挑战，同时也是激励你的原动力。

人生的梦想会使你逃脱安逸的环境、迎接挑战。如果你一直安于现状，终会感到失望及不满。你没有成长，不追求挑战，怎么会真的感到满足呢？在你的内心深处，一定在呐喊着：我需要更多、更新、更好的事物，这种希望自己进步的渴求一定在你心中。

一个有梦想、敢前进的人，即使他目前未达到目标，或成就不大，但是他一定对自己的人生非常满意，因为他的人生有方向、有情感、有成长，这会使他觉得满足而有收获，每一天都过得有意义。

智慧箴言

◎种子向上努力，是因为它向往阳光的照耀；根向土层努力，是因为它想得到更多的养料。人总是朝着自己的梦想努力，是因为他向往成功，只有选择正确的方向，才会让成功之旅更顺畅。

别让理想成为空谈

我们活着不能与草木同腐，不能醉生梦死，枉度人生，要有所作为！

——方志敏

人生要想有所作为，就要敢想敢做。人生的失败大多在于没有想法，想得远的人走得也远，没有想法的人只能在原地踏步。有想法不去做也不行，那样会成为一个空想家，一生没有多大作为，只有遗憾。

在众人中，感觉敏锐但行动迟钝的大有人在，他们看到别人成功后会说：“早在几年前我就看出这个机会了，只是没有去做。”没有去做，当然要怪自己。没有果敢的行动，一切梦想都只能化为泡影。

改革开放之初，在浙江温州的一个小农村，生活着兄弟俩，哥哥叫蔡大明，弟弟叫蔡大亮。兄弟俩凭借着独特的市场敏锐力，决定开一家制鞋厂。

哥哥蔡大明做事果断，雷厉风行，决定一经做出，就展开了行动：招聘工人、购买机器设备、采购原料……仅仅用了半个月的时间，蔡大明就把产品推向了市场。但是万事开头难，蔡大明的制鞋厂产品销路不畅通，资金周转不灵。

蔡大明苦恼不已，但他并没有被眼前的困难吓倒，而是凭借顽强的拼搏精神和灵活的头脑，实现了丰厚的利润回报。

弟弟蔡大亮在哥哥开办制鞋厂之初便有点犹豫不决，他害怕担风险，想先看看哥哥做得怎么样，然后再决定是否行动。当哥哥遭遇经营危机之际，他在暗自庆幸自己幸亏没像哥哥那样盲目展开行动。但是当哥哥获得了丰厚的利润回报之时，他却又后悔了。经过痛苦的思考，最终还是办起了自己的制鞋厂。然而，先机已失，后悔已晚，当蔡大亮办鞋厂的时候，全国鞋厂已经如雨后春笋般纷纷涌现……

这就是立即行动和迟疑不决的巨大差别。兄弟俩同时看到了机会，几乎同时作出了相同的创业决定，不同的是，蔡大明的行动准则是说干就干，蔡大亮的行动准则则是在有了八九成的把握后再动手。蔡大明的行动准则是非常积极的，尽管他的行动没有十足的把握，但他的行动本身就可以弥补行为的缺陷，因而成功率非常高；蔡大亮的行动准则表面上看起来很稳妥，但这种稳妥往往却以失去机会作为巨大的代价。

机会总是稍纵即逝，它不会等待你经过漫长的考虑之后再去抓牢。如果机会出现了，就需要迅速地判断和行动，迟疑只会让你错失良机。当你有了设想和计划，就应该立刻投入行动之中，让实践来检验它，而不是在等待之中任机遇溜走。

智慧箴言

◎能够抓住机会的人，下决心时十分果断，他们敢于将理想付诸行动，而且在执行过程中绝不轻易更改决定，不管外界环境如何恶劣都坚守决定。这样的人不仅能够抢占先机，而且还能创造出越来越多的机会。

行动是成功的必由之路

我不相信被动会有收获，凡事一定要主动出击。

——迈克尔 · 乔丹

主动能够改变一个人的际遇、机缘，只因行动才是成功的必由之路。

当你的脑海中闪现出一个构想时，那便是你应该开始行动的信号。人们最大的错误便是等待，在等待中会错过很多机遇，也流逝了很多时间，这都是再也无法挽回的损失。而最实际的态度便是从此刻开始付诸行动，不为过去的错失而懊悔，也不对将来的变化心怀侥幸，活在当下才是我们应该做的。比尔·盖茨说："想做的事情，立刻去做！当'立刻去做'从潜意识中浮现时，要立即付诸行动。"昨天的失败和明天的幻想，都不能让一个立志于行动的人改变初衷，因为他知道自己的人生就在此刻。

苏瑞和辛迪是大学同学，她们两人有一个共同的梦想，那就是当一名电视节目主持人。苏瑞善于与人沟通，亲和力强，而且长相漂亮。她经常对人说："只要有人给我一次机会，让我上电视，我相信我一定会成功。"然而，大学毕业后，一年多的时间倏忽而逝，苏瑞悄然等待了很久，仍是没有等来这个机会。

如果论天赋和才干，辛迪是不能与苏瑞相比的。她长相一般，天生有些木讷，但是执着的她从来没有停止过对梦想的追求。在大学毕业后一年多的时间里，她没有像苏瑞那样待在家里，空等所谓机会的降临，而是白天去工作，晚上到某学校的舞台艺术系去上夜校。为了实现心中的理想，她跑遍了所在城市的每一个电视台，但是电视台的经理给她的答复几乎都差不多："我们不能雇用你。"

辛迪并没有气馁，而是继续付诸努力。她一连几个月仔细浏览广播电视中关于这方面的消息，终于看到了一条某地方电视台招聘天气预报女主播的信息，于是她毅然前往。

辛迪在那里工作了两年之后，回到了故乡，终于在一家大的电视台谋到了职位。之后，由于出色的表现，她一再得到提升，终于逐渐成长为一名著名的电视节目主持人。

转而看看苏瑞，由于只是空想，从来也没有为梦想付出过实际的行动，现在的她不得不在一家超市做着收银员的工作……

成功的出现永远都不是偶然的，它之所以青睐那些成功者，正是因为他们为成功已经付出了很多汗水与坚持，为了它的到来作了充足的准备。高尔基曾经说过："学习永远不晚。"而对于有梦想的人来说，行动也一样永远不会晚。

对于心怀梦想的人来说，在等待中蹉跎岁月是最大的敌人。不管是等待更好的机遇还是寄希望于别人的帮助，都是对梦想最大的浪费。成功从未主动投入谁的怀抱，它需要你从现在开始便不断地积累、探索，流下为它而付出的汗水，一步一步向它前进。

成功学大师拿破仑·希尔指出，主动的习惯必须贯穿在其他所有习惯之中，它是人生成功的"黄金定律"。要成功，就应有积极的人生态度。成功青睐主动找机会的人。

智慧箴言

◎成功者各有各的模式，但他们相似的地方却很一致，那便是：立即采取行动，不浪费一分一秒，不在等待之中蹉跎岁月、浪费机遇。因为他们知道：没有行动的梦想只能是空想。

行动要选择最佳时机

我们多数人的毛病是，当机会朝我们冲奔而来时，我们兀自闭着眼睛，很少有人能够去追寻自己的机会，甚至在绊倒时，还不能见着它。

——戴尔·卡耐基

松下幸之助说过："无论做什么事情，都有适当的时机。无论你怎么渴望，在春天未来临之前，樱花绝不可能盛开；无论你怎样焦急，在时机尚未成熟的时候，做事必然无法成功。"这话说得多么富含哲理啊！

从前，有一个人以捕鱼为生，同时酷爱吹箫。一天，他带着自己心爱的箫去捕鱼，来到海边后，他站在一块突出的岩石上聚精会神地吹起箫来，心想鱼儿们听到这美妙的音乐就会自己跳到他面前来的。转眼一上午的时间就要过去了，事情没有他料想的那么顺利，再这样下去就要空手而归了。渔夫此时只好暂时将箫放下，撒网捕鱼，结果收获颇丰。他对鱼儿们说："你们这些小东西，我演奏美妙的音乐时，你们不跳舞；现在音乐没有了，你们反倒跳了起来。"

从故事中的鱼我们可以联想到生活中那些做事不择时机的人们，所以说做事关键要选对时机，成功需要对时机的敏感与恰到好处的把握。

一名游客在轮船的甲板上脚下一滑，掉进了水里。他尖叫着呼救，同时奋力挣扎。呼救声引来了一名水手的注意，他闻声走到船舷边，平静地看着水里遭遇不幸的乘客。

游客的表情既惊恐，又愤怒，他不明白水手为什么这么冷酷无情，对自己的呼救视而不见。游客挣扎着，终于累了，开始往下沉。命悬一线之际，水手立即跳入海中，将他救了起来。

等两人都平安地回到船上后，游客不解地问道："为什么要等那么久才跳入水中救我？"

水手看了看他，回答道："我做了这么多年的水手，早就发现，当落水的人在水中拼命挣扎时，如果我立刻跳入水中去救他，他会连我都拖入水中溺死的。最好的办法是让他自己挣扎一会儿，把身上的力气差不多消耗完，那时候才是我跳下水营救他的最佳时机。"

游客这才恍然大悟。

在现实生活中，我们做任何事情都应该把握好时机。生育，要把握最佳时机，这决定宝宝的健康聪明和孕妇的安危。治疗，要把握最佳时机，错过了就很难妙手回春。谈判，要把握最佳进场时机，这决定你的输赢。炒股，要把握最佳进场时机，这决定你是赚钱还是亏损。购房，要把握最好时机，这决定你买得便宜还是贵。钓鱼，要把握好提竿时机，这是收获鱼量多少的关键……

盛大公司董事长陈天桥，最初在一家传统的国有城市开发企业从事管理工作。当时，网络行业才刚刚在中国萌芽。1999年，陈天桥放弃高薪和稳定的工作，加入网络界，创立了盛大网络有限责任公司，推出网上虚拟社区。在经历了大多数公司都未能幸免的网络寒冬之后,陈天桥捕捉到了“网络游戏”这个日后让盛大一鸣惊人的机会。

2001年年初，盛大开始运营韩国ACTOZ公司的网络游戏《传奇》。在陈天桥和他的团队的运作下，玩家人数以滚雪球的方式高速增长，盛大网络已经成为国内同时在线人数最多的网络游戏站点。选准了电信增值业务这个行业，造就了陈天桥的成功。

由于科技的进步和社会环境的变化，政府对于行业的监管也已经越来越规范，竞争也越来越激烈。那些后来的创业者想要在行业之中寻找到自己的位置也越来越难，因此他们更需要把握其他的时机，否则就不一定会有陈天桥这样的好运了。也许还会有其他特殊的情况发生，但对于大多数人来说，清醒地认识现状，找到属于自己的机遇，才可以更快地靠近成功。

要办好任何事情并得到最佳效果，都有一个把握最佳时机的问题。时机把握得好，就能充分利用条件，调动最有效资源，达到事半功倍、心想事成的效果。

在前进的道路上走得最远的，并不是那些最早显露出才华的人，而是那些可以清醒地分析现状、把握好时机的人。懂得相机而动，这其中包含的智慧值得每一个人去深思。

智慧箴言

◎成功的关键不仅包括做正确的事，还要考虑在正确的时机做事。一个人若没有选好做事的时机，那他注定要失败。

成功永远属于有准备的人

机遇只偏爱那些有准备的头脑的人。

——巴斯德

人生就是为某一时刻而努力着。成功的秘密是，当机遇来临的时候，你已经做好了抓住它的准备。成功的前提条件有很多，诸如机遇、才智、意志、品德等，但在行动之前，激情和愿望最为关键。面对命运的种种变化，我们的状态应该是时刻准备着，机遇都是在积极准备中光顾的。

第二次世界大战给全世界经济带来了莫大的伤害，让很多人流离失所，无数的企业都倒闭了。而在美国加利福尼亚经营一家自行车厂的杰克·威尔却逃过了厄运。

杰克·威尔所经营的这一家自行车厂规模并不大，所以在危机到来时它已经岌岌可危了。聪明的杰克·威尔认识到了这一现状，但他并没有气馁，而是开始思考自己的未来，将目标投向更远，希望可以通过把握未来的市场变化改变车厂的命运。在一番思考之后，他和儿子商量将自行车厂转而生产残疾人轮椅。儿子对此并不理解，但杰克·威尔却告诉他："战争带来的伤害不只在经济，肯定也有很多人受伤，战后为了生活和出行，他们就需要这样的工具了。"

一番谈论之后，父子二人很快就将车厂的产品进行了转变。一批新的轮椅出厂之后，果然吸引了很多顾客，订货的人络绎不绝，产品受到了市场的欢迎。杰克·威尔也摆脱了危机。

在轮椅生产如火如荼进行时，杰克·威尔却又开始思考，他认为战争不会一直持续下去，终究有停止的那一天，到时候人们不再需要这种轮椅，自己又该怎么办呢？这个问题让杰克·威尔非常苦恼，他考虑再三，和儿子开始探讨战后人们的新需求。最后得出结论：战争结束后，人们肯定希望可以和平安定地生活，要想拥有美好的生活，就必须有健康的身体，而为了健康，大家一定愿意为健身设备埋单。

这一次的探讨让杰克·威尔的工厂又发生了改变，生产轮椅的设备被运走，而生产健身器材的设备被运进工厂。虽然最开始的几年中，健身设备的销售并不理想，但杰克·威尔父子却坚信自己的构想是正确的。果然在战争结束十多年后，健身器材开始受到了大家的欢迎，杰克·威尔的工厂作为唯一一家生产企业，占据了大片的市场，企业的规模也不断扩大，为杰克·威尔父子带来了滚滚财富。

事物的发展都具有其趋势，智慧者可以通过对事物发展趋势的把握而掌握时机，从而获得成功的机会。要想准确地预见事物的发展，就必须具备敏锐的观察和思考，通过生活经验、常识等推断出未来的发展需求，能够做到这一点，就已经得到了一半的成功概率。

杰克父子二人可以在变化万千的世界之中准确地预见人们的需求，并提前做好准备，这是他们能够获得成功的根本要素。这种预见能力是极为可贵的，失去了它，所有的事情都会变得盲目，从而为失败埋下隐患。

在生活之中随处都可见因预见能力不足而导致的失败，很多事情进展到一定程度之后才发现不像人们预期的那样，就会让之前所做的所有工作都化为虚无。人生就好像修建一座摩天大楼，需要在设计、施工等多个环节之中做好准备，其中任何一个环节不能到位，都可能导致这座大厦倾覆。如果可以预见这一过程中的危险，从而做好有效的防备，我们就可以更顺利地建造好这座大厦。

戴尔·卡耐基说："不为明天做准备的人永远不会有未来。"人生的成功不是碰运气碰出来的，而是充分准备加上顽强苦干拼出来的。你要想成功，在做事的方法上就必须牢记这一规则。

古人云："凡事预则立，不预则废。"每一个想要获得成功的人都必须时刻做好行动的准备，对未来的思考要成为我们的习惯，只有这样，才能在机会来临时做到有效地掌控。就算是身处坦途之中，也要不断警示自己不能放松，当你认定自己所作的准备已经非常充足，对未来可能发生的各种危害都有了防备，那么成功离你也就不远了。

智慧箴言

◎《礼记》一书中有这样一句话："凡事预则立，不预则废。"所以，不论做什么事，我们都应该事先做足准备，唯有如此，才能得到成功的果实。

做好每一个细节

细节在于观察，成功在于积累。

——爱默生

那些可以获得最后成功的人都具备大视野，但他们却总在细微的地方用功，通过细节的完善从而达到计划的完美。当这样的积累达到了一定的限度，他们便会赢得来之不易的成功。

20世纪世界最伟大的建筑师密斯·凡德罗在被要求用一句话来描述他成功的原因时，他也是只说了五个字"魔鬼在细节"。他反复地强调，如果对细节的把握不到位，无论你的建筑设计方案如何恢宏大气，都不能称之为成功的作品。

老子曾说："天下大事，必作于细。"可见对细节的作用和重要性的认识，古已有之，中外共见。生活的一切原本都是由细节构成的，如果一切归于有序，决定成败的必将是微若沙砾的细节。

中国有句名言："细微之处见精神。"细微之处也是一个人道德养成的立足点，虽然微小而细致，但在人的成长中却至关重要。

苏联宇航员加加林因在1961年作为世界上第一个进入太空的宇航员而名垂史册，成为人们敬仰的英雄人物。然而，英雄的成长过程是否也一样充满了传奇色彩呢？事实上，加加林可以从诸多优秀的备选宇航员中脱颖而出，所凭借的只是一个微小的细节。

在确定宇航员的过程中，有二十多个人经过层层筛选进入最后的环节，他们每一个人的知识储备和身体素质都特别符合要求。作为"东方1号"航天飞船的主设计师，罗廖夫要做出最后的选择，也感到非常为难。

在一次宇航员培训过程中，罗廖夫忽然发现了加加林，因为在所有进入飞船的宇航员中，只有他一个人将鞋子脱下来，穿着袜子进入座舱，以免给机舱里带进灰尘。这个举动深获罗廖夫的好评，因为他为飞船倾注了无数心血，而加加林的举动正表示出他对罗廖夫工作的尊重。最后，罗廖夫决定让加加林来执行人类首次太空飞行的神圣使命。

一个小小的细节，不仅改变了设计师的想法，也改变了加加林的一生。如果成为第一个进入太空的宇航员的荣耀让加加林被永远铭记，那他的这一成功正是来自于他对细节的重视。

由此可见，注重每一个细节，是修养精神的最高体现，也是取得成功的重要条件。不论是做人、做事，都应当从大处着眼，从小事做起。

我们日常所做的可能没有什么大事，更多的是一些平凡而琐碎的小事，但我们都要把它们做好。成功就是尽可能地把一些细小的事情做得更到位，把简单的事情做得更精致，把平凡的事情做得更完美。

有责任心就能把事情做完美，就能达到成功的人生。我们要养成这样的好习惯，有好习惯就会有好结果。

我们都很敬佩周恩来总理的胆识和谋略，但他那种关照小事、成就大事的本领，更值得我们学习和借鉴。

周总理是一个做事非常细致的人，他的认真让身边很多工作人员佩服不已。在北京饭店举办的一次涉外宴会前，周总理按照惯例来了解饭菜的准备情况，他仔细地翻阅了菜单之后发现有点心，便问起点心的馅儿料。而身边的工作人员谁也没注意这个问题，便含糊地说：“可能是三鲜的吧！”

对于这个答案，周总理感到非常不满意，他说：“一定要搞清楚究竟是什么馅儿的，不然如果客人出现过敏症状就不好了。”工作人员这才急忙按照总理的指示去查看，确认宴会的每一个细节。

对于细节的关注让周总理总是可以将事情安排得最恰当，在尼克松访华的时候，晚会上忽然奏起了尼克松最喜欢的曲子《美丽的阿美利加》，这让他大感诧异。后来得知是周总理特意地安排，尼克松非常感动，不禁竖起了大拇指。

细节虽然微小，但它却是生活的基本构成。一个人有远大的理想并不是错误，但如果他忽略了细节，那么远大理想便只能是一个幻想，永远都不能变成现实。一个细节可以成就一个人，也可以让他所有的准备都付之东流。忽视细节的人在失败的时候不会知道自己究竟输在哪儿，而注重细节的人则会从细节中找到成功的契机。

智慧箴言

◎任何一个成功的人都是用100%负责任的态度去做好遇到的每一件事的。做事是否用心，是否用100%的负责任的态度去做好哪怕是一件很小的事情，都将直接影响整件事情的成败。

▶敢于冒险和尝试

对任何事物，你都感兴趣，所以每当付诸实施时，你都觉得有无限的生机到来，而且从不会错过机会。

——佚名

想成功，就得有一颗敢于冒险的心。没有冒险精神，不去尝试，就什么也不会得到。

人生总是充满了各种未知情况，它需要我们在摸索之中不断前进，经过各种失败之后才能找到正确的道路。敢于尝试，敢于冒险，是让我们不断前进的先决条件之一。失去了尝试和冒险的能力，一个人只能原地踏步。守株待兔的人不能获得成功的青睐，只有不断进取才能让成功的机遇在我们眼前出现。

韩国现代企业集团是世界上最大的船舶制造商之一，这家大集团的老板是一位赫赫有名的大富豪，也是世界上知名度颇高的一位大财阀，他就是郑周永。

1965年，郑周永首次承包了泰国的一条高速公路，而后相继在关岛、越南、新几内亚、巴西等国家承建了大批工程，并且都大获全胜。从此，他揭开了进军世界市场的序幕，而且一发而不可收。

在行业竞争中，郑周永表现出非凡的魄力。最惊心动魄的一幕是郑周永承建的沙特阿拉伯的杜拜海湾工程。这项工程预算总投资达15亿美元，工程浩大乃世界罕见。所以说，任务之艰巨是难以想象的。但这项工程是否能承建关系着郑周永的前途命运，究竟该如何抉择？

魄力惊人的郑周永经过冷静思考，决定大干一场。经过与其他实力雄厚的建筑公司的激烈角逐，郑周永终于以93亿美元的“倾销价格”承包了杜拜海湾工程，令世人刮目相看。

面对困难，郑周永没有退缩，反而表现出超凡脱俗的大家风度。他大胆、果断地决定采用立体平台船装载运输沉箱，每次运输将有损失25亿元的风险。这对郑周永来说，将是一件非常头痛的事情。

但是郑周永没有畏惧这样的风险。他和他的员工们克服了一个又一个困难，最后终于完成了杜拜海湾工程，而且工期比原计划的36个月提前了8个月。

从郑周永的经历之中，我们看到成功总是隐藏在风险的身后，要想得到它，就必须冲破风险的难关。如果因为惧怕风险而放弃，那么你将永远与成功擦肩而过，一生都不会得到值得骄傲的成就。

萧伯纳说：“对于害怕危险的人，这个世界总是危险的。”每个人都希望自己有一个表现的舞台，都渴望成功。但是，大多数人常常无法实现自我超越，就算有冒险与创新的想法，也因为怕麻烦和风险而不愿实施。所以，成功者从来都是少数。

如今已经占据世界首富地位多年的比尔·盖茨，他能够获得今天的成就也得益于他敢于冒险、不断进取的精神。现代社会竞争激烈，要想在变幻莫测的IT领域中独占鳌头，就必须敢于尝试，在不断的尝试中找到成功的契机。比尔·盖茨多年稳立潮头，正是因为冒险已经成为他天性的一部分。

没有一个机会是可以摆脱风险的，也没有一次成功是轻而易举的。比尔·盖茨在少年时期便显露出他对于冒险的兴奋，他甚至认定那些只有冒险得来的成功才算真正有意义的成功。他的争强好胜、超强的自信心以及惊人的控制力，都使他不断地游走在冒险与成功的交界。在哈佛读书的第一年中，比尔·盖茨便让自己冒险：他总是逃课去做别的事，而在考试前才拼命地复习。而他这种冒险为他带来了更多接触校外世界的机会，让他开始锻炼自己作为一个成功人士的基本素质——用最少的成本获得最大的收益。

退学之后，比尔·盖茨的冒险显得更加疯狂起来，他创办了微软，并成为这个行业之中的龙头老大。他所有的举措都会给行业带来震动，甚至引发人们关于垄断的讨论。在工作之余，比尔·盖茨还喜欢那些充满了刺激的运动，飞车和游艇是他的最爱，一个人驾驶汽车在沙漠飞驰或者驾驶飞机飞越山峰，都是他常做的事，而他也正通过这些事来让自己不断保持冒险的心性。

人们在作决定的时候，有些人会看到成功所能带来的好处，而有些人则只看到失败可能带来的残局。正是因为对失败的恐惧，很多人放弃了尝试，他们认为冒险不值得，却忘记了冒险之后所能获得的令人振奋的成功。当看到别人获得掌声之后，这些人又会后悔自己错失了机遇。

冒险是推动社会进步、科技发展的原动力之一，人类之所以能够有今天的成就，也是因为不断冒险而得来。在生活中凭借经验所作的任何一次决定，都是一次冒险，而如果没有了这些冒险，我们的生活将还处在茹毛饮血的时代，那些伟大的科学发现将永远与我们无缘。

不要因为惧怕风险而放弃冒险，在对成功的渴望之下勇于冒险，你将获得最出乎意料的回报，饱尝成功的甜蜜！

智慧箴言

◎很多人渴望成功，却不愿冒险。冒风险是生命无法避免的事情，冒可控制的、已知的风险是生命中明智的和必需的选择。

把困难当作一种挑战

命运是一件很不可思议的东西。虽人各有志，往往在实现理想时会遭遇许多困难，反而会使自己走向与志趣相反的路，而一举成功。我想我就是这样。

——松下幸之助

凡是事业上取得一定成就的强人，都有一种不惧困难、敢闯敢干的拼搏精神。他们把困难作为挑战，把挫折作为磨炼，把风险作为机遇，最终摘到了胜利的果实。

每个人来到这个世界上都有其独特的使命，也同时拥有着自己独有的天分，用自己的天分去完成自己的使命，便是我们人生的意义所在。为了得到美好的人生，人们必须经历诸多的磨难，在困难和挫折之中前行，向着心中的目标不断突进。当胜利在望的时候，你会感谢那些曾经的苦难，因为正是它们成就了你，也是它们让你人生的意义得到最大限度的发挥。

为了梦想而直面困难，是值得尊敬的；而在困难面前落荒而逃，只能成为耻辱。罗斯福的故事告诉我们一个人可以有多坚强。

富兰克林·D.罗斯福曾经在1933年至1945年期间担任美国总统，这十二年间正是美国经济和社会迅速发展的时期，因此他也被誉为美国历史上最伟大的总统之一，获得了人们长久的怀念。

在1941年的太平洋战争中，罗斯福带领美国人民一起获得了反法西斯战争的胜利，并且提出了建立联合国的构想，对世界发展产生了深远影响。如此伟大的一个人物，却也并不是完美的，能够获得这样的成就，罗斯福克服了很多的困难，这其中包括身体的缺陷。

罗斯福在小学的时候，非常不善言辞，每次说话都会颤抖个不停，嘴唇都哆嗦了，声音也沙哑了。而这正是因为他长着一副难看的龅牙。小罗斯福的心理受到很大影响，变得自卑。但他并没有因此消沉下去，也没有将龅牙作为自己颓废的借口，相反地，他努力地学习演讲，突破了自己的自卑心理障碍，最后获得了令人瞩目的成就。

在困难面前不认输，在缺陷面前不消沉，这为一个伟人提供了走出去的第一步，让他直面自己缺陷的同时也获得了顽强展现自己的动力。也许人们会嘲笑他，却无法打击到他这种自强不息的意志，这种缺陷在一定程度上反而促进了他的成长，让他变得更加坚强。

不经一番寒彻骨，哪得梅花扑鼻香。只有经过了苦难的磨炼，人们才能最大限度地发挥自己的潜力和天分。在逆境之中，更易成长成出色的人才，正是因为它对人们奋斗精神的激发。

史蒂芬·霍金于1942年1月8日出生，曾先后毕业于牛津大学和剑桥大学，是当今世界上继爱因斯坦之后最杰出的理论物理学家。

霍金不仅是科学界的精英，更是生活的巨人。他在21岁时就不幸患上了卢伽雷氏症，即运动神经细胞萎缩症，医生对霍金说，他的身体会越来越不听使唤，只有心脏、肺和大脑还能运转，而且他只剩下两年的生命。是的，正如医生所说，霍金全身上下只剩下三根手指可以活动，演讲和问答只能通过语音合成器来完成，但是，凭借顽强的意志，霍金创造了奇迹，至今仍然顽强地活着。

一次，在学术报告结束之际，一位年轻的女记者小心翼翼地提问：“霍金先生，卢伽雷病将您永远地固定在了轮椅上，您不认为命运让您失去了太多吗？”报告厅里顿时鸦雀无声，人们屏息聆听霍金的回答。

这个话题是这么敏感，让大家不由得为那位女记者捏了一把汗。但霍金却笑了，他平静地看了看女记者，开始用他那还有活动能力的手指叩击键盘，随着合成器发出的清脆声音，人们在宽大的荧幕上看到了霍金的话：“我还可以动手指，我还有思维，我还有理想，我还有我爱的和爱我的人，此外，我还有一颗感恩的心。”

这一串简单的字符让很多人落下了感动的泪，片刻沉默之后，雷鸣般的掌声忽然响起，人们用掌声表达着对这位非凡科学家的无限敬意。

在芸芸众生中，大家都渴望获得成功，但为什么真正能够成功的人却那么少呢？正是因为大多数人在困难面前放弃了自己的追求。如果说成功是巅峰，那我们必须经历跋涉的痛苦，而无法承受这一痛苦的人，也就没有理由登上巅峰。只有经历了磨难的人生，才是真正有意义的人生，只有磨难之后的成功，才能让人们发出甜蜜的微笑。

智慧箴言

◎人就应该在年轻时敢想敢做，不怕失败，因为我们还很年轻，输得起。要有勇气去做自己喜欢的事情，不断地往前冲，不畏惧任何困难，向着自己梦想的前方勇敢飞翔。

▶适当忍耐，不逞匹夫之勇

为人富贵昌炽者，从忍辱中来。

——《朝天忏》

古语说：“心字头上一把刀，遇事能忍祸自消。”一个“忍”字，被许多人奉为处世成事的良方。

“小不忍，则乱大谋。”这句俗语之中包含了古今智慧。为了能够重新振兴国家，勾践不得不卧薪尝胆，终于能够一雪前耻；为了实现自己的宏伟目标，韩信不得不忍受胯下之辱，才有了令敌人闻风丧胆的淮阴侯。这些历史人物都是因为在小事上忍耐，才得以在大事上展露自己的才华。为了国家利益，为了梦想，忍受暂时的屈辱，正是他们的智慧体现。

曾经在唐高宗时期担任宰相的张公艺，有一个和谐美满的家庭，他家中九代同堂，其乐融融，是世人羡慕的榜样。但当唐高宗问起他的秘诀时，张公艺却写下了一个“忍”字。正是因为“忍”才让如此庞大的一个家庭变得和睦，可见不管对于国家、家庭，还是个人的事业，“忍”字诀都非常重要。

张耳和陈馀都在魏国担任将军，但是当秦国灭掉魏国之后，这些旧臣便成了通缉犯。张、陈二人也不得不流落在外，开始了逃亡的生涯。

当张耳和陈馀经过了一番乔装之后，好不容易逃到了陈国，但他们知道秦国的通缉令已经被陈国获知了，所以还是要小心谨慎。可他们却不小心得罪了当地的一个官吏，官吏拿起皮鞭便是一顿抽打。陈馀看到这么一个小官吏都敢对自己动手，非常愤怒，一下子便跳了起来。但张耳却急忙拉住他，暗示他不可以轻举妄动。

两个人终于等到官吏离开，张耳不由得生气地说：“我们能够活到现在非常不易，为了今天一个小小的官吏，却要将之前的努力都付之东流，你这样冲动真是太不值得了。不能忍受这点小侮辱，又怎么能成就将来的大事业呢？”

从这件小事中，张耳看到了陈馀的不足，而他们二人的成就也果然大不相同。张耳辅佐刘邦，成为汉朝的开国功臣；而陈馀却因为辅佐赵王，成了败军之将，被韩信所杀。

一个能忍一个不能忍，两人的最终命运，竟有这样大的区别。

今天血气方刚的年轻人，对待权力在握、有身份的人，有钱有地位的人，隐忍、妥协并不意味着胆小。既要战胜自我，又要战胜别人，不顾世俗的猜疑歧视，这何尝不是一种勇敢呢？

《孙子兵法》对于军队的主帅提出了“忍耐”的要求：“主不可以怒以兴师，将不可以愠而致战，合于利而动，不合于利而止。”他将国君和将帅是否可以忍受作为评判他们的标准，如果因为不能忍受而交战，将会付出不可挽回的代价，国家也将会因此灭亡。对于一个理智的国君、将帅来说，判断是否该行动的唯一标准是利益，而不是自己的一时之气。

三国时期，群雄并起。但有人因为能忍成就了大事，而有人则因为不能忍而丧失了功业。

在蜀国名将关羽败走麦城而被东吴杀害之后，蜀国大将张飞悲愤交加，他下达了不合理的命令，要求三军制作孝服，最后导致手下的将官将其杀害。而蜀国国君刘备也因为无法忍受东吴杀害关羽的仇恨，不理智地发兵，结果被东吴陆逊一把火烧得仓皇而逃，不仅让数万将士丧生，自己也在逃回白帝城之后一命呜呼，蜀国从此一蹶不振。

与蜀国不善忍耐不同的是，魏国大臣司马懿堪称是忍耐的典范。他不仅足智多谋，而且遇事冷静。在和诸葛亮的一次交战中，司马懿率军和诸葛亮对峙在五丈原。诸葛亮考虑到自己的粮草有限，想要速战速决，但司马懿却按兵不动，静待时机的到来。

为了让司马懿快些出兵，诸葛亮派人送去妇女的服饰羞辱他，讽刺司马懿胆子小得像女人。

但司马懿对这些侮辱却丝毫不动怒，他压制着自己心中的愤怒，认为还未到发兵的最佳时机。

最后，诸葛亮因在五丈原长期对峙，心力交瘁而死，而蜀军也只好黯然退兵了。司马懿的忍耐为他赢得了战争的胜利。

在事情发生时能否忍耐可以看出一个人是否冷静、理智，这是决定事情成败的关键所在，不管是行军打仗，还是生活中的小事，这个道理同样适用。

智慧箴言

◎忍耐并不是退缩，也不是怯懦，它是为最佳时机的到来而做的准备，是更为理智的谋略，也是生活中不可缺少的人生智慧。

急流勇退是明智之举

知退是一种成熟、一种眼光、一种睿智。不懂得适时退让的人，随时会掉进失败的深渊。

——佚名

人生是一个进与退的过程，一生中不可总是进，该退时则要退。人生的进与退，应该顺从时势与环境的变化而变化。

在现实生活中，我们要善于准确地把握时机，适时做到进退适当，该退的时候一定要退，这样人生才不会荆棘丛生。在有些情况下，退让也许是安身立命的良策。无论是做官还是经商，适时退让非常重要。

松下幸之助说过："武功高强的人，往回抽枪的动作比出枪时还要快。与此同理，无论是搞经营，还是做其他事情，真正能做到不失时机地退让者，才堪称精于此道。"松下幸之助是一个懂得顺其自然的人，所以才有松下公司的发展壮大。

第二次世界大战结束后不久，松下公司接受委托经营一家濒临倒闭的缝纫机公司。起初，松下幸之助认为凭自己多年的经营实践，使这家缝纫机公司起死回生是没有多大问题的。但是，由于市场竞争十分激烈，松下不得不寻求保身之策及时抽身，于是便立即退了出来。

松下后来不无庆幸地说，如果当时考虑花了不少投资，害怕退出会有损失而犹豫不决的话，损失反而会更大。

有一次，松下幸之助和美国著名的大通银行副总裁会谈，松下问他，日本已经有七家公司制造大型电脑，这样下去不可能大家都生意兴隆，并询问他的看法。这位副总裁说：“姑且不论一般产业用或家用电脑，若是大型电脑，不久之后将形成恶性竞争的局面，你还是让给别人吧！”

1964年，松下公司宣布从大型事务用电脑业撤出。在此之前，松下公司已对大型事务用电脑投注了十几亿日元的研究费，并且已经达到实用化的阶段，但还是取消了这个项目。现在，家庭用电脑和个人用电脑不断成长，只有大型电脑没什么成长，因此，每逢看到各制造厂商正为恶性竞争而苦恼的时候，松下就庆幸自己的及早退出。

通过理智地分析之后，认为败势已经形成，此时需要的勇气远胜于接受胜利。承认自己的失败，理性地退出，远比将希望寄托在奇迹身上来得正确。能够认清形势并将损失减少，并不是完全的失败，它也是应对危机的策略之一。

有“假发大王”、“假发贸易之父”美称的刘文汉，凭借两个美国商人在餐桌上无心的一句话而发家，不可谓不是一个传奇。经过了一系列艰苦的准备工作（如寻找首屈一指的造型师等）之后，刘文汉开始正式经营自己的假发制造业，几乎在一夜之间，香港就成了闻名世界的假发制造业之都，到了20世纪70年代，刘文汉的假发销售已达4亿港元，产品仍然是供不应求。

就像当初发现商机一样，当竞争者越来越多的时候，刘文汉也敏锐地发现了这一现象，他看到了繁华的假发市场背后所隐藏的衰退迹象。刘文汉并没有因为留恋这一事业而迟疑，他迅速地做出决定要退出假发市场。急流勇退之后，他回到了澳大利亚，又开始寻找新的商机，进入了葡萄酒酿造业。

正如刘文汉所预测的一样，假发行业在经过了一段时间的发展之后，利润开始缩减，繁荣不再。而此时的刘文汉早就已经开拓了其他的事业——他已经在酿酒业中找到了自己新的定位，丝毫没有受到影响。

可见，退是一种战略，需要智慧。人的一生有进也有退，该进则进，该退则退，只要是符合各自的生存状态，只要是符合各自的理想追求，进退都是为了缔造出绚丽多彩的人生。

智慧箴言

◎懂得顺势而为的人，在进与退的人生旅途中显现出超凡的智慧。只要我们驾驭了进与退的智慧，便能够进退自如，人生便充实而不虚华，精彩而不单调乏味。

与人方便也是与己方便

辛苦我一人，方便千万家。

——徐虎

古人说：“爱出者爱返，福往者福来。”人生在世，要乐于助人，要善于给予爱，这样才能获得更多的爱和幸福。

助人者得助。乐于帮助别人，当你需要帮助的时候，别人就会主动来帮助你。帮助别人等于帮助自己，在他人困难的时候给予帮助，平时的小小善举，关键时候也许会起到意想不到的作用。

乔伊斯是美国一家律师事务所的创办者，刚开始创业的时候，甚至连一台复印机都买不起。但是，随着移民浪潮的风起云涌，他接手了许多移民的案子，状况也一点点好转起来。

造化弄人，几年之后，乔伊斯投资失败，几乎倾家荡产。正在一筹莫展之际，一家公司的总裁给乔伊斯寄来了一封信，信中说：愿意将公司25%的股权转让给他，并聘他为公司和其他两家分公司的终身法人代理。

难道天上会掉下馅儿饼来吗？乔伊斯不敢相信这是真的，于是顺着信的发出地址找上门去。总裁微笑着接待了乔伊斯，并说道：“还记得我吗?”

乔伊斯摇摇头，总裁顺手从硕大的办公桌抽屉里拿出一张保存颇好的名片，上面赫然印着乔伊斯的姓名、地址和电话。

“十年前，我将家业输得一文不剩，不得不浪迹街头，三天过后，饥渴难当，当我将手伸向你，说想买点东西吃时，你以同情的目光看了看我，毫不犹豫地从口袋里掏出了5美元给我，随后，我问你要了名片……”回忆过往，这位总裁眼泛泪光。

乔伊斯也渐渐回忆起来了，他怎么也没想到，多年前的小小善举竟然获得了这样的善果，仅仅5美元就改变了两个人的命运。

人不可能永远都处于顺境之中，每个人都有逆境时刻。在遭遇挫折和不幸的时候，如果有人伸出热情的双手提供点滴的帮助，那都是雪中送炭，是最值得人们珍惜的财富。如果你曾经对逆境中的人伸出双手，那么你必定会获得他们的涌泉相报。

一双热情的手所代表的不仅是帮助，更是内心的温暖。

这天，大雪纷飞，天寒地冻，有一个很贫穷的农夫，家里已经好几天都揭不开锅了。无奈之际，他不得不去向村里的富翁借钱。恰逢富翁家有喜事，富翁情绪极佳，一改往日的刁钻和吝啬，爽快地对农夫说：“这些钱你尽管拿去用吧，不用还了！”农夫又喜又惊，接了钱匆忙往集市上赶，买米买面。

第二天一大早，富翁想起了昨天给农夫钱的事，不由得后悔起来，刚要出门找农夫说个明白，却发现自家门前的积雪已被人清扫过，后来得知是农夫干的，不禁自惭形秽。

生活中不乏这样的人，帮了别人以后，就觉得自己吃了太多的亏，反悔起来，或者觉得自己有恩于他人，就心怀优越感，高高在上，不可一世。

古人云："施惠无念，受恩莫忘。"帮助别人要出于真心诚意，不能怀有某种私心。带着某种目的去帮助他人，只能得逞一时，终将失掉人心。真心帮助别人，别人会将你的帮助铭记在心，只要一有机会，他们便会主动回报的。

真诚无私地帮助别人是一种最高的助人境界。在我们施与的时候，我们也感到幸福，心灵上得到一种安慰、宁静、祥和。

智慧箴言

○给人好处或帮助他人是一种美德，千万不要使对方觉得接受你的帮助是一种负担，这样会给朋友的心理造成一种压力，两个人的关系也会因此而产生变质的可能。

▶恪守承诺，说到就要做到

自己不能胜任的事情，切莫轻易答应别人，一旦答应了别人，就必须实践自己的诺言。

——华盛顿

巴基斯坦前总统阿尤布·罕曾经说过："诚信犹如一根细丝，一旦断了就很难把它接上。"这个比方恰如其分地说明了说到做到、信守诺言的重要。

中华民族向来讲究诚信，自古至今，人们都把讲信用、守信义作为自己为人处世的标准，这也是我国传统美德之一。讲求诚信不仅反映一个人的修养，更能看到这个人的道德水准，"言必行，行必果"的古训永远都不能遗弃。

古代圣贤对于诚信也倍加推崇，他们为人诚信是"君子"的标准，不管说什么话都需要信守承诺。"言而无信，何以为言"，正说明一个人如果说话不算话，那他就没有必要再说话了。韩非子认为"巧诈不如拙诚"，再灵巧的欺诈都不如笨拙的诚实来得珍贵，可见诚信是古圣先贤所认定的做人的重要标准。一个人只有保持诚信，才能让自己的心灵变得坦荡，才能让自己获得尊重，并最终赢得属于自己的事业。

东汉时，张劭和范式同在京城洛阳读书，二人情同手足，感情甚好。然而，天下没有不散的筵席，分别在即，张劭站在路口，望着天空的大雁说："今日一别，不知何年才能见面啊！”说着，便泪湿衣襟。范式拉着张劭的手劝慰说：“兄弟不要难过，两年后的秋天，我一定去你家拜望你和老人，到时再相会。”

时光飞逝，转眼就到了两年后的秋天，张劭对母亲说：“刚才我听见天空雁叫，秋天到了，范式快来了。我们准备准备迎接他吧！”他母亲不相信，叹息道：“一千多里路啊！又没有什么重要的事情，范式怎么会来？”张劭说：“范式为人正直，极守信用，不会不来的。”老母亲怕儿子伤心，只好去准备酒菜。约定的日期到了，范式果然风尘仆仆地赶来了，旧友重逢，亲热异常。老母亲高兴得直掉眼泪。范式重信守诺的故事从此被后人传为佳话。

一个人要想立足于社会，做出一番事业，就必须具有诚实守信、说到做到的品德。一个弄虚作假，欺上瞒下，糊弄国家与社会，骗取荣誉与报酬的人，是要遭人唾骂的。诚实守信是一种社会公德，是社会对做人的基本要求；是追求成功的必由之路，它既体现了对他人的尊重，也表现了对自己的尊重。对别人的承诺言而无信，不仅有害于对方，有时也危及自己。中国古代就有不讲诚信而自食恶果的例证。

西周时期，周王在丰镐（今陕西长安西北）建都，这里距离戎人很近。为了确保天子的安全，周天子便和诸侯们约定：如果戎人发兵来犯，周天子就会点燃烽火，诸侯看到信号就会来营救。

周幽王时期，他所宠爱的妃子褒姒不喜欢笑，为了哄褒姒开心，周幽王便点燃烽火。诸侯的军队看到烽烟燃起，非常紧张地发兵来救周天子，却发现自己被骗了。而褒姒看到他们狼狈的样子，终于开心一笑。

如此反复几次，诸侯们再也不相信烽火信号了。而戎人也得知了这一消息，便发兵来犯。可当周幽王慌乱地点燃烽火的时候，诸侯们却一个都没来。最后无人相救的周幽王被戎人杀害在骊山，被天下人耻笑。

与周幽王将诚信当儿戏，烽火戏诸侯相比，下面的这个例子从另一方面说明了诚信的重要性。

郑周永作为韩国现代企业集团的创始人，曾经在1953年承包了高灵桥的修建工程。可是这个工程却没有给郑周永带来多少的利润，相反，从一开始高灵桥工程便多灾多难。因为这一地区有很多山洪，导致桥墩不断被洪水冲坍方。一年的时间过去了，原计划的十三个桥墩却没有完成。而当时的韩国物价飞涨，工程的费用总额比签约时高出了七倍。

面对这样的困境，有人对郑周永提出建议，让他放弃这个工程。如果继续投入，所需要花费的钱将远多于放弃。可是郑周永却认为损失金钱是小事，如果损失了自己的信誉则不可原谅。因此就算是倾家荡产，他也不愿意放弃这个工程，一定要按照合约完成。

几年之后，工程终于完成了，郑周永却因此而欠下了巨额的债务。但他所获得的却是韩国政府和民众的信任，他的名声也开始广泛地为大家所熟知。此后，政府帮助郑周永投标了韩国的其他项目，让他一跃成为韩国建筑业的领军人物。而修建高灵桥所带来的损失也因此被弥补，还获得了丰厚的回报。

在竞争激烈的现代社会，拥有良好的信誉显得尤为可贵。当人们相处时，一个没有信誉的人必然不被信任，不管是作为朋友还是同事，他的发展都会因为诚信的缺失而受到影响。诚信虽然看不见，但它却是我们最珍贵的财富。

智慧箴言

◎言而无信不会给人带来任何好处，即便是暂时获得了些许利益，也会因为缺乏诚信而遭遇更大的阻碍。只有那些坚守诚信的人，才能受到大家的信任和尊重。

第六章

管好自己的嘴 莫让是非从口出

文明恰当的语言不仅文雅朴实、优美动听，而且能起到促进团结、激人奋进、改善人与人之间关系的积极作用。相反，粗野蛮横的语言不仅会令人讨厌，而且会破坏人际关系的和谐、败坏社会风气、腐蚀人们的心灵。恰当的语言可以阻止一场争吵，而一句粗野污秽的话，则很有可能导致一场轩然大波。因此，我们应该管好自己的嘴，莫让是非从口出。

莫把流言当谈资

险心露山岳，流言翻波涛。

——元赖

子曰：“道听而途说，德之弃也。”意思是：在路上听到传言就到处传播，这是对道德的背弃。

闲来无事，人们总喜欢通过聊天的方式来消遣时间。在闲聊之中会包含很多的内容，邻里之间的事，同学、同事之间的事，时事要闻或者是离我们生活很遥远的娱乐新闻，这种闲聊本身并无恶意，但在闲聊的过程之中却也同样有很多需要注意的问题。

闲聊是亲人、朋友、同学、同事之间的沟通、交流，这种沟通和交流不仅能增进人们之间的感情，还可以有效地促进学习和工作的进步。比如，与自己的父母相处，几句贴心的话，可以让我们沐浴在温暖的亲情里；与朋友之间真诚相待，可以使友谊之花常开不败；与同学、同事相处，几句幽默、风趣的话语，能拉近彼此间的距离……我们都渴望这种和谐而愉悦的相处。但是，闲聊不能传播一些无聊的“八卦”，不能说有损他人的话，更不能编一些子虚乌有的事情对其进行恶意毁谤、中伤，否则就会让人生厌，甚至会惹来不必要的麻烦。

小丽是一个性格开朗直率的女孩子。某一次，她和男友去一家餐厅吃饭，刚进门就看到自己的顶头上司和一个漂亮的女孩子在一起用餐，两个人有说有笑，显得非常亲密。小丽看到此情形，便对自己的男友说："这人一定是他的小情人！"男友却说："你不知道的事不要乱说。"

后来上班时，同事们正好在闲聊时说起好男人的标准，有人便提出经理是一个好男人，因为他重感情、有责任感，非常好地照料着自己的妻子和女儿。但小丽听到后却不屑一顾地说："那是因为你们不知道他下班后的事。"说着，将自己那天看到的情形描述了一遍，并肯定地说："一定是小情人。"

这件事过去没多久，小丽便接到了公司的辞退信。当她来到经理的办公室时，看到经理的桌上摆着一张全家福，其中有一个女孩正是自己那天看到的那个女孩。她忙问："这是谁？"经理说："这是我妹妹。"

小丽才知道自己那天的胡乱推测完全错误，而这却让她失去了一份工作。

小丽对别人妄加推测，导致自己的工作都丢掉了，这足以说明谨言慎行在职场上是多么的重要。作为同事，在相处时应该尽量避免议论到别人的家庭，对于自己不确定的事也不该鲁莽地下定论，只有时刻谨慎，才能让自己不会祸从口出。

不可否认，在生活中不能缺少闲聊，而人们闲聊时总会论及他人。谁也不能完全像圣人所要求的那样生活，但也不能因此而放任自己发表不适当的言论。在传播流言时，有些人出于无聊，而有些人则是出于恶意，这会给别人带来不可估量的不良影响。生活之中缺少了对别人的评头论足并不会变得乏味，严格地要求自己的言行，会让你变得更受人欢迎，在不恰当的言论即将出口的时候，如果可以警惕地告诫自己，就是对闲聊最好的规范。

智慧箴言

◎做流言的传声筒必将付出惨痛的代价，多说赞扬别人的话能得到意外的收获——这是人们屡试不爽的一条铁律。从现在开始，让我们怀着一颗友善、宽容的心，多说一些褒扬人的话吧！

不做无谓的争辩

即使当他是正确的时候也能保持沉默的人，离神最近。

——佚名

滔滔不绝并非真正好口才的表现，这样做往往会把事情做得更糟。在适当的时候闭上嘴，或许效果会更好。

一个人对事物有真知灼见固然值得赞赏，但高谈阔论却并不能帮助我们获得任何成就。没有营养和内容的谈话让人感觉乏味，同时也让谈论者显得愚蠢可笑。还有一部分人，他们相信自己才是真理的拥有者，为此，他们常常与别人争论不休。但他们却不知道，言辞有时候是很苍白无力的，它很少能说服他人改变立场，就算是口若悬河的诡辩家也挽救不了自己的命运。所以，逞口舌之利是毫无意义的，不但不能改变别人的立场，反而会把自己逼上绝路。

在罗马和希腊发生战争的时候，罗马执政官马西努斯率领士兵开始攻打帕伽米斯城，在这里他们遭到了抵抗。高大厚实的城墙让罗马军队无法前进。马西努斯经过深思熟虑，打算将自己在雅典船坞中见到的大船桅杆拿来，作为撞墙槌攻开城门。

这个命令被传达出去之后，很久都不见桅杆被送来。原来，负责军械的军械师认为短一点的桅杆更合适，为此和传令兵发生了争执。

军械师的喋喋不休让传令兵非常着急，因为马西努斯的脾气非常暴躁，而现在正是战争的关键时刻，他强调了这是马西努斯的命令，自己必须执行。军械师勉强答应将长桅杆送去。但是在运送的过程中，他依旧坚持认为自己是对的，悄悄用一根短的换掉了长的那根。

当短桅杆被送到马西努斯面前时，他果然非常生气。传令兵很恐慌地说明了自己传达命令时军械师的坚持，马西努斯便立刻下令把军械师找来。

军械师以为自己的见解终于得到了将军的认可，还为自己可以当面解答感到扬扬自得，丝毫没有为自己擅自改变武器、无视将军的要求而自责。在马西努斯面前，他依旧以专家自居，滔滔不绝地说了很多自己的看法，并认为所有人都是错误的，只有自己的看法才是正确的。

马西努斯看到这位夸夸其谈的军械师到现在还不承认错误，立刻让人处死了他，让那些只知道夸夸其谈的人引以为戒。

也许有人会认为这位军械师不过是坚持自己的见解，并没有错误。在战争中选择正确的武器是决胜的关键，而军械师只是在尽自己的责任。但他的失误正在于只知道夸夸其谈，而忘记了将军作决定的依据。军械师所考虑的只有自己的经验，却不知道城墙有多么厚和守城的士兵有多么坚韧。当将军综合考虑了这些因素之后，他又擅自修改了将军的要求，只能说明他的固执己见和无知。

在生活中，我们也会遇到像军械师这样坚持认为只有自己才是正确的好辩者，他们似乎太过于争强好胜，总是以带有偏向性的言论来针对别人。如果可以和那些比自己地位高的人争辩，或者是责难别人，他们就会非常兴奋。但他们却忘记了自己发言的根本，别人不需要与他进行多么激烈地辩论，就可以掌握最后的胜利。

以口舌之利来逞勇是一件毫无意义的事情，有时候不仅不能让你的立场更坚定，还会将你置于无可挽回的困境之中。那些聪明的、有修养的人，从来都不会以喋喋不休来证明自己，因为他们知道这种做法不仅无用，反而有害。

智慧箴言

◎说话是一种交流和沟通，是人们相互交流、交往的需要，但要服从需要，针对实情，做到心里有数，思考成熟，权衡利弊以后再说。

▶话不能说得太满

语言最能暴露一个人，只要你说话，我就能了解你。

——本 · 琼森

任何时候都要为自己留下后路，任何话语都要为自己留下转圜的余地，这不仅是说话的智慧，更是做人的智慧。话说七分满，是一种睿智的人生哲学。

月满则亏，水满则溢，这是从古至今颠扑不破的真理。人们将这个道理引用到生活之中，便是告诫大家不要让自己走上极端，凡事不能做到极致，否则便会无路可走。不管是说话还是做事，都要保留一分余地。

公司里有一个新项目要做开发，这是一个大家都不太熟悉的项目，因此都有一些忐忑不安。老板把这件事交给了小王，并问他："完成它有没有问题？"

小王接到项目，便拍着胸脯志得意满地说："放心吧，绝对没问题。"

几天过去了，这个项目却没有任何的进展，老板便询问小王进度如何。直到此时，小王才低着头说："项目有一些困难，原来不像想象中那么简单。"

老板笑着说："既然你还不了解项目的难度，又何必拍着胸脯说'没问题'呢？"

小王听了，只好尴尬地笑一笑。

这就是把话说得太满而给自己造成窘迫的例子。

在日常工作和生活中，难免会遇到别人有所请托的时候。有些事情你可以提供帮助，或者在你的掌控范围之中，但当你要答应的时候，却要提醒自己避免说"保证"，而是应该尽量用"我试试看"等语言，为自己留下余地，同时也不要让别人期望过高。在工作之中，如果接到上级交给的任务，也要避免绝对化的答案，而是以"我会努力"等语言来答复，避免自己万一做不到时无路可退。

避免绝对化的语言是我们每个人都需要注意的问题，当和朋友发生争执的时候，冲动之下说出"势不两立"等话；或者对别人妄加评论，说出"一辈子没出息"等语言，都是非常不恰当的。努力让自己保持冷静，以灵活的语言来应对各种变故，才是一个聪明者所为。这样做不仅可以降低伤害，还可以为自己日后冷静下来时，找到台阶。

凡事留下余地，就是不将事情做绝，也不会偏激，这才会让自己得到最大限度的保全。

唐太宗李世民的皇后长孙氏，是历史上著名的贤德之后。她虽然母仪天下，却时刻约束着自己的行为，从不将事情做过头。

长孙氏不仅自己生活简朴，从不要求奢华的享受，而且还对自己的儿子李承乾严加教育。李承乾被立为太子之后，有人认为他受到的待遇应该提升一些，但长孙皇后却说："作为太子，最应该担心的是他的德行，而不是生活的享用。"对于太子的生活用度，她从来不会提出过分的要求，甚至还比以前更为缩减。

在朝廷之上，长孙皇后虽然很有影响力，但她从来不去利用，反而处处为李世民着想。当李世民与她商议问题的时候，她总是谦逊地表示自己无法做出判决，让李世民来做最后的决定。而当李世民要重用她的哥哥长孙无忌时，长孙皇后却坚决表示反对，她不希望自己的亲戚以她的名义而受到提拔。就算李世民已经颁布了命令，长孙皇后还是对哥哥晓之以理，让他上书请辞。后来，李世民只好同意，长孙皇后这才放心。

正是因为长孙皇后这种事事忍让的态度，让她不仅获得了后宫嫔妃们的尊敬，连大臣们也对她非常尊敬。

不管是说话还是做事，留下余地都是为自己留下退路，任何事情都不会出现绝对化的成败，在复杂多变的社会中，只有时刻谨慎，才能避免用更大的代价来获得教训。

从一个人说话的态度，可以看出他的自信，真正有自信的人，懂得谦卑，不会把话说得太满。不把话讲得太满，便进可攻，退可守，这才是成功的为人之道。

智慧箴言

◎说话留有空间，不把话说得太满太绝，时刻为自己留一线余地，这是处理人际关系的一种策略。

正确使用你的批评

人们在批评的筛子里寻找一切奥秘。

——史文朋

每一个人都最在意自己的尊严，在爱护自己的面子同时，也要顾及别人的面子，这才是皆大欢喜的做法。

如何说话是一门学问，因为语言可以使人幸福，也可以使人悲伤；可以让人快乐，也可以让人愤怒。直接的批评往往会使对方产生一种对立情绪，如果批评的方式不得当的话，就很容易给双方的关系和工作带来消极的影响。因此，当你要对别人发表看法，对他人的错误行为进行纠正时，一定要使用正确的方式表达你的批评。

老师和长辈一直要求我们做一个正直的人，面对错误的事情时要秉持着以理服人的态度来纠正。但生活之中有很多道理却并不容易被人接受，在提出正确的观点时，难免会让别人感觉不愉快，这便是批评所带来的矛盾。要想让别人接受你的批评，就必须掌握一些语言技巧，让批评和赞美同行，让批评变得动听，不会损害彼此的感情。而使用赞美的方式来发表一些隐性的批评则是更为高深的手法，它远比那些单纯的批评更能获得别人的认同。

美国第30任总统卡尔文·柯立芝是一个少言寡语的人，也因此获得了一个绰号——“沉默的卡尔”（Silent Cal）。在白宫举行的一次晚宴上，一位女客人与朋友打赌，说她能使总统在这一顿饭时间里至少说三个字。当她告诉柯立芝这个赌注时，他简单地回复了两个字：“你输（You lose）。”然而“沉默的卡尔”也有不同寻常的时候。

柯立芝的办公室里，有一位美丽的女秘书，但她总是粗心大意，在工作中错误不断。有一次，当柯立芝碰到她时，笑着说：“你今天的衣服很漂亮，很适合你！”这样的一句话从一位沉默寡言的人嘴里说出来，确实令人感到非常诧异。女秘书果然非常开心。但柯立芝却又接着说：“要是你的公文处理工作也能表现得这么漂亮，那就太好了。”

从那一天起，大家发现女秘书发生了很大的变化，她努力改正了粗心的毛病，在处理公文的时候也很少出错了。

柯立芝的朋友们知道了这件事，非常好奇地问：“这么好的办法，你是怎么想到的？”

柯立芝说：“很简单，就好像理发师给人刮胡子的时候总是先涂抹肥皂水一样，只是为了刮起来让人不那么痛而已。只要听得舒服，别人自然会听你的。”

要想批评取得最佳的效果，达到督促别人改正的目的，就必须采取得当的方式和态度。如果一味地指责别人，或者只是武断地说明你的想法，只会引来别人的反感和抵触。没有一个人喜欢被人批评，柯立芝深深地知道这一点，所以他才会先通过赞美让女秘书开心，再提出自己的建议，让她能够心甘情愿地改正。

在批评别人的时候，最忌讳带有威胁性质的话语，这会让批评起到反效果。因为对于批评和威胁的抵触，人们不仅不会听取你的建议，反而会更加消极地对抗你。批评的目的是改正，只有准确地掌握对方心理，采取恰当的方式，才能带来心服口服的效果。掌握批评的技巧，直接关系到批评的结果。如果你不能以正确的方式批评他人，不仅不能成功地笼络人心，还会给你带来不可避免的损失。

批评是我们常用的一种手段，但有些人批评起来简直让他人无地自容，下不了台阶。其实，不依不饶的批评方式不但无法达到让他人改正错误的目的，而且有碍于你的人际关系。批评是一种人际互动，方法得当，事半而功倍；方法不当，事倍而功半。批评是对人的一种否定，其实质是惩罚，在改善人的行为时，鼓励总是比惩罚效果明显，一定不能滥用惩罚，惩罚是消极的，尤其是过度惩罚，非但不能达到预期目的，还会扭曲行为。

每个人都有一道最后的心理防线，因此，当我们遇人待事时，应谨记一条原则：别让人下不了台阶。一句或两句得体的话，对他人态度宽容，这些都可以减少对别人的伤害，保住他的面子。批评他人也是一种艺术，其出发点在于如何让对方虚心接受批评，让对方更加正确地行事，同时也使自己的人际关系更加和谐。

智慧箴言

◎在批评中引入赞美，是调节气氛最好的方式，可以达到意想不到的效果。每个人都渴望被别人赞赏，来自别人的赞赏会让一个人的心态变得积极、乐观，并且充满自信。如果这时候再表达我们的批评之词，也更加容易让人接受，从而达到批评的最佳效果。

直言不讳不一定是好事

节食则无疾，择言则无祸。

——何坦

直言不讳虽然能很容易让人辨明是非，但是很多时候它都扮演着不受欢迎的角色。

在生活中人们往往讨厌直言不讳的人，因为这种人太尖锐。他们往往没有分寸地脱口而出伤人之语，让人听了之后觉得别扭甚至反感，那样势必会影响到交际效果。这绝不是智慧者所为。

从前，有一个人，他不但爱说大实话，而且什么事情都不经考虑就说出来。所以，不管他走到哪儿，总是被人驱赶。不久他就变得一贫如洗，无处栖身。

后来，他来到一座修道院，指望能被收容进去。修道院长见过他，问明了原因以后，认为世人应该尊重那些"热爱真理、说实话"的人，于是，决定把他留在修道院里。

修道院里有几只牲口因为年纪过大，已经不能再工作了。修道院长便想将它们卖掉，于是找来那位爱说实话的人，因为他绝对不会私吞卖牲口的钱。

这位爱讲实话的人牵着两头驴和一头骡子到了集市上，很多人都围过来想要购买他的牲口，好几个买主都来打听牲口的情况，作为是否掏钱购买的参考。结果，他对着别人讲出了牲口全部的缺点："这头驴很懒惰，总是喜欢躺在稀泥里不干活。它的尾巴断掉了，是因为长工想把它拽起来去工作，谁知道拽断了尾巴它都不愿意去，可见它有多懒。另外的一头驴很倔，拿鞭子抽它都不听话。而那头骡子不仅年纪很大，腿也是瘸的。"

买主们好奇地问："你为什么要卖掉这些牲口呢？"

他说："当然是因为牲口不能用了，要是还可以工作，修道院也不会将它们卖掉。"

听了这些话，买主们都跑光了，这人只好牵着驴和骡子又回到修道院。院长看到他又牵回来，非常诧异，忙问起情况。当这个爱讲实话的人原原本本地将事情说了一遍，院长已经气得七窍生烟了，他怒气冲冲地说："我知道别人为什么会赶走你了，他们都是对的，而我收留你才是错误的决定。我虽然喜欢听实话，但我却不喜欢那些和我作对的实话，请你赶紧离开吧。"

这位爱讲实话的人，怎么也想不通自己为什么会让别人生气，只好重新开始流浪。

故事中的人运用的就是伤人伤己的剑，现实生活中也不乏类似的例子。他们举着"直言快语"的旗子，有时扮演成了愚蠢的角色，最终会得罪所有的朋友。因为并不是所有的话题，在任何时间、任何地点，都适合直言不讳的。

直言不讳不受欢迎，正是因为它违反了人们的心理状态。对于大多数辛苦生活的人而言，他们每天都承受着巨大的压力，因此都希望听到别人的肯定和赞扬。而那些做错的事被人挑出来，在一定程度上是对他们的尊严和自信的伤害，人们自然不愿意接受了。

若想做一个受人欢迎的直言人，不妨采取以迂为直的说话方式，这比直言更有效。迂，并不是单纯地走弯路，而是通常所说的正话反说。这种方式是考虑到旁人的立场、观念和性格，在此基础上以诚相待，这样的直言不讳，会让你成为大家心中值得信赖的好人，别人会很愿意听取你的建议，并乐于与你交往。

楚庄王酷爱收集天下骏马，每次得到一匹骏马，他都要让侍从为马披上锦绣的衣装，并将它们奉养在装饰华丽的房间里。但其中一匹马因为在这种生活状态下缺少运动，过分肥胖而病死了。看到这种情景，楚庄王非常哀伤，他让臣子给马戴孝，并下令以大夫的礼制来安葬这匹马。

消息传开后，大臣们议论纷纷，但楚庄王却听不进建议，反而对于进谏的人异常反感，说："谁要是拒不戴孝，就处死。"

优孟是楚庄王最为倚重的大臣，他听到庄王的命令，觉得大为不妥，但他却没有直接跑去进谏，反而在宫廷外号啕大哭。楚庄王听到哭声，叫了优孟进去问话。优孟便说："天下人都知道大王爱惜那匹马，现在马死了却只得到了大夫的葬礼，这远远不够。请大王按照国君的礼制来为马安葬吧。"

楚庄王一听，自己也觉得有些荒谬，便问："不过是一匹马，怎么能和我享受一样的礼制下葬呢？"

但优孟却说："不，必须要用美玉做棺材，让士兵挖掘深深的墓穴，让国民去修坟。还要让齐国、赵国的大使在前面陪祭，韩国、魏国的守卫在后面拜祭。好让诸侯们都知道大王您对马是多么爱惜。"

楚庄王忙说："那样诸侯不会觉得我是爱马而贱人吗？我的错误已经到了这个地步，这可怎么办呢！"

优孟说："如果大王后悔了，那就用人们对待畜生的礼制来对待它，堆砌一个土灶，用铜锅做棺材，用火光做衣着，将它葬在大家的肚子里吧！"

楚庄王听了，马上将马交给了厨房，再也不提厚葬的事了。

优孟以一种以迂为直的忠告方式，把直言变成了披荆斩棘的开山刀，不但使楚庄王从他的善意中体会到了亲切，又在亲切中领悟到了道理，从而又达到了自己进谏的目的。

智慧箴言

◎在生活中，我们不妨尝试换一种思路、换一种方式来表达。一些没必要或不便于说得太死的话，可以采取以迂为直的方式，让直言不讳更有弹性。

"快人快语"是成事大忌

阿谀人人喜，直言个个嫌。

——冯梦龙

那些快人快语、口无遮拦的人在人生的旅途中往往很难一帆风顺，他们总是会遇到这样或那样的挫折。

我们每天都要和同事、领导交流。在办公室内，一定要掌握说话办事的艺术，什么话能说或不能说，什么事能做或不能做要心中有数。有时候，吃亏就是因为说了不该说的话，做了不该做的事。

在一家知名的外企工作的小赵是一名勤勤恳恳的好员工。有一次，上司将一个宣传方案的策划任务交给他，在经过会议讨论后，小赵按照上司的要求完成了。本以为加班加点做出的方案会获得赞赏，谁料却被总裁一顿批评，小赵感到非常委屈。

看到总裁怒不可遏的样子，几乎要认定小赵的工作能力不足以胜任他的职位，小赵心里便开始愤愤不平。于是他说："这个方案是我们大家讨论得出的，我们的项目经理也很赞成，其中60%的想法都是他提出的。"

总裁听到这话，果然转移了目标，将项目经理叫来，大声地质问他："听说这个方案都是你的意思？你居然会做出这么差劲的方案来，项目经理看来不需要你来当了。"

从总裁的办公室里出来，项目经理狠狠地批评了小赵，从此也和他产生了隔膜。

可见有些话真不该说，正所谓话到嘴边留三分，触到他人痛处的老实话更是万万不能轻易出口。

有一天，小王牵着一只沙皮狗到公园散步，正好碰到了好友小刘，小王便跟她聊起了最新的化妆品，"我前一段时间用了一种美白霜，你看我的皮肤是不是比以前白了些，漂亮些了呢？"小王笑着问小刘。小刘努了一下嘴："就你那样，用什么也是白用！"听到这话，小王顿时觉得有种被羞辱的感觉，她生气地牵着狗走了。从此以后她再见到小刘，就像见到陌生人一样，本来关系很好的朋友，因为小刘一句无礼的话，成了陌路人。

脱口而出的话往往因为没有经过慎重的思考，会存在很多漏洞，同时也没有考虑到这些话可能会带来的影响。这是人们最常见的无心之下得罪人的情况，要想杜绝它就必须注意自己的言辞，不能让一句无心的话成为你人际交往中的绊脚石，也不要让一句话破坏了好不容易建立起来的朋友情谊。

一句话的杀伤力有多大，相信每个人都已经有所了解，它可能会驻扎在被伤害人的心里许多年抹不去，也会让亲密的朋友变得形同陌路，严重者还会视若仇敌。"话在嘴边留三分"有着深刻的道理，这不仅是留给别人，也是留给自己，让自己可以减少伤害和误会的产生。

快人快语的人往往显得非常爽快，但爽快到伤害别人，也不会受到别人的欢迎。"口德"是指那些说话客气、有所保留的人所具备的素养，这不仅是语言的技巧，更是一种智慧。有时候，善意的谎言也会成为口德的一部分：让一位病重的朋友可以快乐地度过剩余的时光，让一位年迈的老人可以避免得知丧子的消息……一个人的谎言是否善意，主要判断标准便是出发点和所产生的效果。如果是以诚信为准则，为了掩盖某些不好的信息而说出的谎言，便可认定它并不具恶意。

此外，交谈中如果想表达自己的不满，也要委婉一些，这也需要采取不同的方式：

第一，直言相告。即开门见山地指出对方言行的不当，直截了当地表达自己的不满。一般来说，这种方式过于直露，对双方关系的"影响力"比较大，应谨慎使用，且要注意对象。

第二，幽默提醒。幽默是语言最美丽的外衣，不管是多么尴尬的提醒，只要有了它就可以变得轻松自如，让双方都能很快接受。

第三，委婉点拨。委婉是一种迂回的提醒方式，从侧面起到敲山震虎的效果，聪明人自然可以很快地了解你所要表达的意思。

智慧箴言

◎一个睿智且懂得社交技巧的人，应该知道在什么时候该以怎样的方式说话办事。实话不一定要直说，而可以幽默地说、婉转地说或者延迟点说，而不是当众说。同样是说实话，用不同的方式说，效果会有很大的不同。

▶拒绝他人也要讲技巧

说出拒绝的理由时，别忘了为未来的索要留下某种余地。

——阿瑟·赫尔普斯

拒绝别人并不代表排斥对方，你是在拒绝请求，而不是在排斥一个人。所以，在拒绝别人时不应该犹豫不决。

每个人天生都有一颗柔软的心，往往认为拒绝别人的请求表示对别人的漠不关心。有时候，我们在心里对某一件事情是非常不情愿的，但由于不知道应该怎样拒绝别人，于是被迫同意别人的每个请求。这些都属于一种在处理人际关系时的失败，这种做法反而拉大了自己与他人的距离。其实，敢于拒绝别人，尤其是对自己不情愿的事情说“不”，这是处理人际关系时一种重要的品质。而学会委婉地拒绝别人的请求，则是一种艺术，与此同时，你还可以赢得周围人对你的尊敬。

汉光武帝刘秀的姐姐湖阳公主在丈夫去世后，看中了朝中品貌兼优的重臣宋弘，于是向弟弟刘秀表明了自己的意思。刘秀心疼姐姐，一天退朝以后，单独留下宋弘，以言语试探说：“俗话说，人地位高了，就改换自己结交的朋友；人富贵了，就改换自己的妻子，这是人之常情吗？”聪明的宋弘一下子就明白了皇上的问话之意，但也不好直言拒绝，这样既不得体，又有冒犯龙颜之嫌，含糊其辞自然也是行不通的。稍加思考，他回答道：“皇上，患难之交不可忘，糟糠之妻不下堂。”意思是说，人在生活贫困、地位低下时候的朋友不能忘记，最初的结发妻子不能让她离开身边，不可抛弃。

听到宋弘如此回答，皇上不仅放过了宋弘一马，而且更加欣赏、敬重他。

宋弘的拒绝是明智的，他拒绝的同时也维护了皇帝的尊严。拒绝，既然是对别人意愿或行为的一种间接的否定，那么就应该考虑不要把话说绝，应该给别人一个台阶下。当别人提的要求使你心有余而力不足时，可以委婉地说“这事不久以后就能解决”之类的话。但是，有的时候，面对一些勉为其难、有悖原则的要求时，就该当机立断，马上拒绝，不要含含糊糊、态度暧昧。但这种时候，要避免态度生硬，说话难听。千万不要为了面子，在别人求助于自己时充好汉，答应了对方，到后来却无能为力，一拖再拖，最后才说没办法。这时候不仅耽误了别人的事情，更把自己推向了尴尬的境地。

小孙和小李是好朋友，这天，小孙来到小李的单位，请求小李帮他一个忙——为他的女朋友“报仇”。原来小孙的女朋友被单位的办公室主任欺负了，小孙发誓要为女朋友报仇，并买了一把锋利的弹簧刀，要放倒那小子。但考虑到办公室主任人高马大，怕自己对付不了，于是来请小李帮忙。小李听后，心中很明白，尽管那个办公室主任不是什么好人，理应教训他，但如果感情用事，真用刀子“放倒”了他，那就触犯了法律，是得不偿失的。因此，小李给小孙讲了一番道理，并从多个方面分析说服了小孙，并让他打消了复仇的念头，最终决定使用法律的武器维护权益。

小李的决定是对的，对于那些不合理的要求就该断然拒绝。任何人都常常会收到来自别人的希望和要求，如果我们都不加分辨地说“是”，那自然是不会得罪任何人，反而还会赢得别人的好感。可是现实生活中，我们不可能每时每刻都说“是”，这样一来，就使许多人犯难了，因为有些要求是不合情理的，此时“不”字就不得不说出口了。只是这个“不”字既要说得圆滑，又要说得有技巧，这样对方既能明白你的立场，你也为他保留了“面子”，从而避免了对方心理上的挫折感。也就是说，说“不”不是永远都与生气、板着面孔或咬着牙根息息相关的，我们完全可以面带和善的笑容去说“不”，让说“不”变得和说“好”一样的轻松、自在，且不伤害别人，这也是一种良好的风范和修养。

智慧箴言

◎不懂得拒绝会让你感到身心俱惫，也会让你感到莫名的烦躁。因此，不要等到自己的能量将要耗尽之时才采取行动，拒绝但又不伤害到别人的技巧是我们每个人都可以轻松掌握的。

不要议论他人隐私

流丸止于瓯臾，流言止于智者。

——荀况

流言蜚语如同泼出去的水，很难收回来。真正聪明的人不会加入谈论他人隐私的行列，凡事也不会上前凑热闹。

好奇心是人类的天性，有了好奇的摸索才有了人类的进步。但在职场生涯中，过分的好奇心则会引来无端的灾祸。当大家议论某个人的隐私时，或者当同事传播某些小道消息时，好奇心会让人兴奋，但这种兴奋却是错误的前兆，这类的隐私和消息知道得越多，就越容易使人涉入危险的境地。

某单位的王露、李艳和赵雪及其他同事均在同一办公室，王露和李艳业务能力较强，公司正准备从这些人中提拔一位作为办公室主任，接替即将退休的老主任，其中王露和李艳比较有希望，而王露与上层领导关系不错，李艳又是老主任的红人，上层领导已经露出口风，计划由王露接任。

此时却发生了一件意想不到的事情，传出王露好像存在不正当的男女关系问题，此事正是从赵雪口中传出的，只因她和李艳私交更好。事情的结果是李艳接替老主任。但通过此事，上层领导对赵雪的所作所为相当不满意，借故将其调到一个效益较差的部门去工作了。

赵雪为毁掉自己前途上的拦路虎，制造并传播了同事的隐私。可是赵雪并没有因此得到好处，反而受到同事们的戒备和领导的批评。

如果闲聊是在自己的家人之间，那么对他人的影响程度就不大，如果是在公众场合，流传的范围就会很广，对他人的影响就会很大。办公室好比一个小型社会，这个小社会和大社会一样，里面人与人之间的关系是复杂而微妙的。工作之余，大家喜欢在一起闲聊，聊各自的孩子，邻居家新买的车子，某某影星的逸闻趣事，某商场的物品又在打折，等等。但人们聊得最多的，往往是某个人如何如何，这谈话的内容有褒有贬，所以说办公室是一个容易滋生流言的场所。特别是在提到某一个人的“坏”时，你也许就会为自己的“口无遮拦”付出代价了。

一天，一名老妇人来到了教堂，祈祷完毕后，她对牧师说：“我年轻的时候在背后说过很多人的闲话，现在我已步入暮年，突然觉得那时候的做法是不对的，不知道还有没有办法可以弥补？”牧师并没有对她说教，只是给了她一个枕头，告诉她：“现在请您到教堂的钟楼上，把枕头里的羽毛散到空中去。”她照做了。牧师说：“好吧，现在把每一根羽毛再收集起来，放回枕头里去。”这位老妇人为难地说：“牧师，那是办不到的!”牧师很严肃地说：“同样的，要追回所说的每一句闲话，那也是办不到的。”

倾诉是人的情感需要，在忧闷的时候大家都希望有人可以听自己倾诉一番，排解心中的苦闷。但倾诉的对象却要慎重选择，自己一旦成为别人的倾诉对象，也要注意自身的言行规范。在倾诉过程中，如果无意中获知了对方的某些信息，万万不可以此作为把柄，因为它同时也增加了你作为朋友的责任。愿意将隐私倾吐给你听的人，必然是信任你的，你又怎么能辜负这一份信任呢！

传播他人的隐私会造成不良的负面影响，会使他人感觉颜面扫地。对方也会对你恨之入骨，你与他的友情也会戛然而止，也许在生活或工作中还会成为对头。同时，其他朋友、同事也会对你另眼相看，与你的距离将会越来越遥远。

在所有的语言之中，传播别人的隐私是最需要被大家杜绝的不良语言，因为它所带来的伤害是双方面的。不管是传播者还是被传播者，都可能因为这些话而受到困扰，只是传播者并未警觉到这一情况，所以不能对自己严格要求。如果流言是无中生有，所产生的后果会更严重，为了一时的口舌之快而给朋友与自己带来麻烦，实在不值得。这种人也很难获得真正的友谊，在人际交往的过程中会被逐渐疏离，最终沦为孤家寡人。

智慧箴言

◎聪明人知道自己该说什么，他们也知道别人的隐私是绝对不可以说的，点到为止才能给自己和别人留下一片可以自由翱翔的天空。

办公室用语不可太随便

“急不择言”的病源，并不在没有想的工夫，而在有工夫的时候没有想。

——鲁迅

一句礼貌的话能让人身心愉悦、神清气爽，一句粗鲁的话会让人暴跳如雷，甚至反目成仇。要什么样的结果，完全由自己决定。

语言是彼此沟通的桥梁，是表情达意最好的方式，在交际中起着不可忽视的作用。办公室是人与人交往最频繁的地方，掌握办公室语言的礼仪非常重要，不仅可以增强个人魅力，使其在职场中广结人缘，甚至还可能获得终生的朋友。

而有些人会认为，同事间使用文明、高雅的语言会使彼此显得生疏，天天在一起工作，朝夕相处，没有必要顾虑这些小节。但是，我们也应该意识到这样一个问题，同事之间存在着利益冲突，友谊并不像朋友间的友谊那样简单、纯洁。何况，就算是朋友间也会注意一些细节问题，更不用说是同事之间了。

在办公室内讲高雅的语言是十分必要的，它能消除彼此之间的隔阂，增进彼此之间的感情。但所谓讲话要高雅，并不是要求人们咬文嚼字，而是要人们懂得文明用语，倘若在与同事交往过程中，讲话粗俗、脏话连篇，一定会遭到他人耻笑，不仅会认为你不懂得礼仪规范，没有涵养，甚至还会怀疑你的工作能力，对自身的发展是没有好处的。

在美国哥伦比亚，新上任的市长是一个黑人，因此黑人的权益得到了最大限度的保护。而他的办公室主任是一个白人，名叫霍华德。

霍华德是一个工作认真负责的人，有一次在和两位同事讨论办公室预算的时候，他说："我必须精打细算，因为我们的办公经费是有限的。"（I will have to be niggardly with this fund,because it's not going to be a lot of money.）在这句话中，有一个词"niggardly"（吝啬）与种族歧视者对黑人的侮辱性称呼"nigger"（黑鬼）的发音非常接近，两位同事听到后感到非常吃惊。而其中的一名正是黑人，他认为自己受到了侮辱，拂袖而去。

这件事后来被广泛传播，人们认为新上任的市长要以此作为警示，来告诫种族歧视者。哥伦比亚的黑人纷纷打电话给霍华德，并认定他确实使用了"nigger"这个充满了蔑视的词。

霍华德因为这件事不得不提出了辞呈，而市长也接受了他的辞职。对此，霍华德本人也认为自己是错误的，他感到非常懊恼，因为一个不优雅的字眼儿，他得到了如此凄惨的下场。他说："我是高中时学到这个词的，但使用它却是我最大的错误。很多人不熟悉这个词，我应该想到别人会产生误解。我们必须从别人的感受和观点出发来看待事物，而我却没有做到这一点。"

霍华德的不幸遭遇可以被视为"说者无意，听者有心"的案例，我们也可以从中认识到一个道理：我们每一个人在日常的遣词用字时都应顾虑到别人的观点和感受，正所谓"说者无意，听者有心"。

此外，在办公室多说一些敬语，既有利于人际关系的和谐，也有利于工作的进展。敬语是社交场合不可缺少的沟通方式。在使用敬语过程中，"您"、"请"、"先生"、"尊夫人"、"令堂"等词语不能少，与人初次见面时应称"久仰"；打扰对方称"抱歉"；向别人询问称"请教"；请求他人原谅称"包涵"；请求他人帮助称"拜托"；很长时间没有见面称"久违"；征求他人意见称"高见"，等等。一般在与长辈或身份、地位比自己高的人交谈时，需要使用敬语。与陌生人打交道，或与不太熟识的人相处时，要使用敬语。同事间使用敬语非常重要，它不仅可以表现出你的文化修养，还可以体现出你对对方的尊重。

谦语与敬语一样，也是一种礼貌性语言，而谦语大多是自称，如"愚"、"家严"等。在日常生活中这种称呼虽然不多，但这是社交过程中不可或缺的一部分。在办公室内虽然没有必要这般谦卑，但适当地使用一些谦语会提升你的形象，给同事留下一个谦虚、诚恳的印象，从而赢得办公室的好人缘。

办公室同事之间常常会有一些玩笑，这是融洽关系的一种方式。但同事间的玩笑也要注意掌握分寸，超越尺度的玩笑会让人觉得不够庄重，从而失去同事的好感和尊重；领导也会认为你不够成熟稳重，从而失去其信任。尤其是异性同事之间，在开玩笑的时候更应注意尺度，避免给别人带来困扰，带有性暗示的笑话更应该避讳。

只有掌握了这些办公室用语的基本原则，你才能在职场如鱼得水、游刃有余。

智慧箴言

◎掌握了语言艺术，能够让你更加自信。娴熟地运用这种艺术，你将会受到老板的青睐、同事的喜爱，你的职场生涯也会走上坦途。

打人不打脸，骂人不揭短

打人不打脸，骂人不揭短。

——佚名

在我们与人打交道共事时，不去揭别人的短，才是待人处世应有的礼仪。触人隐痛，是待人处世的大忌。

不管是落魄的或是风光的，不管是美丽的或是平凡的，每个人都有自己不愿意提及的话题。这些话题也许是缺陷，也许是隐私，也许是一些不愿意回首的往事，但都是人们在社交场合中极力回避和隐藏的敏感地带。如果有人触及，必然会带来不愉快的感受。每个有生理缺陷的人，就算再出色、再坚强，内心深处也会有那么一个柔弱和敏感的地方，不愿意被人提及也不愿意去触摸。而偏偏有好事者不肯罢休，非要弄个清楚明白，这样难免会伤人自尊，更显得自己很无礼，缺少爱心。

小赵今年刚到新单位上班，看到隔壁的女同事刘姐总是用长发遮着半张脸，听别的同事说刘姐脸上有一块很大的胎记，但是她工作能力很强，与同事之间的关系很融洽，是公司不可或缺的能兵巧将。

好奇是人类的共性，往往越是神秘的东西越让人充满好奇。小赵正是出于这种心理，特别想看看刘姐的胎记到底是什么样子的。于是，每当看到刘姐跟别人聊天时，她都会跑过去说几句，眼睛却不时地盯着刘姐的脸。刘姐也注意到了小赵好奇的眼神，她的眼神瞬间冷了下来，满脸尴尬、含糊其辞地说了一句话，就匆匆地离开了。这时候，另外一个同事走上前来轻声地指责她："你怎么能这么盯着人家的缺陷看，这样多无礼啊！"

在所有人不愿意提及的敏感话题中，生理的缺陷是最难遮掩也是人们最不愿提及的一个禁区。一个有修养的人不应该故意去揭开别人的伤疤，让伤痛展示在众人面前。对于那些有缺陷的朋友，应该学会尊重，如果为了自己的好奇而打击到别人的自尊，那是最不可取的。不管对于中国人还是外国人，面子问题都非常重要，伤及别人的面子必然会引来更为强烈的反击，而这只能说是咎由自取。

中国的古人非常注重男子的胡子和眉毛，认为浓密的胡须是男子气概的标志，如果有人胡须、眉毛不够浓密，就会遭到别人的耻笑，被人看不起。三国时期蜀国的国君刘备正是这样一个人，当他刚刚来到西蜀，投奔在刘璋手下时，便被人因"少须眉"而嘲笑过。

刘璋的手下有一位将领叫作张裕，此人胡须非常茂盛，并以此为傲，当他看到刘备那稀疏的胡子时，便大笑着嘲笑刘备嘴上没毛。刘备虽然心里非常恼火，但当时寄人篱下，只好忍而不发。

后来刘璋被击败，刘备接替他的位置，成为西蜀的主人，张裕变成了刘备的下属。此时的刘备才开始找张裕算账，寻了个机会，将张裕杀掉了。

虽然刘备没有对过往恩怨既往不咎，表现得有些心胸狭窄，但张裕说话尖酸刻薄，不懂维护他人尊严，逞一时之强，才是招致杀身之祸的根源所在。

伤疤不能随便揭，无意揭人伤疤，会使人感到更加痛苦。触人痛处，就会触犯待人处世的潜规则，将朋友得罪，最终自己也会深受其害。恰当地回避他人忌讳的东西，可以使双方的交往更为融洽。

现代社会倡导言论自由，但这种自由也有它的限度，对人们心中不愿意提及的忌讳，则在此自由的范畴之外，因为那是言论的禁区。长辈经常会说：瘸子面前不能说短，胖子面前不能提肥，这也正是人们生活智慧的总结。和失意的人谈话时要尽量避免宣扬自己的成功，和生理有缺陷的人聊天时，则应避免论及美貌，这不仅是对别人的尊重，更是对自己的尊重。留下一点口德，就能表现出自己更好的涵养。"骂人不揭短"，正是最基本的语言技巧。

智慧箴言

◎每个人都有缺点，当你发现了别人的不足进而当众揭发，那才是你最大的缺点，因为这样不仅伤害了别人的自尊，更让你显得缺乏涵养。

不要钻进抱怨的牢笼

只有把抱怨环境的心情，化为上进的力量，才是成功的保证。

——罗曼·罗兰

佛家有言：“物随心转，境由心造，烦恼皆由心生。”因此，当我们遇到烦恼时，应该及时调整自己的心态，而不是满腹牢骚地抱怨。

在日常工作和生活中，我们几乎可以随时随地看到爱发牢骚、爱抱怨的人。比如，抱怨自己的专业不好；抱怨住处很差；抱怨没有一个好爸爸；抱怨工作差、工资少；抱怨空怀一身绝技无人赏识……其实，现实有太多的不如意，就算生活给你的是垃圾，你也只能把垃圾踩在脚底下，登上世界之巅。

有人觉得抱怨是发泄自己情绪的最佳渠道，是对不公平的控诉，但它却是最无用的语言，除了让人们情绪更加低落外，不会带来任何好处。抱怨的人总是以生活的阴暗面来概括阳光的一面，认为自己受到了最不公的待遇，觉得整个世界都在和自己作对。但他却忽视了生活已经赐予了我们很多，看看那些聋哑人，我们能够每天说话，让你有机会发发牢骚，已经是一种最大的幸运。如果可以看到这一点，生活又有什么值得我们抱怨的呢？

因率领船队穿越大西洋，哥伦布成为名垂史册的航海家，而他之所以能够穿越加勒比海所有的狂风巨浪，正是因为他从来就不会抱怨。如果他抱怨大海、抱怨风浪，他就不能到达美洲大陆。在遇到各种海上危险时，哥伦布总是果断地采取措施，寻找安全的航线。当他回到西班牙，所带回的最值得后人学习的经验便是：接受现状，积极解决，远离抱怨。

生活中，可能还会有一些女性常常抱怨自己的丈夫有种种的缺点，比如胡说八道、好吃懒做、无所事事、脾气恶劣等，简直就是一无是处。著名成功学家拿破仑·希尔说：“如果你有一颗热情的心，那么毫无疑问，现实将会给你带来奇迹。把你的心态放在你所想要的东西上，使你的心远离你所不想要的东西。对于有积极心态的人来说，每一种逆境都含有等量或者更大利益的种子，有时，那些似乎是逆境的东西，其实往往隐藏着良机。”这同样也适用于家庭生活，心态决定心情，一个有着良好修养的女人在任何情况下都不会忘记采用一种平和的方式去改变现状，同时常常洗涤自己的心灵，以便让自己活得更轻松、更自在、更洒脱。正所谓保持什么样的心态就会有什么样的行为方式，而行为方式决定着一个人的人生走向。

在一家修理厂里，因为生意不景气，老板不得不将跟随自己多年的修理工们辞退。面对这一决定，很多修理工都非常愤怒，他们将一直埋藏在心里的愤恨一并发泄出来，不仅辱骂老板，而且还破坏工厂设施。但格瑞却并没有参与这些行动，他只是静静地收拾行囊，悄悄离开。

对于其他人的过激行为，老板非常理解，因此也不去追究。但对于格瑞的平静，他却觉得非常不解，于是便找到格瑞问个究竟。

面对老板的疑问，还穿着工作服的格瑞只是笑一笑，就像从未被这位老板解聘一样坦然。

老板问："格瑞，难道你不恨我解雇你吗？"

格瑞说："当然不恨你，相反，我非常感激你。要不是你为我提供了工作机会，我失业得更早。而且我知道你做出解聘的决定是因为现在的经济不景气，这也是迫不得已，所以我非常理解，也很同情公司的处境。我希望您能很快振作起来。"

听了格瑞的回答，老板非常感动。几个月之后，正在街头寻找工作的格瑞忽然接到了这位老板的电话，电话里老板兴奋地说："现在公司的经济已经好起来了，只要你愿意，我希望你可以回来上班，并且担任生产主管的职位。"

格瑞开心地回到了修理厂，他发现原来的同事没有一个人得到这次聘用，他们依旧在街头为了工作而奔波。

毫无疑问，格瑞之所以再一次得到这份工作，与他对待老板的态度是分不开的。因此，如果你有意见，要和老板及时沟通，体谅老板的处境；即使心存不满，也不要让自己的情绪任意发泄，更不能当众辱骂老板，你的辱骂只会让你显得不成熟、缺乏理性罢了。

多一点感激，少一些抱怨是自身良好修养的一种表现，在工作中，一个心怀感恩的人，无论走到哪里，都会被铭记的。所以，唯有丢掉抱怨的包袱，才能冲破阻碍、奋勇前行。

智慧箴言

◎生活的乐趣是可以主动创造的，这就如同你在笔直前行的途中转个弯，探访一下不同的小径，或许就会发现一片美丽、开阔的风景，收获意外的美好。所以，为了更加精彩的人生，请不要再抱怨了。因为没有一种生活是完美的，也没有一种生活会让一个人完全满意，我们应该以积极、乐观的心态去努力进取，去拥抱生活。

不争，是争的最高境界

如果你是对的，就要试着温和地、有技巧地让对方同意你；如果你错了，就要迅速而诚恳地承认。这要比为自己争辩有效和有趣得多。

——戴尔·卡耐基

无休止、无原则地争执辩解是苍白无力的，这样做只能招来他人的反感。

在我们的生活中，争吵似乎无处不在，越是亲近的人之间越容易争吵。争吵往往不是为了什么大事，而是一些鸡毛蒜皮的小事。事虽不大，吵起来却伤了感情、伤了和气。所以说，争吵的双方永远没有哪一方会获胜，就算你在争吵中占了上风，却输了感情，丢掉了自己的涵养。

三国时期，曹操自封为魏王，成为当时最有势力的一支军事队伍。但他时常为了自己的接班人而感到烦恼，长子曹丕和次子曹植都各有优缺点，这让曹操不知道该选哪一个作为自己的继承人。

曹植自幼非常聪明，满腹经纶，深受天下人追捧；而曹丕只是长子，他非常担心自己会败给弟弟，便向大臣贾诩请教。贾诩提示他说："只要你保持德行，不要违背做儿子的礼数，就一定可以成为魏王的继任者。"

从此以后，曹丕果然按照贾诩的提醒行事。曹操要上战场之前，曹植为他撰写了文章，歌颂自己父亲的丰功伟绩，才华受到了大臣们的赞扬。但曹丕却只是跪拜在地上不说话，曹操问："你怎么了？"曹丕才哽咽着说："父亲年事已高，还要亲自上战场，儿子心里非常担忧，所以无法说出话来。"

这一举动立刻感动了曹操，这种实实在在的孝敬之心，和华而不实的文章相比，更值得赞许。

从此之后，曹丕果然受到曹操的重视，处处为他提供锻炼的机会，终于在曹操去世之后登上了魏王的宝座。

其实刚开始时，曹丕是极不甘心自己的世子之位被弟弟夺走的，他想拼死一争，却又明知自己的才华远在曹植之下，胜数极微，一时竟束手无策。但他毕竟是个聪明人，经贾诩的点化，顿时大悟：争是不争，不争是争。与其争不赢，不如不争，我只需老老实实恪守世子的本分，让对方一个人尽情去表演吧，公道自在人心!最后，这场兄弟夺嫡之争，以不争者胜而告终。

现代社会竞争激烈，我们要鼓励正当的竞争，因为只有竞争才有进步。一个人彬彬有礼，与他具有强烈的竞争心理并不矛盾，按照社会规则来争取自己的利益，光明正大地胜出，更能促使人们积极向上。这与儒家所倡导的"不争"思想并不矛盾，因为这种有节制、有规矩的竞争是"君子之争"。

下面是一则兄弟争鱼的故事。

有一对兄弟，自幼喜欢争吵，长大以后依然如此。一日，他俩一同外出，路过一处水域，忽见一条大鱼游弋而来。两兄弟此时饥肠辘辘，见有大鱼游过来自然十分高兴，但他们的老毛病又犯了，就鱼的吃法吵了起来。哥哥说要烤着吃，弟弟说要炖着吃，争论了半天也没有得出一个结论。回头再看看那条大鱼，早已不知去向了。

不合时宜地争吵只会让我们两败俱伤，到头来反而变得一场空，就像争鱼的兄弟一样，只好饿着肚子回家了。

在家庭生活中，经常会有一些不可避免的矛盾，因此而发生的争吵是一件很伤感情的事。夫妻反目、父子成仇、兄弟分道扬镳，都会是争吵带来的惨烈结局。人们既然不愿意自己的家庭不和睦，就必须找到争吵之外更有效的解决矛盾的办法，或者让争吵变得克制，掌握"吵架的艺术"。

“吵架的艺术”是让人们在愤怒的时候学会如何克制自己的语言，避免出口伤人，同时把自己想要表达的意思表达完整。在这种情况下，双方都处于非常激动的状态，往往是一方说个不停，而另一方则什么都听不进去，所以必须要挨过这个激动的阶段，才能有效地解决问题。心理学家研究发现：当人们愤怒的时候，如果可以让自己保持十几秒的平静，就会慢慢地转化为理智，讲话也会变得温和，更易达成和解。由此可见，让理智恢复是发生争吵时最重要的任务。

千里之堤，溃于蚁穴。一次两次的吵架引发的裂痕可能会形成吵架的习惯，形成吵架的习惯就是形成一种严重的恶性循环，这样的恶性循环会把两个人的爱情破坏殆尽。

避免吵架还有一个基础是双方的坦诚，两个人的相处，特别是爱人之间的相处，坦诚是第一要素，彼此的坦诚才是双方信赖的基础，彼此的坦诚也是双方产生默契的源泉，因为只有坦诚，向对方敞开胸怀，才能真正地被对方了解和真正地了解对方。

智慧箴言

争吵是把双刃剑，弄不好就是两败俱伤的结局，我们每个人，都应该以宽和之心面对世界，不要争吵，给自己的生活留一份平静和美好。

说话做事不要太自我

与人言，宜和气从容。气愤则不平，色厉则取怨。

——薛瑄

自我的人，多以自己为中心。在面对问题的时候，首先想到的是对自己的影响，这样的人，多半成长在不错的环境里，周围人的过多宠爱使他们养成了忽视别人的习惯。但自我比起自私还强一点儿，至少他不是完全不为别人想，只是想得比较少而已，而且也非无药可救。和这种人交往，要注意保持平等的状态，不要刻意去迎合他，那样做无疑是把自己放在一个尴尬的处境中。

要想改变自我的习惯，就应该培养吸引人的气度，包括饱满的情绪、诚恳的态度、幽默的语气；适当地运用一些华丽的词语或“引经据典”，增加说话的趣味性和高雅性；有些时候，最能表情达意的言辞，不在于“多”而在于“精”，话说得太多，别人会听得不耐烦。

另外，要多说“我们”，少说“我”。人的心理有时候是很奇妙的，即使像“我”和“我们”这样一丁点的区别，也会给人完全不一样的感觉。多用“我”意味着彼此间有隔阂，而

“我们”则是认定彼此为“圈内人”。生活中，不能掌握这种说话艺术的人，常常是一些没有人缘的人。

小刘与小张是好朋友。一天，他们俩相约去与另外几个朋友相聚。在路上，小刘与小张同时看到路中央有一个钱包。小刘赶紧飞跑过去，捡起那个钱包，对小张说：“你看，我的运气真是太好了，捡到了一个钱包。”说着准备把钱包放进自己的口袋。这时，失主找来了，他不仅要回了自己的钱包，还诬告小刘偷了他的钱包，要揪送他去公安局。

此时的小刘真是有口难辩了，一脸无奈地对小张说：“这回我们可麻烦了！”小张听后立即纠正他说：“不是‘我们’，你应该说‘这回我可麻烦了’才对。”

小刘遭遇的尴尬局面完全是自找的，我们应该从中吸取教训。确实，在社会交往中，“我”字讲得太多并过分强调，会给人标榜自我、炫耀自我的印象。在很多情况下，你可以用“我们”一词来代替“我”。这样可以缩短你和大家的心理距离，促进彼此之间的感情交流。比如，在工作上你取得了好的成绩，当上司表扬你时，你应该说“这是我们集体智慧的结晶，而不是我一个人的功劳。”如果你是一家公司的老板，你可以说“我们公司的发展很快”，而不是“我的公司发展很快”。

只要用心去体会和感受，并加以实践，我们的心胸会越来越宽阔，人生之路也会一帆风顺。

智慧箴言

◎在说话做事时，我们应该摒弃过于自我的不良习惯，把话说好、说妙、说巧，因为只有充分掌握了语言这门处世艺术，才会给人留下好的印象，才会赢得好人缘、好人生。

▶谦虚豁达让你收获更多

当我们是大为谦卑的时候，便是我们最近于伟大的时候。

——泰戈尔

在这个世界上，那些谦虚豁达的人总能赢得更多的知己，而那些妄自尊大、小看别人、高看自己的人总是令人反感，最终在交往中使自己到处碰壁。

每一个人在内心深处都渴望得到别人的肯定，也许是一个奖励，也许是一句赞美，都可以让人们感到荣耀，认为自己的尊严和形象得到了维护。这种心理需求放之四海而皆准。不管人的社会地位高低，也不管男女老少，都会不自觉地寻求着这样的心理满足。如果一个人处处都要拔得头筹，到处打压别人而自己出尽风头，难免就会伤及别人的尊严，让这种心理受到极大的伤害。对于自身所受到的蔑视，人们往往会表现得极为愤怒，排斥心理和敌意也会迅速产生。

罗先生刚到某公司上班，自认为才华、能力都很了得，整日在同事中间吹嘘自己曾经取得的成绩，曾经去过哪些地方，等等。对此，同事们表面上应和，心里却都有些不悦。

有一次，几个同事趁周末的时间组织了一次远郊旅行。过了几天，罗先生才知道他们并没有叫上自己，于是一个人闷闷不乐，不明白自己为什么没朋友。

后来，他的父亲给予了他指点，他才意识到以往的不妥做法。自此，他不再随意吹嘘，每当跟同事们闲谈的时候，也尽量先听别人把话说完，自己再发表评论。慢慢地，同事们也都喜欢和他相处了。

罗先生所遭遇的排斥说明：那些只顾着吹嘘自己、宣扬自己的人，往往会成为最不受欢迎的人。因为人们的心中有一种普遍的逆反心理，过分的吹嘘不能换来别人的尊敬，反而会因这种逆反心理而引来别人的贬斥。一个真正优秀的人不会自吹自擂，他的优点可以通过别人的眼睛观察到；而那些喜欢自吹自擂的人，则往往是因为缺乏自知之明，在听者眼中他已经丧失了吸引别人注意的魅力。

自知之明是为人处世中非常重要的一项，喜欢夸大其词的人往往是外强中干，他们太急于引起别人的注意，让自己的虚荣心得到满足，反而为自己设下了陷阱。在和朋友、同事的相处中，诚信是至关重要的，任何脱离诚信的吹嘘都会让人无立足之地。

太爱表现自己的人会显得狂妄，虽然他或许妙语连珠，但也会引来别人的反对，因为他在表现自己的优越感时已经伤害到了别人的尊严，通过贬抑别人来达到自己的目的，又怎么能够获得别人的尊重呢？而那些时刻保持着谦逊的态度，处处尊重别人，不过分炫耀自己的人，反而更容易建立起威信。

美国石油大王洛克菲勒曾说：“当我从事的石油事业蒸蒸日上时，我晚上睡前总会拍拍自己的额角说：‘如今你的成就还是微乎其微！以后路途仍多险阻，若稍有不慎，就会前功尽弃，切勿让自满的意念侵吞你的脑袋，当心！当心！’”

这就是告诫人们要谦虚，尤其是稍有成就时更应格外小心，不要骄傲。

做人不可过多地对自己炫耀，对自己要轻描淡写，要学会谦虚，只有这样，我们才会永远受到别人的欢迎。有一位学者曾有过这样的一番妙论：“你有什么可以值得炫耀的吗？你知道是什么原因使你没有成为白痴的吗？其实不是什么了不起的东西，只不过是你甲状腺中的碘而已，价值并不高，才5分钱。如果别人割开你颈部的甲状腺，取出一点点的碘，你就变成一个白痴了。在药房中5分钱就可以买到这些碘，这就是使你没有住在疯人院的东西——价值5分钱的东西，有什么好谈的呢？”越是有涵养、稳重的成功人士，态度越谦虚；相反，只有那些浅薄的、自以为有所成就的人才会骄傲。

一次，小陈约了几个朋友来家里吃饭，把他们邀来的主要目的是想借着热闹的气氛，让一位目前正陷入低潮的朋友心情好一些。这位朋友不久前因经营不善，自己的公司倒闭了，妻子也因为不堪生活的压力，正与他谈离婚的事，内忧外患使他实在痛苦极了。

来吃饭的朋友都避免去谈与事业有关的事，可是其中一位姓吴的朋友因为目前赚了不少钱，几杯酒下肚，忍不住就开始谈他的赚钱本领和花钱功夫，那种得意的神情，连小陈看了都有些不舒服。

那位失意的朋友低头不语，脸色非常难看，一会儿上厕所，一会儿去洗脸，还猛喝了几杯酒。小陈送他出去时，他在巷口愤愤地说："老吴会赚钱也不必那么神气地炫耀啊！"

所以，在朋友失意时，千万不要一味地炫耀自己的得意，如果你只顾炫耀自己的得意事，对方就会疏远你，于是在不知不觉中你就会失去一个朋友。

智慧箴言

◎谦虚，别人才不会认为你会对他构成威胁。谦虚不仅是人们应该具备的美德，从某种意义上说，谦虚也是获胜的力量。

避免病从口入，祸从口出

慎言谨行是修己第一事。

——《琼瑶佩语》

一句无心的话，会变成一根刺，深深地扎进别人的心中，而那些发表无心之论的人却还茫然不知。要避免祸从口出，就必须遵守谨言慎行。

生活中总有一些人快人快语，有啥说啥，毫无禁忌，他们往往不知道什么该说、什么不该说。如果是在一个熟悉的环境里，大家都知道你的个性，可能无所谓，但是，在陌生环境中，和你不熟悉的人想说什么就说什么，不分场合、不分对象是绝对不可以的，严重时甚至会招来祸患。

小张是一个非常善于说笑话的人，因此他的滔滔不绝确实吸引了不少人的注意，他的女友也是因此而对他有了好感。但有时候，他却会表现得夸夸其谈，总是口无遮拦地说一些不该说的话。结婚后，妻子虽然多次规劝，但他一直改不了这个毛病。

有一回，妻子和女伴们买了衣服回来，便试穿了一件征求大家的意见。小张笑着说："你穿什么都好看。"妻子还没有来得及高兴，他又说："不穿更好看。"

这虽然是夫妻间一句普通的玩笑，但当着朋友的面说出来却显得非常不合适。妻子的朋友都感到很尴尬，妻子也羞红了脸，只有小张还自以为很幽默。

类似的事情还在不断发生，在和妻子一起去岳母家做客的时候，小张又说出了不得体的话。这一次本是家庭聚会，大家欢聚一堂，几个男人一边喝酒一边聊天。小张口无遮拦的毛病又犯了，他又自以为幽默地说："从前古人认为人生有四大乐事，久旱逢甘霖，他乡遇故知，洞房花烛夜，金榜题名时，但是现在这些论调都已经过时了。"

内弟听他这么说，便笑着问："那姐夫有什么高见？"

小张便得意地说："现在提倡人生有三大乐事：升官、发财、死老婆！"

内弟、岳父等人听到这话，一个个顿时脸色尴尬，而岳母正好经过，她顿时气得七窍生烟，破口大骂。

一场原本欢乐的聚会不欢而散，而因为这一次说错话，小张的妻子也提出了离婚，让他为自己的口不择言付出了惨痛的代价。

还有这样一个故事：

洋洋性格活泼，直言快语，加上刚刚毕业，年龄较小，一度成为办公室的"开心果"，大家都非常喜欢跟她打交道。可是，相处的时间长了，同事们也逐渐发现了洋洋身上的一些缺点，比如说话太过直接，不加修饰等。

有一次，负责财务的刘姐穿着自己新买的高跟儿鞋去上班，洋洋看到以后，带着羡慕的目光说："刘姐这双鞋子可真漂亮，是某某品牌的新款吧？我那天逛商场看见了，特别喜欢，但就是没钱买啊，刘姐可真是有钱人……"一通话下来，刘姐的表情转晴为阴。

还有一次，同事小雨和男朋友大吵了一架，闷闷不乐地去上班。了解情况后，同事们纷纷好言相劝，说因为一点小事儿生那么大的气不值得。洋洋则凑上去说："这样的男朋友不如不要呢，你看我男朋友，对我言听计从的……"听到洋洋这么一说，大家都相继走开了，小雨则更加不知所措了，后来真的跟男朋友分手了。

类似的片段出现多了，大家都开始疏远起洋洋来了。因为洋洋是负责市场营销的，公司领导认为她这种与人交流的方式容易影响公司的形象，没过多久，就找了个借口将她辞退了。

从小张和洋洋的经历中我们可以体会到，不注意说话方式、口不择言则会导致"祸从口出"，引出不该发生的事情。我们当引以为戒，管好自己的嘴，使用文明语言且讲究说话方式和技巧。这样，我们不仅能做一个快乐的人，而且还会以快乐的情绪来影响我们身边的人。

智慧箴言

◎说话也是一门艺术，说什么、怎么说，都有讲究。很多时候，一句恰当的话可以为你加分添彩，而有时也许同样是因为一句话而惹人厌，所以，我们应该管好自己的嘴巴。

第七章

时机重要 分寸更重要

要想在我们的工作和生活之中获得良好的人际环境，就需要在说话、做事、行为举止等多个方面多加注意。得体和礼貌的语言会为你赢得别人的尊重，也会帮助你获得别人的信任。一个说话不讲分寸、行为恣意妄为的人，除了让人反感之外，也不会有人愿意与他合作，更不用说长久相处了。而这种恶劣的人际关系所带来的将是灰暗的人生。

说话要掌握好分寸

对人类而言，语言是治疗苦恼的医师。

——米兰德

大凡在事业中获得成功的人士，都很懂得说话的分寸。他们深知并非任何话题都可以随意说，要根据不同的时间、地点，以及谈话的对象，正确地把握说话的分寸，这样才能在社交中受益无穷，增添个人魅力，还可以赢得更多让你走向成功的机遇。

林肯是美国历史上著名的总统，在他参加选举的时候，曾经遭遇过一次危机。

当时，有一个老妇人颤颤巍巍地来到作为总统候选人的林肯面前，诉说自己遭到了别人的羞辱。老人可怜的样子立刻就让林肯心软了，他马上亲切地询问了事情的缘由。

原来老人的丈夫在独立战争期间牺牲了，她是一位烈士的遗孀。如今，她每个月的生活来源便是为数不多的抚恤金，然而，当她去领取抚恤金的时候，可恶的出纳员居然要求她缴纳一半的费用作为手续费。老人明白自己是被勒索，但她又不知道该怎么办，只好来找林肯求助。

听老人讲完，林肯皱着眉头，陷入了沉思。老人要求林肯帮她将出纳员告上法庭，但这也不是什么好办法，只要出纳员否认，他们便没有任何办法，因为老人的手中没有任何证据。

作为老人的律师，林肯也走上了法庭，他看到坐满人的听众席上对他投来关注的目光。这不仅是为一个烈士遗孀争取权利，更是一个总统候选人才智的展示。在法庭已经偏向出纳员的时候，人们期待着林肯能够扭转局面。

微微地沉默了一会儿，林肯眼中含着热泪，开始了他的阐述。让大家感到意外的是，他并没有讲这次纠纷，反而用他抑扬顿挫的声音讲起了美国独立战争。林肯饱含深情地回忆着战士们为了保卫国家而洒下的热血，讲述着他们在艰苦卓绝的环境中坚持战斗。在大家都被战士们的精神所感动的时候，林肯问：“当然，这些都是1776年的事了，距离我们已经非常遥远。但是，英雄们虽然已经长眠，而他们的遗孀却还活着，就在我们的身边。现在有一位遗孀受到了不公正的待遇，她需要我们的帮助。”说着，林肯走到老人的面前，对大家说：“这位夫人也曾经是一个美丽的少女，也曾经有过美满的家庭，然而她为了国家牺牲了一切，得到了现在孤苦无依的生活。她现在得到的抚恤金，是英雄们用自己的生命换来的，我们难道不该援助和保护她吗？我们难道能对这一切熟视无睹吗？”

林肯的问题让所有人陷入了沉思，而大家的良知也在沉思中开始觉醒。没有一个人再去想老人是否有证据，他们只是为老人现在的境况倍感悲伤。

在法庭上，听众一直要求法官判处出纳员有罪，甚至有人慷慨解囊，对老人进行资助。

林肯正是把握住了自己说话的分寸，没有一味地强调大家应该怎么样，他十分明白听众们的情绪调动点在什么地方，只要把握好时机，并且掌握住说话的分寸，就能够成功地把大家的同情心调动起来。这样一来，这一场看似不会赢的官司就必定会有不一样的结果。

要掌握住说话的分寸，必须明白在和对方交谈的时候，哪里是自己不能够涉及的禁区。

比如说，除非是和自己关系特别亲密的朋友，否则不要主动或者刻意去提起他人的健康问题。身患疾病的人，通常不会希望自己的病情成为谈话的焦点。我们更应该像对待平常人一样对待他们，多谈天气远比谈身体要好得多。

不要谈起有争议性的话题。对待这样的事情，每个人都有自己的立场。谈论有争议的话题，只会让交谈的双方意见不统一，从而制造出更多的隔阂。

总是喜欢以钱作为自己的话题，会惹人生厌。如果一个人开口闭口都用钱来衡量事物，关心别人的收入、花销，只能说明这是一个俗不可耐的人。

个人痛苦的回忆千万不能够提起。在这样的事情之上，你说得越多，就越会引起对方的反感。克制住自己的好奇心，少用八卦的心态去看待他们的隐私，否则，只会让整场谈话走向一个不可挽回的方向。

不谈过时的话题和不同品位的故事。在谈话的时候，最重要的一点就是要有新话题，因为这是维持彼此之间谈话内容的法宝。然而，也不能因为单纯地要追求新话题而寻找一些不同品位的故事，这只会让对方觉得你这个人晦涩难懂，完全提不起对这场谈话的兴趣。

把握好说话的分寸，指的是既要掌握说此话的时机，又不能口无遮拦想说就说。在恰当的时候说出恰当的话，是最明智的一种选择。信口开河，不论该说的还是不该说的都说出来的人，永远只能够沦为他人厌弃的谈话对象。

智慧箴言

◎善于掌握说话的分寸是会说话的标志之一，可以将一句话发挥最大的效用，起到“一言惊起千层浪”的作用。但不论任何情况，诚信都是人际交往的基础，也是我们应该遵守的最基本原则。

▶把话说到点子上

语言就是一架展延机，永远拉长感情。

——福楼拜

当代社会是信息的时代，沉默早已经不再是金。在一个人的一生之中，不论是求职还是升迁，不论是恋爱还是婚姻，不论是交际还是处世，都离不开说话的能力和技巧。会说话的人，在与人交际的时候，可以左右逢源，如鱼得水；不会说话的人，在为人处世之际，往往四处碰壁，每一步都走得异常艰辛。

口若悬河的人，并不一定是会说话的人。最关键的还是要把话说到点子上，如此才能够起到画龙点睛的作用。一件事情做得太过和做得不够，都不是好事情，只有恰到好处，才能收到最完美的效果。谁能在最短的时间里，把自己的能力、实力、魅力传递给对方，谁就是赢家。

1990年，来自宝岛台湾的表演艺术家凌峰第一次收到中央电视台的邀请，出现在春节联欢晚会上的时候，观众对他还很陌生。在春节这样一个特殊的时间出现在电视荧屏，必然要求可以给大家带来欢乐，然而凌峰对此却并不以为意，他在舞台上悠然地做了自我介绍，却立刻赢得了观众的喜爱。

凌峰对自己的介绍首先从自己的缺点开始，他说："我和文章先生有相同的地方，我们都得到过金钟奖和最佳男歌星的称号，但我们不同的地方是：我是因为长得难看而出名的……很多时候，女观众都不太喜欢我，她们评价我是'人比黄花瘦，脸比煤炭黑'，这个评价非常正确。"这一番出乎人们意料之外的介绍让现场爆发了雷鸣般的掌声，就算是没有记住凌峰的长相，但一定也会记住他的名字。

妙趣横生的自我介绍让观众一个个笑出了眼泪，虽然凌峰说的是自己的缺点，但他却给人们留下了美好的印象。在春晚之后不久，他又参加了"金话筒"文艺晚会，大家对他已经充满了期待，等待他妙语连珠的表现。

只见凌峰面带微笑地走上舞台，对着台下的观众热情地说："非常高兴又可以见到你们。"接着，他又话头一转，笑着说："但你们非常不幸，又见到了我。"

这一次现场的气氛和春晚时一样，又让大家捧腹大笑起来，热烈的掌声随之而来，而凌峰的名字也随着掌声传进了千家万户，让他成为妇孺皆知的明星。

面对陌生的观众，怎样才能避免尴尬呢？凌峰用幽默的方式来介绍自己，把开场白念到了观众心里面。当大家已经厌倦了王婆卖瓜式的自我介绍的时候，凌峰开场就先把自己贬低了一番，确实是一个高招。这正好击中了观众的软肋，每一句话都恰恰当当地说在点子上，从而让现场的气氛瞬间活跃起来。

要想做到会说话，把话说到点子上，一定要注意两点：一是说话要真诚；二是说话的时候要注意观察听众的反馈。

一个真诚的谈话者，不论自己的话题是否符合对方的期望，都至少不会引人反感。因此，只有先做到以诚相待，又保证自己的话不偏离主题，才能把话说到点子上。就像是我们射箭一样，只有先看到了靶子，才有可能瞄准靶子的红心。

其次就是要注意听者的反馈。如果只顾自己不停地说，完全进入了忘我的状态，那么你说得再多，也无法引起对方的共鸣。恰似射箭的时候根本没有目标，就更不要提到射中红心了。

因此，要把话说到点子上，需要注意到以下几点：

说话要看对象。一个药方无法包治百病，懂得"见人说人话，见鬼说鬼话"的人，才是真正会说话的人。

说话要选时机。在恰当的时机说话，一句话往往能够抵得上百句话的作用。

说话要有分寸。口无遮拦是最要不得的事情，注意说话的分寸，才能够不偏不倚地把话说到点子上。

说话的时候要带有感情。一个感情充沛的讲述者，说出的每一句话都会让人感到真实可信。

说话还应该分清楚场合。上什么样的山唱什么样的歌，眉毛胡子一把抓是最不可取的一种谈话方式。

说话时应该带有丰富的表情。借用肢体语言来帮助语言表述，往往可以起到事半功倍的效果。

注意说话时的语调。这是最能够体现话中具体意思的表达方式，用不同的语调来说同一句话，收到的效果总是不尽相同。

在掌握这几点说话的技巧之后，想要做到把话说到点子上，就不再是难事了。话不在于说多少，而在于有多少话能够深入对方的内心。把话句句都说到对方的心坎儿里面的人，才是真正的谈话高手。

智慧箴言

◎针对不同的对象，运用不同的说话方式，是把话说到点子上的前提。每个人的生活背景都不相同，所以在谈话的时候，关注的重点也不一样。因此，想要掌握沟通技巧也就不是一件容易的事情。谈话的技巧，是需要用一辈子去学习的内容，在任何时候都要记住，谈话和沟通只是手段，把话说到点子上，才是最终的目的。

▶抓住时机更容易成功

要使人信服，一句话语常常比黄金更有效。

——德谟克利特

想要掌握说话的艺术，一个不可或缺的要素是——抓准说话的时机。许多人都有一个共同的毛病，就是喜欢在不必要的场合之中，把自己所有的话一股脑说出来。然而，等到真正需要说话的时候，他才发现，自己其实已经无话可说了。

一个具有高明演说技巧的人，应该能够很快地发现听众所感兴趣的话题，同时能够说得适时适地，恰到好处。抓住说话的时机，是指在对方想要听到的时候，用最恰当的方式来把自己要说的内容表达出来。

任何话题都应把握时机。而良好的时机什么时候出现，则需要说话者去全面把握听者的反馈，以及自己说话时的语调、语速等问题。因此，想要把握时机并不是一件容易的事情，这更考验到每一个谈话者对谈话双方情绪的把握程度。

著名的财政顾问罗生 · W.伯布逊先生曾说过："把握适当时机说话的问题相当重要，首先我们必须看清楚有希望的顾客，是否真的具有认购的意愿。如果你忽略了对方的问题，而大谈自己的问题，那么说明你根本没有把握住重点。”

卡尔·舒尔茨每次回忆起自己和林肯总统初次见面的时候，总是对林肯能够恰当地把握住说话的时机而啧啧称赞。当时，林肯还不是总统，他们两人恰巧乘坐在同一列火车上面。

当时，火车已经离开站台差不多一小时了，乘客之中突然出现了骚动。卡尔不明白发生了什么事情，只看到人们纷纷从座位上跳起来，并且全都迫不及待地围在一个高个子男人的身边。

只见有人向高个子男人问好：“嘿，亚伯，你好吗？”

他微笑着点头，并且向身边的每一个人表达了自己的谢意。

当卡尔的朋友告诉他，这个男人就是亚伯拉罕·林肯的时候，卡尔激动极了，他不知道自己应该说点什么，只是用力挤到林肯的身边，向他表达自己的问候。可是，车厢里面实在太嘈杂了，大家根本就听不清楚彼此在说什么。然而，林肯却丝毫没有受到环境的影响。

像对待多年的老朋友一样，林肯转过身，用既随和又亲切的声音请卡尔坐下来，然后开始和卡尔交谈起来。卡尔回忆说，林肯没有一丁点的矫揉造作，你甚至在他的身上看不到丝毫的优越感，这让他有一种他们是从小到大一起玩耍的好朋友的错觉。“在交谈的过程中，林肯总是会不时地插进去一些新奇的故事，每个故事都切合当时的话题。”卡尔·舒尔茨这样说。

由此可见，林肯在谈话方面，十分讲究技巧性和艺术性。他在和卡尔聊天的时候，总是能够保证自己说的每一句话都切合当下的时机，这是一件非常难得的事情。人的声音天生就富于各种变化，语气、速度、音量的不同，都能反映出说话人内心的情感和态度。林肯正是在这些技巧的帮助下，才把自己亲切、和蔼的形象完整地表现了出来。

把握说话时机的重要性不言而喻，这就像是在棒球比赛之中，一个再优秀的棒球手，如果他想要用全力把球击出去，从而获得一个全垒打，那么就需要在球从投手那里投过来的时候，准确无误地把握住，如此才能够成功。或者是像个足球运动员一样，临门一脚，看中的就是守门员猝不及防的时机。如果起脚太早或者太晚，球都会被守门员扑救住，那么这一次的进攻就会完全化为泡影。

把握住说话的时机，在聚会或者集体会议的时候，往往更为重要。这个时候，说话的往往不是自己一个人，因此也就更需要恰当的时机来表达自己的观点。时机选择对了，我们的观点可能会被所有的人接受；如果不分时机，上来就是一通演讲，往往是功亏一篑。

智慧箴言

◎不要忘记，时间是一切行动的指针，这和良好时机是工作中必须考虑的要素一样重要。虽然我们需要全力以赴地去把握时机，但是还应该明白一点，时机是追求不来的，我们所能够做的只有耐心等待。盲目地去为自己创造更合适的时机，结果很可能会适得其反。

不要让谈话偏离了方向

谈话对各种年龄的人都有其乐趣，是很合理的消遣；但是，无知者的谈话就不算是一种“谈话”，不能给人们以任何乐趣。

——吉斯特菲尔伯爵

当我们与别人接触的时候，想要建立良好的人际关系，在谈话之中就要掌握好方向。一个目标明确的人，必定会给对方留下一个良好的印象，而若是漫无边际地随便乱侃，则只会让人心生厌烦。尤其在与对方初次会面的时候，最初的三十秒钟，在很大程度上决定着两个人关系的走向。

因此，我们就需要在第一时间吸引对方的注意力，否则后续的谈话过程便如同嚼蜡一般，会让人觉得索然无味。这个过程中，时刻不能放松注意的一点便是整个谈话的方向。如果你是一个主动和对方谈话的人，那么就必须掌握好自己谈话的方向，由此才能够获得谈话的主动权。

在谈话中，应该时时具有一些创造性，努力去创造一个轻松愉快的谈话氛围，而不是僵硬死板地提问、回答的模式。由此，更加需要谈话者在交谈的过程中，把握住谈话的方向，不要因为一个无足轻重的细枝末节而把话题引申到其他事情之上。

西方有一位哲学家曾经说过这样的一句话：“世间有一种途径可以使人很快完成伟业，并获得世人的认可，那就是优秀的口才。”拥有优秀口才的人，必定也是一个能够掌握谈话方向的角色。

1860年冬天的伦敦，大雪纷飞，严寒让人们闭门不出，只愿意围坐在火炉边取暖。

一个衣衫褴褛而且满面愁容的年轻人在风雪中慢慢地前进，他来到一所豪华的宅邸面前，这里正是当时的英国首富克尔顿爵士的豪宅。在整个伦敦城中，克尔顿爵士的府邸可以算得上是戒备森严的，而这位年轻人在企图进入大门的时候，自然受到了门卫的阻拦。门卫已经接连两天看到这个年轻人，任凭年轻人如何乞求，门卫都不肯让他进入大门。

对于这样一个访客，门房也不将他放在眼里，对年轻人冷嘲热讽，认为他是来乞求爵士施舍的，可是这位年轻人却并没有要放弃的意思，只见他在路边不断跺脚取暖，徘徊在门口，等待着可以进入的机会。

终于在第三天中午，克尔顿爵士出现在了大门口，他正打算去赴一个约会。年轻人看到爵士，立刻就冲到了他的面前，十分诚恳地请求爵士可以听自己说上一句话。

看着这个奇怪的年轻人，克尔顿爵士只好停下脚步，答应了他的请求。但是，在爵士的心里好奇和怜悯才是他止步的主要原因，他只不过是不愿意看到一个年轻人继续受冻而已。所以，他打算听年轻人唠叨两句，顶多就是一两分钟，然后再离开。

但是这场谈话超出了克尔顿爵士的预料，从开始的一分钟、五分钟，到后来的十分钟、半小时，时间一分一秒地过去了，而爵士却丝毫没有要打断年轻人的想法。更令人诧异的是，爵

士取消了约会，邀请年轻人到自己的书房中畅谈。他客气地带领年轻人走进房间，坐在温暖的壁炉前，请他继续说下去。不知不觉之中，一个下午的时间居然就这么过去了。

但这一切还没有结束，克尔顿爵士很快便命人找来掌管生意的几位经理，请他们和年轻人一起畅谈。为此，他还举办了一场小型的宴会，为年轻人在公司里安排了一个重要的职位，请他管理公司具体的事务。这位年轻人也没有辜负克尔顿爵士的厚望，在他进入克尔顿企业之后，没多久就接替了克尔顿的职位，成为了公司的董事长，在之后的几十年里，他凭借着出众的才华，将企业发展成了举世闻名的财团。

这个年轻人，就是英国纺织业的巨头霍格。他在和克尔顿谈话的时候，无疑是把自己对未来的畅想展现给了这个贵族。然而，应该意识到的是，他在整个谈话过程之中，都牢牢地把握住了谈话的方向，始终让克尔顿用心倾听。由此，才促进了他之后的成功。

想要把握谈话的方向，需要从以下几点着手：

谈话之前，必须先要营造一个良好的沟通氛围。这一点非常重要，同时也是每个人在和朋友、同事、客户谈话的时候最容易忽略的一件事情。如在开场的时候，适当地关心一下天气，则会让对方觉得你是一个十分生活化的人，彼此之间的距离自然也就缩短了。

显示自己的积极态度。积极的态度，会让人觉得你诚实、可信，那么把手头的任务交给你去办，也必定错不了。积极的态度，是在为自己争取掌握谈话方向的时候，最关键的一点。

尝试着抓住对方的兴趣点和注意力。这是把握谈话方向中最不可或缺的一环。想要把握住谈话的方向，首先就需要明白对方的兴趣点在什么地方，投其所好的谈话方式，可以让自己很快赢得对方的信任。除此之外，还要关注对方的眼神，当他的眼神飘忽不定的时候，说明他对你的话题已经产生了一定的抵触情绪或者失去了兴趣，那么你就要找出新的、可以调动他兴趣的话题。

不过，切记，任何时候，都不能忘记了自己的谈话目的，要做到这一点，应注意以下几个方面：

让对方多说话。很多人会误以为，想要掌握谈话的方向，自己就需要不停地说。其实，这是一个很隐蔽的误区。说太多大而空的话，对彼此的谈话过程没有一点益处。如果你实在不知道说什么好的话，那么不妨做一个好的聆听者。只是在适当的时候，插入一些自己的观点和想法，把对方即将偏离主题的谈话内容拉扯回来即可。这是一种欲擒故纵的招数。

保持自己的风格。这是指在谈话过程中，能够让自己一直把握谈话方向的方法。当你一旦在谈话过程中形成了风格，就要一直延续下去，如此一来才可以让对方觉得你始终是在向着一个目标前进，如果中途突然改变谈话的方式，不但会让人觉得无所适从，甚至会造成“冷场”。

保持礼貌性和专业性。礼貌性，是在谈话的整个过程中都应该注意到的问题，要把礼貌体现在实际行动中，化成对方能够看到的行为。而专业性，则是保证自己处于谈话主动位置的关键要素。要让对方明白，你说的话都具有可参考性，由此才会赢得对方的信任。

掌握住这几点，在谈话的过程中，就可以占据一个主导位置。把握住谈话的方向，才能够自己决定究竟要把这场谈话的目的引向何处。

同时，永远要记住一点，就是记得及时观察对方，一来是给自己反馈，二来是为了投其所好，这是谈话的技巧，也是为人处世的谋略。

智慧箴言

一个会说话的人，必定也是一个受欢迎的人，因为他时时刻刻都明白谈话的目的，并且可以掌握自己谈话的方向。练好口才，其实并非难事，只要你在谈话过程中，永不忘记观察对方、把握谈话的方向，让对方成为你忠实的听众即可。

及时避免自己的“失言”

言语之力，大到可以从坟墓唤醒死人，可以把生者活埋，把侏儒变成巨无霸，把巨无霸彻底打垮。

——海涅

人非圣贤，孰能无过？不管我们情不情愿承认，在交谈的过程中，难免都会有因为一时兴起而出现失言的现象。失言，更准确的定义是指自己在有意无意之间说错了话。可大丈夫说话，一言既出，驷马难追，话一出口就落地成钉了，面对失言的尴尬，应该如何去挽救呢？

乾隆帝当政的时候，大才子纪晓岚深得他的赏识。有一天，乾隆帝宴请群臣，席间乾隆诗兴大发，于是就出了一个上联："玉帝行兵，风刀雨箭云旗雷鼓天为阵。"正吃到兴头上的群臣一看皇帝出了对子，急忙搜肠刮肚想要表露一下自己的才华。然而，众人之中竟无一人能够对得上来。无奈之下，乾隆帝钦点了纪晓岚来对自己的下联。

本以为纪晓岚会百般推辞，可是没想到他只是思索了片刻，就把下联对了出来："龙王设宴，日灯月烛山肴海酒地当盘。"这一对，不但工整，而且意境也十足，并且同当下的场景联系了起来。群臣们纷纷赞叹不已，同时也高呼万岁爷得到了一个大才子。

然而，乾隆帝却不怎么高兴，他从纪晓岚的对子中，听出了一些讽刺自己的味道。他面有怒色，半天没有说话。纪晓岚是个聪明人，当然知道问题出在了什么地方。于是，他赶紧接着说："圣上为天子，所以风、雨、云、雷都归你调遣，威震天下；小臣们都是酒囊饭袋，因此希望日、月、山、海都能在酒席之中。可见，圣上是好大神威，而小臣只不过是好大肚皮而已。"

这一句话，终于把乾隆帝逗乐了。纪晓岚这才擦了擦头上的虚汗，庆幸自己终于躲过一关。乾隆帝表扬纪晓岚说："尽管饭量甚好，但若非胸藏万卷之书，又哪有这么大的肚皮？"

至此，君臣之间的关系才又融洽起来。其实，纪晓岚并不是有意要讽刺当朝万岁，只是一时触景生情而失言了，幸亏他脑筋转得快，才把这件事情补救了回来。

话人人会说，把话说到正处，点到为止，才能显示出一个人是否真正地会说话。其实，与其过多去关注自己失言之后应该怎么补救的问题，倒不如关注如何去避免在谈话过程中失言。亡羊补牢，总比不上未雨绸缪更有效果。而出现失言的现象，最关键的原因就是紧张。当大脑处于过度兴奋的状态时，思维就容易变得杂乱无章，因此在语言表达上面也就会出现语无伦次的现象。要想预防自己在谈话之中失言，就应该从源头着手，保持一份平常心，这是每一个人在谈话之前就应该懂得的事情。

在日常生活中，因为紧张而失言的现象并不少见，因此，更有必要为了避免在谈话的时候出现紧张的现象而做一些心理训练：

避免自己单向思维。在和领导谈话的时候，是最容易出现紧张情绪的时候。这时，因为出于对对方的尊重，所以在说话时难免会有拘谨感。这时要避免单向思维，不要只把对方看成领导，可以尝试着以朋友的角度去看待对方，如此方能够处变不惊，及时调整思维轨迹，这也是避免紧张最有效的方法。

巧妙回答对方的提问。不论是回答的角度、方向，还是回答问题的方式、方法，都尽量让自己保持平静。如果害怕失言，可以采用"打太极"的方式，避实就虚，从而避免因紧张而失言。

问多少答多少。这是最保守的一种方法，同时也是最有效果的方法。问多少答多少，重点就在“度”上。回答的时候，要充分表现出自己的自信，而对方没有提及的问题，自己不要主动去提及，以免因为言多而带来失误。

在实际交往之中，对某一个问题的描述或者回答，我们最好多准备几种方案，以避免因为突发状况而造成自己措手不及。及时根据现实情况调整自己的谈话计划，也可以避免当话题引到自己并不熟悉的领域时，而出现失言的现象。

当然，现实生活中，也有许多人因为怕失言，而在谈话的时候不敢多说，甚至出现不敢说的现象。其实，我们不必有这方面的顾虑，因为语言是人类沟通的基本工具，如果我们连它的沟通功能都不敢运用，又何谈让自己的语言富有魅力呢！也有一些时候，我们可能不是很了解事情的真实情况，那么，我们为了防止自己失言犯错，不妨先倾听别人的说法，掌握情况之后再发表意见。

智慧箴言

◎想要避免失言，就要学会换位思考。一方面，假设自己站在对方的立场上，会不会因为听到这句话而生气；另一方面，如果自己是对方，对同一件事情希望听到什么样的表述。失不失言是自己的问题，而失言之后所造成的影响到底有多大，就不是一个人能够决定的了，因此任何时候都要谨言慎行。

▶学会把握住谈话的节奏

你的舌头就像一匹快马，它奔得太快，会把力气都奔完了。

——莎士比亚

《演说根本》是由文尔顿和汤姆逊两位著名的语言学家共同著作的，这本书正是为了教导人们如何更好地运用自己的语言而作的。书中有一段关于说话节奏的重要性的精彩论述：“要想让演说有漂亮的进行速度，只需要注意自己的发音是不是清晰，语言是否明了。如果为了让说话的语调像唱歌一样美妙动听，就不得不降低速度；但只有少数的人可以在加快速度的同时，又能让别人明白自己的话，这些人的发音和节奏无疑都是最为清楚的。”

说话是一种艺术，但它同时又有自己的窍门可循。把握谈话的节奏，尤其是在演讲的时候，这一点就显得更加重要。能够把握节奏的人，往往在谈话的时候，会更加清楚地认识到对方的顾虑和反感等不良情绪，因此也就比他人显得更加细微和谨慎。

在南北战争之后，美国举行了一次国会议员的竞选大会，这也是第一次施行民主投票制度的竞选大会。这种全新的竞选模式造成了一个特殊的现象：上下级和不同阶层的人会竞选同一个职位。士兵麦克和将军威尔就遭遇了这种情况，他们虽然职位、财富都有很大差距，却要竞选同一个议员职位。

麦克是一个还在服役的年轻人，在部队，他只是一名默默无闻的普通士兵。而威尔在此前已经连续担任了三届议员，是一位杰出的政治家，在战场上的功绩更令他功名显赫。所有人都觉得麦克不是威尔的对手，大家只是等着看威尔会以多少票胜出。

在竞选演讲开始之后，两位竞选者需要分别发表讲话。

威尔非常自信地开始了自己的演讲，他说："我亲爱的选民们，你们还记得十七年前的那个夜晚吗？我带领军队和敌人战斗，在荒山之中，我们露宿了一个晚上，终于在第二天获得了胜利。我想大家都没有忘记那次战斗有多么艰苦，所以我也希望在这次选举中，大家也不要忘记了那个屡建奇功的将军！"

这一番话让现场的气氛沸腾了，人们纷纷对威尔竖起了大拇指，就好像他已经赢得了选举一样。

威尔迈着大步走下演讲台，台下的人也在慢慢离开会场，因为大家认定这次竞选已经有了结果。这时有人劝麦克就此放弃，但他却昂首挺胸走上了演讲台，激昂地说："我的同胞们，从你们的掌声之中我能看出你们对那次战斗的印象有多深刻，我非常荣幸地参与了那次战斗，虽然只是一名普通的士兵，但我和伙伴们一起坚守着阵地，拿着武器和敌人决斗。我有很多的战友和同胞都在那次战斗中牺牲了，作为一名幸存者，我还担负着保卫将军安全的重任。当威尔将军在树林中休息的时候，我还要拖着疲惫的身体为他放哨。现在我可以站在这里讲话，我充分相信大家的判断，你们一定会做出明智的选择。"

麦克的演讲一结束，威尔便发现现场所有人的注意力都已经被麦克吸引了。虽然这名士兵没有在战争中做出多大的贡献，可他却巧妙地利用威尔所创立的话题和气氛，让观众随着自己的节奏开始思考。他找到了自己的方向，也调动了更多观众的情绪，整个竞选的局势已经被这名普通的士兵掌握了。

所以，从麦克的演讲中，我们应该明白，谈话的节奏对于一个人来说，不仅仅意味着我们说话的节奏如何，更在很大程度上左右着整件事情的走向。

想要让谈话的节奏变得欢快起来，并不是说多少幽默的话题，而是要去考虑如何让整个节奏不至于显得过于沉闷。最好的办法就是互动，想要实现彼此之间的互动，就需要注意每一个人在谈话的时候说的内容都不要过于冗长，否则，只会给人唯我独尊的感觉。要明白，在交谈的过程中，我们的目的是交流，因此就需要在语言上有来有往，这才叫作谈话。若是一个人长篇累牍地去自言自语，只会让这场谈话变得了无生趣。

同时，还应该注意谈话时的语速，过快或者过慢，都会使听者不知道应该怎么去应付，而自己也会因为不正常的语速而陷入疲劳之中，最后拖累我们的思绪。有人单纯地以为，语速快可以在短时间内阐述更多的信息，语速慢可以让对方能够听得更加清楚自己想要表达的内容，但这都是一种形而上的想法。过快的语速让人来不及反应，过慢的语速则会大大浪费了时间和精力，两者都是不可取的。

另一方面，想要把握住一个好的节奏，在任何场合都不能脱离语气而单独谈节奏的问题。语气可以带出一个人的思想感情和声音的形式，因为对语气的把握得当，更可以让自己成为一个说话富有感染力的人。因此熟练掌握语气驾驭的能力，不仅可以表达复杂的内容和丰富的感情，更能很好地控制住谈话的节奏。

而谈到谈话的节奏，就离不开谈话的时间长度问题。太短会说不清楚要表达的内容，太长则会让谈话双方都感到疲累。所以，谈话的时间长短也是应该要注意到的一大问题。

在人际交往的过程中，想要控制住谈话的节奏，还有一点必须要注意，那就是拒绝，拒绝对方提出的与自己不符的要求。学会拒绝，可以避免把整场谈话推进一个让自己感到无所适从的深渊。所以，你拒绝的不仅仅是对方的要求，更是提供了把这场谈话继续下去的一种保障。

谈话，是人与人交往的最直接方式，能否把握住谈话的节奏，直接决定着你们之间的话题会不会继续进行下去。一个人对谈话节奏的把握能力，是一种“软实力”，同时也是脱口而出的“轻武器”。所以，只要我们掌握好了节奏，想要和对方进行更有效的沟通，也不再是难事了。

智慧箴言

◎不论谈话的目的是什么，在整个过程之中，必须要把握住对方的心理，从而在尽量满足其需求的前提下，对当时的客观环境做出正确的评判，继而在这个基础之上，抓住问题的根本。掌握节奏，不仅仅是避免冷场所需，更是取得对方的信任，进而实现自己的目的，并且实现共赢。时刻记住一点：谈话是为了解决问题，而不是“持久战”，拖延时间并不是一个好方法。

▶见什么样的人说什么样的话

语言只是一种工具，通过它，我们的意愿和思想就得到交流，它是我们灵魂的解释者。

——蒙田

在与人交往中，每个人都有自己的角色定位，对领导来说，我们是下属；对同一办公室的人来说，我们是同事；对朋友来说，我们是好哥们儿好姐们儿；对家人来说，我们是丈夫、妻子、父母、子女……因此，在复杂的人际关系之中，我们就需要在不同的角色之间不停地转换自己的说话方式，以便适应自己当前的身份。找准了定位，才能让自己适应每一个不同的角色，若是以同一面孔去面对所有人，就会产生角色错位的现象了。

所以，在现实生活之中，我们一方面要转换好自己的角色，另一方面也要帮助不同的人转换好他们的角色，让他们适应和自己的谈话过程。

此外，在任何需要表达自己本身意愿的谈话之中，对语言角色的掌握也需要时刻注意。当前的一些心理学家将人们所使用的语言角色划分为三种，分别是：必须说、允许说和禁止说的话。对于不同的人而言，需要以不同的语言来表达，处于不同身份的人对于什么样的话是必须说和禁止说的，都会有明确的划分。在开口说话的时候，只有慎重考虑过自己的社会身份和所扮演的社会角色，同时也衡量对方的社会身份与角色，才能选择出最为恰当、必须说的话，让谈话过程变得顺畅。

马丁·路德·金是美国著名的黑人运动领袖，他在演讲过程之中，就非常注重自己的身份和角色。针对不同的人，他演讲的重点也不一样。可以说，他是一位真正做到了针对不同的人说不同的话的伟大演说家。

1963年8月28日，这一天马丁·路德·金领导了一场多达25万人的集会和游行示威，他们的目的是要反对在美国盛行多年的种族歧视，最终的目的是要实现种族平等。当游行队伍来到林肯纪念堂的时候，他在这里发表了著名的《在林肯纪念堂前的演讲》。

演讲刚一开始，马丁·路德·金并没有直接攻击当局政府的种族政策，而是带领大家一起回忆了美国的一段光辉历史。他热情洋溢地回顾并赞扬了一百年前林肯签署《解放黑人奴隶宣言》的过程。这样做的目的很明显，无论白人还是黑人，都是美国人，所以它们有着同样的历史文化。当林肯总统签署宣言的时候，白人和黑人已经站在了平等的位置上。马丁·路德·金这样说，在很大程度上改变了一些白人被灌输的错误思想。

然后，他话题一转，来到了正题上。马丁·路德·金说，一百年的辉煌在一百年之后已经荡然无存。时至今日，黑人仍然处于水深火热之中，所以他要号召更多的黑人起来为自己的权利而战斗。在他的演讲中，处处洋溢着激情。他的话刚一说完，黑人们的热情马上被调动了起来。“黑人儿童将能够与白人儿童如兄弟姐妹一般携起手来！”马丁·路德·金高呼着这样的口号，带领着黑人民众开始了示威游行。

在马丁·路德·金的演讲中，他一共转换了两次角色，第一次是和白人平等的和平使者，他演讲的内容也更加侧重于彼此共同拥有的辉煌历史；第二次是一个被压迫的黑人形象，因为他的主要任务就是煽动更多黑人的情绪，从而来抵抗依然存在的白人压迫。

在当下瞬息万变的信息社会，我们每一个人的角色更是千变万化，甚至在同一时间都有可能担当着好几种不同的角色，因此，把握住不同角色之间的语言转化显得更为重要。只有娴熟地在不同的人面前及时转换自己的角色，才能够建立更好的人际关系。而一旦自己的角色出现了错误，就可能导致整场谈话的失败。

因此，树立谈话中的角色意识，是刻不容缓的事情。一个人在人际交往过程中有着各自对应的身份和地位，一旦开始了语言上的交往，各自的角色就应该像是演员一样轮番出场。让不同的角色说不同的话，才是说话艺术之中最具有艺术性的一个环节。

在中国历史上，也曾经出现过不少能够在瞬间转变自己角色的人物。三国时期的诸葛亮就是一个最为典型的代表。在《三国演义》第九十回中描写道，魏军和蜀军在对阵的时候，诸葛亮单单凭借自己的三寸不烂之舌就把前来劝阵的魏国大臣王朗骂死了。然而，在对待自己的士兵方面，诸葛亮却是平易近人，和战场上那个口若悬河的形象完全不同，这一段故事也传为了千古佳话。

在正常的人际交往中，无论是在什么样的场合，也无论是选择什么样的时机，每个人的角色都会非常明显地呈现出来，因此也就更加需要有旗帜鲜明的话语来给自己的角色做形象代言。如果始终处于游离于角色之外的状态，势必会造成交流上的障碍，从而引起不必要的麻烦。

智慧箴言

◎在谈话交流的时候，时刻应该想到自己此时的角色。同时，还应该考虑到对方对自己来说是一个什么样的角色。针对什么样的人说什么样的话，一方面是提醒自己角色的转变；另一方面也是让自己明白，对方也是整个谈话过程中不可或缺的一员，因此，若是忽略了对方的角色特征，自己的角色也就无法准确定位，从而引发场面的尴尬。

▶不开不恰当的玩笑

严厉的话像烧红的铁，深深地打下烙印。

——罗曼 · 罗兰

在交谈的时候，适当地开开玩笑，可以在很大程度上调节谈话的气氛，懂得开玩笑的人，十分明白幽默在彼此交谈时的重要性。普通的开玩笑也不过是一两句话笑过之后就作罢，然而，玩笑开过了头，可就一点都不好玩了。

如果你总对着一个人开玩笑，那么就会很容易引起对方的反感；若是始终把一件事情反反复复地拿来开玩笑，就会让人觉得厌倦。而那些掌握不了玩笑的尺度，一开玩笑就过头的人，势必也得不到大家的喜欢。

王厅长已经是快六十岁的人了，在厅长的位置上坐了五年有余，工作还算顺利，心情开朗，也算得上是官场上的“得意官”。

厅长的秘书叫小张，是一位二十出头的年轻小伙子，平常总是喜欢开玩笑。有一天，王厅长带着他去参加一场宴会，王厅长由于那天感冒了，就让小张代敬客人的酒，结果小张那天喝了很多的酒，有点醉意了。在回家的路上，小张带着酒气，醉醺醺地对王厅长说：“王厅长，我的一个在省纪委的同学告诉我，最近省纪委准备进行双规的人员中好像有您的名字，您可要小心点啊！”当时小张已经喝多了，具体的内容也没有说出来，但是王厅长一听他这么说，脸色马上就变了。从那天以后，王厅长吃也吃不好，睡也睡不着，没过几天，王厅长整个就像变了一个人似的，身体日渐消瘦，似乎马上就不行了。

小张早就把那天喝多了在车上说的玩笑话给忘记了。可是他看见自己的领导一天天地消瘦下去，而且精神也越来越差，基本已经卧床不起了，才想到是不是因为自己的那句话闯下了大祸。于是，他赶紧跑去医院，想找王厅长说个明白，可刚到医院时，正好碰见王厅长的爱人哭哭啼啼地走了出来。原来王厅长太过压抑引发了心脑血管的多种疾病，刚刚撒手人寰了。

小张这时才意识到了事态的严重性，自己不恰当的玩笑，竟然成了领导的心病，最终导致领导彻底倒下了。

所以，我们应该把握好开玩笑的尺度，同时要注意以下几点：

首先是不伤对方的自尊心。开玩笑本来是要调节一下谈话的气氛，可是当你的玩笑伤害到对方自尊心的时候，就会使开玩笑的人和被开玩笑的人双双落入尴尬的场面，这离原来开玩笑的目的已经相去甚远了。

还有一点就是不拿别人的生理缺陷来开玩笑。一个人存在生理上的缺陷，这本身就是一件值得怜悯的事情，若是我们再把他人的缺陷当成玩笑来开，在很大程度上说明自己心中有鄙视对方的意思。即便你真的没有这么想，别人也禁不住会联想到这里。如此说来，就不是你会不会开玩笑的问题了，而是上升到了一个人的人品如何的高度之上。

当然了，玩笑可以诙谐幽默，但是绝对不可以下流。诙谐幽默的玩笑，可以体现出一个人的幽默感和他的修养，能够使人感到快乐并且可以发人深省。而低俗下流的玩笑，则与智慧完全扯不上边。这种玩笑开多了，必定会使自己置身到令人唾弃的位置之上。

和纪晓岚一样，同在乾隆时期为官的刘墉也是一位大才子。有一天，乾隆皇帝也想考考刘墉，于是就问他："刘墉，你猜我现在在想什么，如果你猜到了，朕就赐你一只玉瓶。"

这很明显是皇帝难为刘墉，刘墉也知道乾隆皇帝是在开玩笑，一个人怎么可能读得懂别人的思想呢？不过，聪明的刘墉却想到一个反过来捉弄乾隆的招数。他知道皇帝其实并不是想要把玉瓶送给他，刚才也只是随口一说，于是刘墉就对乾隆帝说："皇上不想把玉瓶赏给为臣。"

乾隆帝愣了一下，才明白过来，刘墉这句话既是在诉说自己现在的想法，又是暗地里讽刺了自己。但是，刚才是因为自己的玩笑没有开到点子上，因此才引来了刘墉的反击。无可奈何之下，乾隆皇帝为了维持自己的面子，不得不赐给刘墉一只玉瓶。

所以，我们在开玩笑的时候，一定要时时注意掌握分寸，否则就会陷入如同乾隆皇帝一般的窘境，不但自己的目的没有达到，反而是赔了夫人又折兵。玩笑可以让我们的生活更加多彩，然而开玩笑时一定要掌握"度"，适可而止才能活跃气氛，增进彼此之间的友谊。

智慧箴言

◎想要掌握好开玩笑的分寸其实并不难，只要平时多下功夫注意一些，先不去管这个玩笑能不能调节彼此之间谈话的气氛，最应该是把礼貌放在第一位。与人为善，是开玩笑的基本守则。而开玩笑的过程，也是彼此之间交流快乐思想的过程。不要把这一让人享受的方式，变成了尴尬，甚至是怒目相向的起源。而工作时间，一般不宜开玩笑，以免因注意力分散而影响工作，甚至导致事故的发生。

▶把握对方的心理变化

一个人不会说话，那是因为他不知道对方需要听什么样的话；假如你能像一个侦察兵一样看透对方的心理，你就知道说话的力量有多么巨大了！

——林道安

言语的力量是巨大的，懂得运用说话力量的人，在生活中便或许是力拔山河的盖世英雄，或许是翻江倒海的一代枭雄。然而，有更多的人，却因为在言语表达上的缺陷，而最终和成功抱憾而别。这种对比，并不是简单的实例，在每一次不成功的背后，都有着实质的原因。在这些原因之中，尤其以不懂得把握对方的心理变化所引起的后果最为严重。

心理学家认为，一个人在独处的时候，内心活动就会更多地去思考自我，因此心理活动的范畴也就会越来越窄，最终使自己深陷其中而不能够自拔。而一旦在和外人接触的时候，我们不能很好地把握住谈话的重点，从而让对方的心理活动开始在自我想象中度过，那么这就是一场彻头彻尾的失败谈话。

想要把握对方的心理变化，一方面需要交谈的双方都积极主动地去进行交流；另一方面还要求自己能够准确地把握住对方的心理变化过程，使自己能够及时地引导或者追随对方的变化，最终让谈话双方的两个人站在同一个交流平台之上。

美国第十六任总统林肯先生，是众所周知的演说家、雄辩家和交谈家。许多人都知道，林肯曾经在世界各地进行过不计其数的知名演讲，却很少有人了解林肯在练就好口才的过程之中，经历过哪些磨难。

当然，林肯的好口才并不是天生的，当他第一次站在公众面前演讲的时候，年轻的他早已经紧张得不知道该怎么办了。站在讲台上，林肯只感觉嗓子里仿佛有一团棉花，憋得他面红耳赤，已经完全不知道自己要说什么好了。这一场演讲，就在他的惴惴不安中度过了，这也成了林肯一生都难以忘记的噩梦。

从此，林肯发誓要成为一名出色的演说家，他开始勤学苦练，终于取得了成功。他的伙伴胡斯登回忆说，当时林肯为了练好自己的口才，经常步行30千米，到一家法院去听律师的辩护，还一边看一边认真地模仿着律师的动作。突然有一天，他觉得自己发现了一个大秘密：律师在替人辩护的时候，面对当庭证人的不同表情，律师就会用不同的言语来提问，或威胁，或关爱，或严肃……每一次，律师言语的变化都能够直达证人的内心深处。林肯似乎明白了一点什么，但是又不是很确定。

后来，林肯继续去听一些伟大的政治家的演讲，他的猜测再一次得到证实。于是，他向当时的传教士求教，传教士告诉他，在演讲的时候，如果想引起公众的兴趣，就一定要观察公众的心理变化，只有这样才能随时掌握对方的心理变化，那么演讲的内容也可以跟着这一变化而变化，如此一来就不愁抓不住听者的心了。

林肯像是得到了珍宝一样，高兴地跑回家，开始按照这一理论练习起来。最开始，他对着没有生命的树桩演讲，后来对着心理活动时刻在变化的人演讲，最后，在他一直坚持不懈的努力下，林肯最终成为一位举世闻名的演说家，他的《葛底斯堡演说》还被铸成了碑文，至今还存放在英国牛津大学。

林肯成功的故事，很直白地说明了一点，想要掌握说话的艺术，就必须懂得察言观色，时刻都要把握住对方的心理变化，如此才可能让谈话变得句句直击对方的内心深处。

语言是这个社会最基本的交流工具，一个人通过语言去表达自己的思想和意愿，而听者在接受我们的话语时也必定形成自己的思想。因此，想要把握住对方的心理变化，就需要我们做到以下几点：

态度诚恳、亲切。这是能够快速拉近两人关系的首要条件。说话的时候，始终离不开面部的表情，在用语言去表达想法的时候，如果再加上自己诚恳、亲切的态度，就先给自己挣得了一个良好的印象分，对方的心理才不会对你设防。

说话要谦逊、文雅。这是建立良好形象的基础，用语文明的人，才能够获得一张通往对方内心的通行证。如果你满口粗话，相信没有人愿意和你敞开心扉畅谈。并且，多用敬语、谦语和雅语，能体现出一个人的文化修养以及尊重他人的良好品德。

根据对方的表现随时调整自己的语言。既然谈话已经开始进行了，那么你说的每一句话，必定会得到一种反馈。不论是好还是坏，都应该及时根据这一反馈，去调整自己谈话的策略。对方的心理活动，通过表情、语言、动作等多种因素表现出来，只要细心观察，再加上耐心分析，不难得出结论。

而说话看似是一个简单的过程，但是想要真正地抓住对方的心理变化，其实并不是一件容易的事。这不仅要求我们平时多注意观察和分析，还要求每一个人用心地去分析自我，只有熟悉知己知彼，才能够在遇到实际变化的时候，根据已有的经验去综合分析，最终实现完美的沟通。

智慧箴言

◎在谈话的时候，对方的心理变化是一个十分抽象的概念，所以想要据此来调整自己的话语，就首先要明确自己谈话的目的，同时再细致观察对方的表情变化，每一个小细节都不能放过。而自己谈话的方式也要多样化，只有这样才能够随时调整谈话的策略，避免因为对方一时的心理变化而扰乱你的整个计划。

▶说话要尊重客观实际

在要说一些事之前，有三件事要考虑：方法、地点、时间。

——萨迪

不论是说话还是办事，最重要的一条准则是要尊重客观事实。事实是什么样子，我们就应该怎样去表达，不能为了达到某个目的而信口雌黄。如若不然，只会让整件事情向着更坏的方向发展。不过，若是单纯地去反映客观现实，很多时候也会引起对方的反感，所以在尊重客观实际的基础之上，还应该注意运用一些谈话的技巧和方式，针对不同的场合、对象，选择不同的语言来表达。

某一天，一家电视台到学校去采访，电视台的记者想要录制一些表现当代学生青春朝气的样片回去剪辑，于是学校领导就带领着记者来到了正在做课间操的学生中间。那一天，阳光明媚、万里无云，在音乐旋律的带动下，身着统一服装的学生们开始了整齐划一的动作。记者连忙称赞说这正是他想要的画面，于是急忙打开摄像机录下了这段精彩的画面。

课间操做完之后，记者想要随机采访几名学生。他拉住一个刚要离去的男孩子问："刚才在做课间操的时候，你有没有感觉到生活在祖国的阳光之下，是一件十分幸福的事情？"

男孩一时间不知道如何作答。原来，他是一名初三的学生，正在忙着备考复习，课间操只是他用来放松身心的一种方式，在他幼小的心灵之中从来没有把这件事情和祖国联系在一起。但是，老师和校长站在记者身后死死地盯着自己，尤其是第一次面对摄像机，男学生结结巴巴地说了两句就急忙离去了。随后，记者又找了几名学生做采访，但是学生们不是语无伦次，就是不知所云。结果，在回去重新剪辑的时候，记者不得不把这一段采访录像全部剪掉。

其实，记者犯的最大的错误，就是他主观地认为做课间操这件事情很有意义，却从来没有和学生们的客观实际联系起来，最终造成自己的采访失败。

每个人的生活背景和成长经历不尽相同，所以在面对同一件事情的时候，各自的反应也不尽相同。这时候，就需要我们既保持自己的原则，同时又要尊重对方的感受，尽量做到谈话双方互不侵犯各自的底线，然后才能够对客观实际做出分析。

有的时候当我们面对已经发生的事实，要想把话说到点子上，就需要我们各自都保持一颗真诚的心去面对对方、面对现实。而正是因为各自的观点不一样，所以难免会有人产生与客观相背离的想法，这个时候，宽容是我们的最佳选择。

我们的宽容之心是为了让大家都能够得到一个满意的结果。因此，在谈话的过程中，要尽量把话题引到对双方都有利的事情之上。实现彼此之间的互惠互利，即双赢。

伟大的成功学家戴尔·卡耐基曾说："对不诚实的人说话，等于对牛弹琴。"不诚实的人，也必定是不尊重客观实际的人，和这样的人对话，只能让谈话的内容和现实情况越偏越远。

著名演员李雪健曾在电影《焦裕禄》中完美刻画了英雄焦裕禄，成功俘获了广大观众的心，同时，这部影片也让他的演技获得了大家的认可，让他在1991年11月，摘取了"金鸡奖最佳男主角"和"百花奖男演员"的双重桂冠。当时，李雪健上台领奖，按照惯例他需要在领奖的时候说一些致谢词。

一般演员在这个时候都会要感谢一大堆对于观众来讲非常陌生的人，所以也难免有空话套话之嫌，李雪健自然也明白这么做的害处。他想了想，决定让一切都以电影和客观实际作为自己致谢的素材。他说："苦和累都让一个大好人焦裕禄受了，名和利都让一个傻小子李雪健得了。"

这句话刚说完，就赢得了满场的掌声。李雪健的话不但让人们会心一笑，更让人们在内心深处对焦裕禄的印象更加深刻，同时也给自己赢得了一片好名声。从此之后，焦裕禄和李雪健的名字都被观众牢牢地记在了心中。

语言的功用便是为人们的交往搭起一座沟通的桥梁，这是最为基本的交际形式，也是不可缺少的形式。在人们相互沟通时，交谈双方都要时刻密切关注对方的动向，以便协调谈话，配合对方的想法。而当说话也变成了一种艺术，它便不仅仅是人们交流的工具，在交谈之中所涉及的各项内容除了客观、真实之外，还要为别人带来愉悦。缺乏客观实际的谈话是虚伪的，它是一种欺诈，自然也就永远不会让双方得到满意的结果。

智慧箴言

◎尊重客观实际，并不是说我们要极力地去表达自己对客观事件的看法，因为有时候用一句话带过的方式，往往能够达到更好的效果。毕竟，客观事件只是一个引子，是一切其他问题可以展开讨论的基础，却并不是重点。这是在谈话过程之前，就应该明白的道理，否则，只会让你们的谈话变成一场新闻讨论，而丝毫起不到更多的实际意义。

第八章

倾听 助你有效沟通

在我们的日常生活中，很多人都认为能说会道就可以在社会中立足，但是事实却并非如此。我们发现能够立足于社会的人，往往是那些寡言少语、喜欢听别人讲话的人。倾听是一项人人都需要掌握的语言技巧，它更能表现出一个人的修养水平。懂得倾听远比学会说话重要，因为倾听虽然无声，却有着强大的力量，可以为你带来更多的尊重，赢得更多的信任。

倾听是礼貌的表现

兼听则明，偏听则暗。

——《新唐书》

英国前首相丘吉尔不仅是闻名世界的政治家，也是一位语言学家，他曾经说过一句富有哲理的话："所谓勇气，需要挺身直言；所谓勇气，也需要静坐倾听。"这个道理在英国著名广告公司执行创意总监雅登的著作《不管你在想什么，反向思考就对了》中也得到了体现，不同的是雅登用一个有趣的故事来说明了倾听的重要性。

雅登告诉我们，他曾经有一次和一位朋友去酒店喝酒，喝到中途，由于他有急事，只好非常抱歉地把这位朋友单独留在了这家酒吧里。雅登的这位朋友是英国人，对于丹麦话只会说"对"与"错"两字。

可是就在他的这位朋友一个人喝酒的时候，摇摇晃晃过来了一个酒鬼，这个酒鬼还跟他的朋友聊了起来。可是由于雅登的这位朋友只会用丹麦语说"对"和"错"，所以两个人就这么应付着。

等雅登办完事回来了，两个人还坐在那里进行一场“天南地北”的对话，可是听听自己的朋友口中仍然还是那两个字——“对”和“错”。雅登看到这种情况，起初的时候还有点纳闷儿，到了后来才想明白，酒鬼肯定是像酒逢知己千杯少一般，所以缠着雅登的这位朋友开始高谈阔论，别无缘由，因为在酒鬼的心里，认为雅登的这位朋友是一个难得的能够听他讲话的人。

我们说的倾听，是我们人类天生的本领，任何人都不需要去进行什么特殊的学习，一生下来就能够耳听八方。然而，如何才能将这一本能发挥得更好，给我们带来更好的帮助，这个看起来感觉容易，其实不然，尤其在朋友和夫妻之间，最不容易。

一位欧美人士曾经如此形容夫妻结婚以后的关系：“结婚第一年，丈夫讲话，妻子倾听；结婚第二年，妻子讲话，丈夫倾听；结婚第三年，夫妻两人争着讲话，旁人倾听。”当然这只是一个趣事了。但是在现代的企业管理中，是最讲究双向沟通的。这也就是说，作为一个主管或者领导，是不能永远高高在上的，一个只知道对自己的下属发号施令的领导，即使部下有了非常好的意见，他也会充耳不闻的。当然，有的领导还常常摆出一副自己“官大学问大，我是领导我最牛”的架势，甚至在与下属谈话的时候都是以教训的口吻，这也是非常要不得的。

然而，现实生活中，很多人为了引起别人的注意，常常会滔滔不绝地来谈论自己的事情。这样的人是一位谈话的高手吗？他们这么做就能吸引住别人吗？答案当然是否定的。这样的人既不是谈话的高手，更不可能引起别人的注意，只因他根本没有意识到倾听的重要性。

戴尔·卡耐基就曾经告诉我们说：“如果你想成为一个谈话高手，那么首先你就得学会聆听，要鼓励别人多谈他自己的事，而不是让别人只听你说话。”

戴尔·卡耐基还给我们讲了一个故事。

有一天，他去纽约参加一场重要的晚宴，在这场晚宴上，他碰到了一位当时全世界都非常著名的植物学家。但是戴尔·卡耐基从始至终都没有与植物学家说上几句话，只是全神贯注地听着，听这位著名的植物学家介绍有关外来植物和交配新产品的许多实验。

然而等到晚宴结束以后，这位植物学家向主人极力称赞戴尔·卡耐基，说他是这场晚宴中“最能鼓舞人”的一个人，更是一个“最有趣的谈话高手”。其实戴尔·卡耐基几乎没怎么说话，只是让自己细心聆听，最后却博得了这位著名植物学家的好感。

可见，我们在社交场合不仅仅要自己会说话，更为重要的是要能够让对方多说话，自己则作为一个好的听众。

聆听不仅仅是我们对别人的尊重，而是一种礼貌，它还有很多好处。

倾听可以使说话的人感受到别人的尊重。

戴尔·卡耐基曾经说过：“专心地听别人讲话，就是我们所能给予别人的最大赞美。”这句话的确精辟，因为不管是什么人，领导、下属、同事、亲人或者朋友，我们如果学会倾听，都能够让他们感到自己被尊重。我们每个人的天性中，总是期待着自己关注的问题能够引起他人的兴趣，而恰巧这时候有人愿意听你谈论自己关注的事情，那么你自然就会有一种被别人重视的感觉。

倾听可以缓和两者之间的紧张关系。

倾听有的时候可以解决冲突，增加人与人之间的沟通，甚至还可以增进人与人之间的相互理解。特别是在公司当中，如果每个人都学会倾听，那么就能够使公司和员工避免一些不必要的纠纷，这不仅节约了时间和费用，更重要的是提高了团队的凝聚力。

倾听可以缓解他人的压力。

心理学家研究表明，一个人向别人诉说心中烦恼的时候，能够很好地减缓心理压力。所以，当你有了一些心理负担或者是心理疾病的时候，最好的解决方法就是找一个善良的，而且具有同情心的倾听者。

倾听可以让我们变得更加聪明。

正是由于倾听，我们才能够学到更多的东西。因为倾听，让我们更好地了解人和事，让我们变得聪明起来，最后成为一名智者。

如果现在的你是一位话多的人，那么就应该学会改变自己，先让自己成为一名优秀的“听众”吧。只因倾听别人的讲话，是一种礼貌，也是一个人应该具有的修养。

智慧箴言

◎倾听，是一个让思想能够走向深刻纯净的好习惯，也是一个让我们能够受到他人欢迎的最简单的方法。善于倾听，是一个优秀的人所要具备的最基本的素质，我们应该记住：要想成就一生，就应该学会倾听，善于倾听是迈向成功的捷径。在生活中最有成就的人，不是那些能说的人，而是那些最善于倾听的人。

认真聆听是对他人的尊重

信言不美，美言不信。善者不辩，辩者不善。知者不博，博者不知。圣人不积，既以为人，己愈有；既以与人，己愈多。天之道，利而不害。圣人之道，为而不争。

——老子

我们都会有表达自己愿望的想法，但是如果我们在表达自己愿望的时候不去了解别人的感受，甚至不分场合与时间，就打断别人说话或抢着接别人的话头，那么这样会扰乱别人的思路，从而引起对方的不快，有的时候甚至会产生严重的误会。

当你看到自己的朋友和一些不认识的人聊得非常开心的时候，你可能也很想和他们一起聊一聊。但是由于你不知道他们在聊什么话题，而且你的突然加入也许会让他们感到很不自在，那么原来的话题可能就不能持续下去了。更糟的是，他们正在谈论着一件重大的事情，可是由于你的加入，他们再也没有办法集中思想进行谈论了，于是就在这无意中失去了这笔交易；或许他们正在苦苦思索要解决一个难题，可是正当这个关键时刻，正是由于你的插话，从而导致了他们想不起来刚刚要用什么办法来解决问题，到最后整个场面的气氛也会因此而变得尴尬。如果遇到这样的情况，大家一定会觉得你很无礼，也会开始讨厌你，次数一多，你的人际关系自然也会受到影响。

许多人总是会在别人谈话的时候，特别是在别人说话说到高兴的时候，就突然插进来，让别人猝不及防。而且他可能还会就此滔滔不绝，根本不管你刚才说的是什么，就会将话题转移到他感兴趣的方面，而且有的时候他甚至把你的结论说出来，然后得意扬扬地向别人炫耀自己的才能。无论是哪一种情况，都会让说话的人立刻就产生厌恶感，因为随便打断别人的谈话是非常不礼貌的。

有一次，一个老板正在和几位重要的客户谈生意，眼看谈得差不多的时候，老板的一位朋友进来了。这位朋友一进来就大大咧咧地说：“哇，我刚才在大街上，可算是看了一个大热闹……”接着就开始往下讲这个热闹了。老板顿时不高兴了，便示意朋友不要再说了，可是这位朋友不管不顾，依然说得津津有味。当时客户见谈生意的话题已经被打乱，于是就对老板说：“你先跟你的朋友谈吧，我们改天再来。”说完就非常生气地走了。这位老板也因为朋友乱插话，最终损失了一笔大生意。

在别人说话的时候随意地插嘴、打断，是一种很缺乏涵养的行为，这种惹人厌烦的恶习却并没有得到重视，很多人都在不经意间做过这样的事，也因此在不知不觉中失去了自己的好人缘。要想拥有好的人缘，要想让别人能够喜欢你、接纳你，就必须改变随便和别人说话的陋习，在别人讲话的时候千万不要多嘴，要学会认真地聆听。

很多人为了能够让别人赞同自己的观点，不管目前是什么情况，就开始唠唠叨叨说个不停，使别人根本没有说话的余地，这也是某些推销人员最易犯的毛病。一味地对顾客夸耀自己的商品多么的好，让顾客没有说话的余地，其实是一种非常愚蠢的做法。其实当顾客有了购买商品的欲望时，才会挑剔你的商品，甚至会批评你的商品，这种时候，你根本不用和他进行争辩，因为当他选定之后，自然会购买。如果你只知道和他争辩，就如同指责顾客没有眼光、不识好歹一样，顾客肯定是不高兴的，这样一来你岂不白白损失了一笔生意？

所以在别人说话的时候，如果有不同的意见，应该等别人说完了再说，千万不可随意打断或是阻止别人的谈话。

智慧箴言

◎交流不仅需要语言，更需要倾听，只有倾听才能让你更加明白这个世界，才能更加理解别人所阐述的精彩，从而让自己吸取更多经验。倾听虽然只是一个简单的动作，却有着强大的用途，平凡的人也可以通过它走上成功的坦途。

▶把说话的机会留给别人

那些乱插话者，甚至比发言冗长者更令人讨厌。

——培根

人们使用语言是为了让别人了解自己，而如果只顾着自己表达，却不去关注别人的感受，就不能保证别人都能理解你所表达的内容。得不到正确反馈的表达是失败的，只顾着自说自道却不听取别人的意见，那只能算是废话连篇。

俗话说：“说得好，不如说得巧。”有时候说好一句话就有可能让你晋位升爵，但有时候一句话也有可能给你带来杀身之祸。所以，如果我们不能融会贯通说话的学问，那么我们还是少说为妙。

三国时期，有一个人叫杨修，他才思敏捷，在曹操大营中担任主簿。因为依仗着自己的才华，杨修得罪了很多人，而他自己却一点都不曾察觉。

有一次，曹操想要修建一座花园，竣工后，他兴致勃勃地前来查看。可看完之后，他却又一言不发地走了，只是在门上写下了一个“活”字。曹操的本意是想卖个关子，看谁能猜中自己的意思。杨修看到了曹操在门上所写的“活”字，一下子就猜到了他的意思，他大笑着四处宣扬说：“丞相是嫌门太窄了，因为门上写‘活’，自然是‘阔’的意思了。”于是工匠便按照这个意思重新修筑了门墙，将门扩大。完工之后再请曹操查看，果然获得了他的赞赏。但当曹操听说杨修轻易就解开了自己的哑谜，而且还四处宣扬，心里便非常不乐意。

后来，有人从塞北为曹操送来一盒酥糖，曹操觉得非常好吃，便在盒子上写了“一合酥”三个字。恰好杨修看到了，他便大胆地取了汤匙将酥糖和大家分着吃了。曹操很不高兴地问他为什么要这么做，杨修指着曹操写的字说：“盒子上写着‘一人一口酥’，我们不敢违抗您的旨意，所以就一人一口吃掉了。”

曹操一看，“一合酥”三个字竖着写确实好像是“一人一口酥”，他虽然为了保持风度而面带笑容，但内心却非常厌恶杨修这种自作聪明的举动。

不久之后，杨修又一次惹怒了曹操。因为生性多疑，曹操非常担心别人会在自己睡着的时候谋害自己，便谎称自己睡梦中会杀人，让别人不要在他睡着时靠近。为此，曹操故意杀死了一个为他盖被子的侍卫，以此来警诫别人。但杨修知道了这件事后，却立刻看穿了曹操的想法，还和别人笑着说：“非是丞相在梦中，而是你们这些人在梦中。”

对于这种带有嘲讽意味的语言，曹操忍无可忍，心里暗自下了决定，一定要找机会杀掉这个总是看破自己的杨修。

一旦曹操起了杀心，机会便无处不在。

曹操和刘备在汉中交战的过程中，双方在汉水一带对峙了很久都无法分出胜负。由于长时间的对峙，曹军已经陷入了两难困境，进也不是，退也不是，曹操心中也非常焦急。

晚上，厨房为曹操准备了一碗鸡汤，曹操看到碗中的鸡肋骨，忽然引发内心的无限感慨。这时，将军夏侯惇恰好进来请示夜间的口令，曹操随口说道：“鸡肋。”

这个奇怪的口令传出去之后，大家都不明就里，只有主簿杨修立刻站起来开始收拾行装，还让自己的部下也赶紧收拾，准备回家。夏侯惇见状非常惊慌，忙将杨修叫出去问他为什么要这么做。杨修说：“丞相所说的鸡肋，弃之可惜，食之无味。正好比我们今天的现状，进军可能会失败，退军又会遭到别人的耻笑，在这里待下去有什么用呢？看魏王的意思接下来一定是要班师回朝了。”

夏侯惇对于杨修的这份见解佩服得五体投地，认为他说中了曹操的想法。为了避免仓促，夏侯惇让部下的将士连夜打点行装，随时准备撤退。

这件事传到了曹操的耳中，令他大为光火，一口咬定自己并没有要退兵的意思，全都是杨修造谣，以至于动摇军心，并以此为由给杨修安了一个罪名，终于将杨修杀死了。

有聪明的头脑并不等于有智慧，杨修虽然聪明，但正是他的聪明害死了他。他对于自己的才华非常自信，以至于一味地夸耀，丝毫不顾及曹操的感受，总是点破曹操的想法，让他颜面无存。这样的人最后的结果只能是被踢出局，曹操最后将杨修处死，正是对于他自作聪明最严厉的惩罚。

话，不只是说给自己听，更重要的是说给别人听。既然如此，我们又怎能不考虑一下别人听了这些话以后会有什么样的感受呢？一个真正懂得说话的人，不见得字字珠玑、句句精辟，但是，他却一定能够说出对方想听到的话。

智慧箴言

◎英国心理学家杰克·伍德说："很少有人能拒绝接受专心注意、倾听所包含的赞美。"与人交谈，最为重要的就是倾听别人的讲话，倾听可以说是一种至高无上的赞美和尊重。

良好的沟通，从倾听开始

知识少的人，讲话讲得特别多；知识多的人，讲话反而讲得很少。

——卢梭

倾听是良好沟通的基础，在很多场合下，比如说销售、谈判和管理等工作中，都需要有良好的倾听艺术。

英国有一位著名的主持人叫作林克莱特，他曾经在节目中访问过一个小朋友，他问："你的理想是什么？"

小朋友天真地回答："我的理想是做一名飞机驾驶员，飞翔在大西洋上空。"

林克莱特问："如果你刚飞到大西洋上，可飞机的引擎却忽然熄火了，你该怎么办呢？"

小朋友歪着脑袋想了想，说："那我就让乘客绑好安全带，然后带着自己的降落伞跳下去。"

这个回答让现场的大人们都笑了起来，他们觉得这个孩子是一个自私的小孩，只顾着自己的安全却抛弃了乘客。但林克莱特却觉得小朋友不应该是自作聪明的，当他看到小孩忽然流下眼泪，更加认定他是一个有善良之心的人。

于是，林克莱特制止了大家的笑声，继续问小朋友："你为什么要这么做？"

小朋友擦干眼泪，坚定地说出了自己的想法："我跳出去是为了拿燃料，我还会回来救我的乘客们的。"

听到孩子真实的想法，原来嘲笑他的那些人都怔住了。因为他们发现自己犯了一个巨大的错误，因为没有倾听一个孩子真实的想法，就认定他是自私的，这是对纯洁童心巨大的侮辱。

这个故事也给我们以启示：当别人说话的时候，你真的能够听懂他话的意思吗？你真的能懂吗？如果你不懂，那么就请你听别人把话说完。其实这就是"听的艺术"——第一，就是听话不要听到一半；第二，就是不要把自己的意思，妄加论断地扣到别人的头上。

有的人在听别人说话的时候总是喜欢东张西望，或者是显出非常不耐烦的样子，仿佛恨不得对方能够马上结束那些无聊的言语，这种方式会伤害对方的自尊心。有的时候，你让对方快速地终止谈话的暗示，可能会让他暗自下决心——“以后打死我也不能和他说出真实的想法”。这样一来，不仅不能够达到我们沟通的目的，还会为我们的人际交往留下很多的障碍。这种消极的倾听方式当然是非常不可取的，所以我们需要积极的倾听。

积极的倾听，就是指精力集中、全神贯注地倾听。特别是做一些咨询工作的时候，咨询师是特别需要耐心的，而且要有兴趣去倾听对方。外在的表现一般都是用眼睛一直注视着对方，而且在身体上要显得稍微与对方亲密一些，同时，在倾听的过程中，也需要给对方一些更好的反馈，这样才能表明你是明白和理解对方意图的，比如可以说“嗯”、“是的”、“理解”等词汇或者是点头、微笑之类的动作。

一个积极的倾听方式，其实也是可以运用到对他人的心理开导上的。但是有的人在倾听别人说话的时候总是显得比较急，经常在别人话刚说到一半的时候，他就把别人还没有说出来的意思给说出来了，而且很可能他还把自己的意思强加到别人身上，最后导致了误会的产生。这样的沟通肯定是不成功的。所以，要想加强沟通，更好地了解别人的意思，就千万不能打断别人的话语，要默默地倾听，融会贯通才能更好地沟通。

作为一个倾听者，应该保持一个第三方的立场，能够完整地听完对方的话，在全面了解对方语言信息的基础上，才能够给对方进行正确的分析。其实作为一位倾听的对象，你就是一位伴随者，更是对方的一位知心朋友。他们的倾诉多是由于受到了某些困扰，心理压抑，需要倾诉来发泄郁闷的情绪，良好的倾听对于帮助人宣泄不良情绪，解开心结，回归到正常的状态有很大帮助。这个时候的你，只是一个倾听者，是问题的疏导者，而不是判断对错的人。

所以，我们在倾听的时候，最好不要随意打断对方的话，更不要轻易下结论，因为这时候，他们可能只是需要一个听众，不需要多余的结论。

智慧箴言

◎懂得倾听是沟通最基本的能力，只有通过倾听，我们才能够了解到对方所要表达出的真正含义，如果不懂得倾听，我们往往会主观臆断，甚至歪曲对方的意思，最后将严重影响到人与人之间的关系。

倾听也是一种交流

始吾于人也，听其言而信其行；今吾于人也，听其言而观其行。

——《论语》

倾听是我们人类非常重要的交流方式，更是交际能力重要的组成部分。根据研究发现，在人的一天当中，有40%的时间在倾听，而且社会学专家还指出，在人们的日常语言交往活动中，也就是听说读写中，听的时间大约占了45%，而说的时间大约是30%，读的时间大约是16%，剩下9%的时间就是写的时间了。所以我们从这个数据当中也能够看出来，倾听在一个人的日常交流中是多么的重要。

就拿记者来说吧，记者在进行采访之前，肯定要设计一些采访提纲，但是回答者是不会受到记者采访提纲限制的。有的时候采访者往往可以引导被采访者向着自己设计的思路阐述，但是这种引导肯定不是生拉硬拽，更不能是强迫进行，而应该是以一种看不出来的过渡。要想做到巧妙过渡，有一个非常重要的前提就是要学会倾听，我们只有懂得倾听，才能够抓住对方话语中的信息，这样才能顺势而为，进行巧妙地嫁接。

倾听所表现出来的不仅是对别人的一种恭敬与尊重，更是一份理解。一个人愿意听别人的看法，这会让说话的人觉得我们非常尊重他的意见，也很有利于建立融洽的关系，从而能够更好地沟通。

如果我们能够让对方先开口说话，就可以避免我们与对方竞争的嫌疑。倾听有的时候可以培养良好的开放气氛。因为说话的人不必担心会遇到别人与自己竞争，所以就可以专心致志地讲，当然也就不会为了遮掩矛盾之处来寻找托词了。

假如对方提出了自己的看法，那么，你就有机会据此找到你们两个人观点中的一致性内容。倾听则可以让对方也更加愿意接受你的意见，而这个时候你再说话，就会更容易说服对方了。

记得几年前有一位采访了世界上许多知名人物的记者说过，许多人给别人留下的印象总是不好的，原因就在于他们总是不注意听别人讲话。他们有的时候太过在意或者是太过考虑自己下一句应该说什么，而不是打开自己的耳朵。而世界上很多成功的大人物告诉我们，他们是喜欢听别人讲话的，有的时候他们的善听能力，甚至比任何能力都要强。

有一天，某学校要举行一次重大的活动，于是老师们千叮咛万嘱咐各个班里的同学一定要准时到校，千万不能迟到。可在那一天，小齐却来晚了，而且全校同学里面就只有她一个人迟到。于是，小齐的班主任老师十分生气，对小齐吼道：“你看看你，都什么时候了，全校就你一个人迟到，你说你什么时候迟到不好，偏要在今天，你不知道今天学校有很重要的活动吗？”

当时小齐想解释，但是由于时间太紧张，老师就打断了小齐的话。但当老师把手头的工作忙完之后，才发现小齐眼含泪水，表情伤心、失望又委屈。

这个时候老师也意识到自己可能做错了什么，就轻轻地示意小齐过来，把她叫到自己的身边。当小齐一抬头的那一瞬间，这位老师永远都不会忘记小齐那充满恐惧与不安的目光，里面甚至能看出一丝憎恨。

原来小齐是因为她的妈妈生病了，着急把妈妈送到医院，才迟到了。后来老师知道了事情的真相，就在全班同学面前给小齐道了歉，也得到了小齐的原谅。但是小齐当初那种恐惧、不安，甚至有点憎恨的目光却深深地印在了这位老师的脑海中。

可见不听人解释，会造成不小的误会。所以，有的时候我们要避免打断别人的谈话。也许当别人进行谈话的时候，刚开始还没有进入谈话的实质内容，这个时候你也不要着急去打断对方，多耐心地去听听，给对方理清思路、组织语言的时间，这样更容易赢得对方的好感。千万不要在对方还没有说完时，就打断对方，妄自做出结论。努力地去弄懂对方的真实意图，能够更好地把握住对方谈话的实质。如果我们经常打断别人的谈话，往往就表示我们不善于听别人讲话，甚至是很难与人沟通的。

当然了，还有一种情况是比较特殊的，那就是我们经常说的“乒乓效应”，什么叫“乒乓效应”呢？就是指听别人说话的人总是会在恰当的时候提出许多能够抓住问题关键的意见或者是一些感想，从而来响应对方的说法。还有就是我们一旦听漏了一些地方，或者是有听不懂的地方，我们就要等对方话语告一段落的时候，提出自己心中的疑问。

我们在某些场合要注意抓住对方话语中的关键词。什么叫关键词，就是指描绘具体事物的一些字眼儿，而且这些字眼儿往往能够泄露出很多重要的信息，同时也能够显示对方的兴趣和情绪。我们通过关键词，就可以看出对方喜欢的话题，以及对对方的一种信任。当然，如果我们能够找出对方话语中的关键词，就可以帮助我们来判定对方的说法是否正确。也只有在我们提出自己感兴趣的问题或者想法的时候，对方才会感觉到你是真正关心和在乎他的谈话。

对于一般性的谈话，说话的人为了能够不使听众感到枯燥，他们往往说得都比较动听，甚至有美感，而这就需要对自己的语言进行一个很好的修饰，所以有的话我们听起来不是那么直截了当，其实这些都是很正常的现象。所以，我们不要被这些个别的枝节分散了注意力，而最后忽略掉了对方谈话的实质。

智慧箴言

◎懂得倾听，就懂得做人。很多人在交流中往往会忽视倾听，但是从今天开始，就让我们改变以前的不好习惯，开始注意倾听。有的时候倾听也是一种很美妙的事情，我们能够在倾听中学到很多。

学会倾听，拥有智慧

倾听是心灵的妙药，沟通是情感的桥梁！

——谚语

每个人都有各式各样的朋友，我们与朋友之间在特定的某一点上总是特别一致的，我们无须喜欢这些人的全部，但我们与他们确实有相同之处。你也许有一些喜欢“活动”的朋友，他们喜欢做的一两件事也许正是你所喜欢做的，诸如驾驶帆船、收藏古董、听歌剧、打网球之类——所有这些嗜好你也非常喜欢。可是当你不得不与这些人面对面在餐厅坐上一个半钟头时，你就会发现：还是刚才的人，他们什么也没改变，而这时你会觉得他们极其令人讨厌。

同样，当两个蹒跚学步的小孩在幼儿园一同玩耍时，两位年轻的母亲也许会在一起待上几小时，似乎有聊不完的话题。一旦没有小孩这个前提，这两个生活方式和价值观皆不相同的年轻母亲可能会对彼此毫无兴趣。同样的道理，有一些我们谈不上真正了解、但极富冒险精神的朋友，却往往能成为旅行中的理想伙伴。

最罕见的一类朋友是能倾听的朋友。这些人心平如镜，能够暂时把自己的工作安排和感受搁置起来，专心致志地倾听你的诉说，而不会过多地喧宾夺主，他们是真的对你感兴趣。

孟鑫和肖赞是同班同学，比起肖赞，孟鑫在很多场合更受欢迎。因为他总能受到邀请，经常有人请他去参加聚会。当然，由于孟鑫受人欢迎的原因，他还担任了很多社团的重要职务。

有一天晚上，肖赞碰巧去一个朋友家里参加一个小型的宴会，当他发现孟鑫和一个非常漂亮的女孩子在一个角落里说话，非常好奇，就站在远处仔细观察了一段时间。肖赞发现，那位漂亮的女孩一直在说话，可是孟鑫好像很少说话，他只是有时笑一笑，或者是点点头，仅此而已。几小时以后，宴会结束了。

第二天一大早，当肖赞看见孟鑫的时候，不禁问道：“昨天晚上我在宴会上可看见你和一个非常漂亮、迷人的女孩在一起啊，她好像对你很有好感啊，被你深深吸引了，你到底是怎么做到的？”

孟鑫回答说：“非常简单，当我和她开始说话的时候，我只是对她说：‘你的皮肤很漂亮，你的身材很好，你为什么要来参加这个宴会呢？’于是，我们两个人就聊了起来。今天早晨这位漂亮的女孩打电话给我，说她很喜欢我陪她。她说很想再见到我，因为我是最有意思的谈伴。但说实话，我整个晚上也没有怎么说话。”

其实，孟鑫受到别人欢迎的原因非常简单，就是懂得倾听。

在美国汽车销售行业，有一位著名的销售冠军叫作本杰明·班德拉斯。在他数十年的从业经历中，一共卖出了一万多辆汽车，是迄今为止无人可以超越的纪录。而在吉尼斯世界纪录大全中，更记录了班德拉斯的一项世界纪录：一年之内卖出一千四百辆汽车。能获得这么大的成功，班德拉斯总是认为自己所做的并不多，他所坚持的唯一秘诀就是努力倾听客人说话。

汽车销售员为了吸引顾客的注意，总是滔滔不绝地对客人推荐各种车型，对于车的各类指数介绍个不停，希望可以让客人心动。班德拉斯也曾经非常热衷于使用这一技巧。

有一次，有个富人来到汽车销售门店，打算选购一款汽车送给自己的儿子。班德拉斯立刻热情地迎上去，为他介绍了各款车的优势，并集中推荐了一款适合年轻人的越野车。他说：“这款车您的儿子一定非常喜欢。”

这位顾客前前后后看了几遍，对车的型号和性能都非常满意，他对班德拉斯说：“是的，我的儿子吉米是一个非常好动的年轻人，他这一次可以获得伯克利大学的奖学金实在太令我喜出望外了。只有这辆车才可以表达我对他的祝贺！”

班德拉斯顺势和顾客闲聊了起来，他们说了很多关于车的使用注意事项，也说了很多高中生申请大学的事。他发现，这位顾客特别喜欢说自己的儿子吉米，当他提起这个名字的时候，眼神里掩饰不住的骄傲使他神采飞扬。

闲聊不经意间就过了几小时，班德拉斯提醒顾客：“先生，要是您对车子满意的话，我们现在就去签单吧！”

顾客点点头，一边走一边说：“我很满意，可以签单。吉米很喜欢运动，我希望这款越野车可以带他多走一些地方，增长一下见识，让他能够实现更多的愿望。”

班德拉斯一边点头，一边听顾客说着他儿子的事。可是旁边另一个销售员忽然说了一个好笑的笑话，周围的人都大笑起来。班德拉斯也忍不住转过头去看他们在笑什么。等他再回过头来的时候，那位顾客的脸色却忽然一变，说：“我想再考虑一下！”

班德拉斯忙问：“您对车子还有什么疑问吗？我可以现场为您解答！”

顾客皱着眉头说：“不，我没有疑问，我只是需要慎重地考虑，看这辆车是不是适合吉米。”

看着匆匆离去的顾客，班德拉斯心里充满了疑惑。这些疑惑困扰着他，直到半夜都不能入睡。他搞不明白究竟自己做错了什么，让一个即将签单的顾客忽然离开。如果得不到答案，他一定睡不着觉。

于是，班德拉斯半夜拨通了白天那位顾客的电话，在“嘟嘟”几声之后，电话被接了起来。班德拉斯忙说：“您好，我是白天的那位汽车销售员，我很想知道您今天为什么忽然放弃了那辆车。”

电话那端的人很不高兴地说：“难道你不知道现在是几点吗？”

班德拉斯抱歉地说：“我知道现在的时间不是打电话的时候，可是我实在太想知道答案了，我要成为一个一流的汽车销售员，以至于无法等到天亮，请您一定要告诉我答案。”

那位顾客问：“是吗？那你现在是不是在认真地听我说话？”

班德拉斯回答说：“当然，我现在非常认真。”

那位顾客说：“但是白天的时候，你并不认真。在我说到吉米喜欢运动的时候，你只是在敷衍我，并没有将我的话放在心上。我想，你可能是觉得我已经百分之百会签单了，所以不用付出全部的精神来与我交谈了，也就不再认真听我说话了。但是，我要告诉你：认真的倾听是对顾客最大的尊重。你今天失去了我的单子，算是给你一个教训吧！”

直到此时，班德拉斯才想起自己当时准备签单，一边又听到别人讲的笑话，所以才走神了。为了这一次走神，他损失了一个大单子。而这一次的损失，也让他明白了倾听别人说话是多么的重要。当你对于顾客没有表现出百分之百聚精会神的专注，你就会失去他的信任，自然也会失去他的单子。

在之后的销售生涯里，班德拉斯总是站在顾客的角度，对于顾客说的每一个话题都表现出非常浓厚的兴趣，与他们热烈地交谈。他的做法赢得了许多人的喜爱，而他的销售业绩也自然节节攀升，终于成为销售冠军。

倾听是语言艺术之中最为重要的一项，能够做到安静聆听别人讲话的人，是富有思想并且具备谦虚柔和的心态的人，起初他虽然不太会受到别人的重视，但最终他会赢得别人的尊重。他的虚心会获得大家的喜爱，而他的睿智会获得别人的敬仰。让这种心态充满你的生活，一定会让你获益良多。

智慧箴言

◎学会倾听，我们就能够获得更多的知识，能够在仔细聆听对方的过程中发现一些新的想法。在西方有句非常有名的谚语：“为什么我们人类有两个耳朵、一张嘴，就是让我们多听，少说。”所以，倾听对于我们每个人来说都很重要。

第九章

大智若愚 学会糊涂对待

糊涂，是一种生存智慧，也是一种精神上的超脱。大千世界，林林总总，人毕竟不是神，没有人能够凌驾于这个世界之上。所以，我们在某些场合，应该学会适时放弃自己的精明和心计，装装糊涂，顺其自然。糊涂对待某些人或事物，或许结局会是另一番景象，甚至可能会有意想不到的收获。

糊涂是大智若愚的展现

聪明难，糊涂尤难，由聪明而转入糊涂更难。放一着，退一步，当下安心，非图后来报也。

——郑板桥

郑板桥在山东做官时，民间流传了很多关于他的轶事，其中有一则就是关于“难得糊涂”的来历。据说那一年，郑板桥为了观看郑文公碑，来到了山东莱州的云峰山，山中天色晚得早，他来不及下山天便黑了，无奈之下，郑板桥来到一间山间茅屋的外面，请求主人能收留他一宿。

茅屋的主人是一位儒雅的老翁，自名为糊涂老人。让他惊奇的是，老人的书桌上放着一只质地优良、镂刻精美的砚台，郑板桥极为喜爱。老人见此便请他在砚台的背面题上一句话，郑板桥想了想，写下了“难得糊涂”四个字，并用了“康熙秀才雍正举人乾隆进士”的方印。

因砚台还有空白处，老人便写下了一段跋语：“得美石难，得顽石尤难，由美石而转入顽石更难。美于中，顽于外，藏野人之庐，不入富贵之门也。”他也用了一块方印，印上的字是“院试第一，乡试第二，殿试第三”。郑板桥大吃一惊，这才知道老人原来是一位退隐的官员。

郑板桥眼见砚台还有空隙，又想到了老人的名称，便也写下一段：“聪明难，糊涂尤难，由聪明而转入糊涂更难。放一着，退一步，当下安心，非图后来报也。”

后来“难得糊涂”这四个字经常被一些人当作座右铭，提醒自己做任何事情，要拿得起放得下，要悟透人生。难得糊涂方是人生佳境。

大家都知道三国时候的诸葛亮，他作为刘备的军师，统筹规划，计谋良多，每每都能让刘备转危为安。但诸葛亮也有缺点，他凡事喜欢亲力亲为，然而，这使得诸葛亮劳累过度，“出师未捷身先死，长使英雄泪满襟”，没能完成中兴汉室的大业。

人在该糊涂的时候就要糊涂，有些事要亲自去做，而有些事，要交给下属去做，如果所有的事情都自己做尽了，那么劳心劳力之余，也办不成大事。

在处理人际关系上“糊涂一点”的人，是比较洒脱的人，宋朝的吕蒙正就是一个这样的人。

那时他刚刚当上宰相不久，众官员中有人不忿，嫉妒他的得势，便借着他的出身来打击他：“就吕蒙正那个穷小子，他也配当宰相吗？”吕蒙正此时正在不远处，清晰地听到了别人对他的非议，但出乎意料，他什么都没说，转身走了。他的随从很是愤怒，打算去查查是谁敢这么中伤他们主上。

吕蒙正得知后，劝阻了他们，说：“千万不要去查是谁，我并不想知道。不知道的话我可以很容易忘掉这件事；相反，如果知道了，可能这辈子都会记得，这有什么好处呢？”后来，很多人都知道了这件事，一时之间众说纷纭，有人说吕蒙正宽宏大量，有大将之才；也有人说他糊涂至斯，实在是难当大任。这件事后来被宋太宗知道了，他说：“吕蒙正才真正是宰相肚里能撑船，小事糊涂，大事可半点也不糊涂啊！”

人生在世，不如意事何止一二，能在无伤大雅的小事上一笑置之，何尝不是一种积极的人生态度。遇事糊涂一点，心态放宽一点，凡事不较真儿，顺其自然，你的人生也会更为顺遂。

大凡立身处世，是最需要聪明和智慧的，但聪明与智慧有时候却依赖糊涂才得以体现。

当一个人获得了大智慧，他的外在却往往会表现得非常憨厚，与人相处时也非常平易近人，发表意见的时候总是表现得虚怀若谷，避免过于激烈，这就是大智若愚的人。他们总是将自己隐藏起来，不用心观察就无法看到他们的才华与智慧。

有这样一位爸爸，在对待自己的孩子时，他常以“聪明”自居。他时常训斥自己的孩子：“你真笨，连这样简单的题都不会做！你的老师也是个笨蛋，连这样简单的题也没教会你。来，看你爸爸我的。”在这位“聪明爸爸”的影响下，孩子逐渐对老师的水平也产生了怀疑，从此他上课也不认真听讲了，最终导致学习成绩一落千丈。

无独有偶，还有一位家长，同时也是一位植物学家，但他却以“笨爸爸”自居。有一天，读小学二年级的儿子拿着一株小草去问老师叫什么名字。其实老师也不认识这种草，但这位老师很诚实，她亲切地告诉植物学家的儿子：“你的爸爸是个很有学问的植物学家，他应该知道，你去问他吧，老师也很想知道这株小草的秘密呢!”第二天，这名小学生找到老师说：“我爸爸说他也不认识这株小草，他还说老师一定知道，可能是一时想不起来了。所

以，他让我再回来问问你。另外，他还让我给老师带来了一封信。”老师接过信打开一看，内容是关于这种小草的详细介绍。信的结尾还附了一句话：“关于这个问题，我觉得由老师来直接回答会更为恰当。”

“笨爸爸”很明显比“聪明爸爸”要高明得多，单从孩子的教育层面来讲，“笨爸爸”的教育方式是成功的。以“笨爸爸”自居的植物学家，他本身的才华已经足以对孩子的问题做出解答，而他却并不只是一味地夸耀自己，因为他知道老师的权威性对孩子教育的重要。知识和才华就好比是家中所收藏的财富珍宝，在需要使用的时候，完全可以将它取出来解决问题。但在不需要的时候拿出来炫耀，便不是明智的做法。喜欢表现自己小聪明的人并不知道聪明最重要的不是炫耀，而在使用，在恰当的时机使用恰当的智慧才是最聪明的做法。

郑板桥告诫人们：“聪明有大小之分，糊涂有真假之分，所谓小聪明大糊涂是真糊涂假智慧。而大聪明小糊涂乃假糊涂真智慧。所谓做人难得糊涂，正是大智慧隐藏于难得的糊涂之中。”

从另一个角度来看大智若愚的人，会发现他们只在小事上“愚”，在面对大事时却非常理智。而这种小事中的“愚”正是他们智慧的灵活性表现。在需要表现得“愚”的时候，他们不会因为面子、地位等因素的羁绊而故意表现自己的聪明。而在需要原则的时候，他们则会保持清醒做出最理智的判断。在聪明和糊涂之间来去自如，是大智若愚者灵活性和原则性的通力合作，这也让他们从来不会被世俗的烦恼所侵扰。

曾经担任美国总统的威尔逊先生，在他小时候并没有表现出多聪明，相反，因为发育迟缓，威尔逊小时候总是表现得非常木讷，这也让他身边的很多人都以取笑他为乐。

有一次，小威尔逊在家门口玩，平日最喜欢和他开玩笑的一个邻居笑眯眯地走过来，他的手里还握着两枚硬币，一个是一美元的，一个是五美分的。邻居问威尔逊："小家伙，这两个硬币之中，你只能选择拿走一个，你会选哪一个？"

小威尔逊皱着眉头想了半天，似乎分辨不出它们的差别似的，他说："我要五美分这个。"

周围的邻居们听到这个选择全都笑了，他们都对威尔逊指指点点地说："看来这个孩子真的是个呆子，连一美元和五美分哪一个多都分不清楚。"这件事靠着人们口耳相传，很快就在整个镇子里传开了，大家都嘲笑威尔逊分不清钱。

但是，有很多人还是不相信，他们认为一美元和五美分的差距太明显了，威尔逊怎么会傻到这种地步呢？于是便有人纷纷拿着钱来测试，一美元和五美分的选择成了人们和威尔逊时常玩的游戏。这个游戏玩过了很多次，威尔逊的选择始终是五美分，人们在嘲笑他傻的时候，也更加嘲笑他不会学习。

后来，这个笑话传到了威尔逊的学校，老师和同学们也都知道了威尔逊是一个分不清钱的人，而看到每天都有人用同样的方法戏弄威尔逊，老师也感到非常无奈。

终于，有个老师实在看不下去了，他好心地将威尔逊叫到了自己的办公室，对他说："孩子，难道你真的分不清五美分和一美元之间的差别吗？"

威尔逊的回答让这位老师大吃一惊，他说："老师，我当然知道一美元比五美分要多。但我要了五美分，他们就会不断地找我来试，我就可以不断得到五美分，积攒起来早就超过了一美元。如果我选择的是一美元，那他们就不会再来找我，我就连五美分都赚不到了。"

老师顿时目瞪口呆，原来傻的不是威尔逊，而是那些戏弄他的人。

生活中，智慧和聪明的关系就像是主人和仆人，主人没有仆人的协助不行，会显得非常笨拙狼狈，缺乏效率。但再聪明的仆人还是仆人，永远不可能是主人。仆人需要主人的方向，没有主人的仆人，等于失去了用处。因此，我们必须通过实践去把聪明转变成智慧，在智慧的基础上行动，从而能够事半功倍。

智慧箴言

◎"难得糊涂"是一种经历，只有饱经人生坎坷的人才能懂得其真谛；"难得糊涂"是一种境界，只有心胸宽广的人才能做到收放自如；"难得糊涂"也是一种智慧，只有淡泊名利的人才能领悟到。

糊涂是一种处世策略

美德往往建立在智慧的根基之上，而智慧之花则时常生长于豁达和“糊涂”的土壤里。

——谚语

在日常生活中，我们常听到有些人训斥他人：“你这个人真糊涂、真愚蠢！”因此，人们都觉得“糊涂”是用来骂人的，是贬义。其实不然，糊涂与愚笨是有本质区别的，糊涂并不是傻或低能，相反它是人们内在的一种为人处世的大智慧。

海瑞是中国明朝时期的著名清官，人称“海青天”。他不仅是一个廉洁的官员，还以正直而闻名，就算在没有担任什么重要职务的时候，他都敢于直言，从不会畏惧权贵。

海瑞在入仕之初，曾经在浙江淳安县做过一任知县。他抑制豪强，安抚百姓，获得了很好的声誉，深得民众的爱戴。某一天，县驿站来人告状，声称有人嫌弃驿站的马不够健壮，甚至将管理驿站马匹的官员殴打了一顿，而那个人自称是当朝总督胡宗宪的儿子，所以大家都不敢阻拦。

听到这件事，海瑞非常生气，他急忙赶到驿站，果然看见一个穿着绸缎的人正在殴打一个小吏。可怜的小吏被绑在树上毫无还手之力，周围的人也只能干看着。在这个嚣张的打人者身边，还摆放着十来个箱子，上面贴着总督府的封条。看到这些封条，海瑞确定这个打人者正是胡宗宪的儿子，而那些箱子里一定是胡宗宪平日搜罗的财宝。

众人正在慌乱的时候，海瑞却已经想到了办法。他先是让衙役将箱子全部打开，里面果然都是金银珠宝，嚣张的打人者看他们拆掉了封条，顿时大惊失色。海瑞厉声喝道：“你这个恶人，从哪儿抢劫来的金银？居然还敢冒充总督大人的儿子！”

打人者忙说：“我真的是胡总督的儿子，不信你派人去问。”

海瑞说：“总督大人清正廉洁，上一次他来淳安巡查的时候，还曾经再三地告诫我们不要铺张浪费。如此节俭的总督怎么会有这么多的金银珠宝，何况又是个来路不明的人携带。你这么做是在败坏总督大人的名誉，这种行为必须要严惩。”

说着，海瑞让手下将胡公子的银两全部没收，交给了国库。又写了一封信给胡宗宪，声称自己抓到了一个冒充胡公子的人，并将人一起交给了胡宗宪发落。

收到海瑞的信，胡宗宪被气得七窍生烟。又看到自己的儿子被五花大绑地送回来，他更是气得说不出话来。他本有心为难海瑞，但这件事海瑞又做得无可挑剔，如果胡宗宪承认了那些银子都是自己的，就必须要交代银子的来源。所以，他只好忍气吞声，不敢对别人说起，更不敢告诉别人自己的儿子被海瑞惩治。

就这样，海瑞将计就计，用揣着明白装糊涂的策略整治了胡宗宪和他的儿子。

生活中我们难免会遭遇一些突如其来的境遇，只要你保持镇定，学会糊涂面对，就能化险为夷。再介绍一个有关张作霖装糊涂的故事：

民国时期盘踞在东北的大军阀张作霖，虽然是一方的霸主，但他非常主张全中国人团结起来，和外来的日本侵略者做斗争，这一主张使张作霖受到了当时民主人士的欢迎。

有一次，张作霖受到邀请参加一个名流集聚的聚会。在宴会进行的过程中，几个日本浪人却忽然走了进来，他们恭敬地对张作霖说："张大帅治军有方的美名早就传遍天下了，而我们知道您文武双全，写的毛笔字也非常好，能不能今天赏我们一幅呢？"

其实，大家都知道张作霖出身贫困，没有读过几年书，更不会写多少字。这几个日本人是有意想要让张作霖出丑，而周围又有人不断起哄，让张作霖露一手。大庭广众之下，张作霖只好说："既然盛情难却，那我就献丑了。"说着，他让人准备好了笔墨，便来到了书桌旁写了一个"虎"字。

这个"虎"字是张作霖练了很久才学会的，写完之后他有些得意，便在旁边写上了落款："张作霖手黑"。在宣纸上盖了自己的大印，张作霖志得意满地将它交给日本浪人，请他们欣赏。几个日本人看着那个落款有些面面相觑，搞不懂张作霖是什么意思。

这时周围的人也看到了落款，原本应该是"手墨"的落款，却被张作霖大意写成了"手黑"，这明显是一个大失误。秘书急忙上去，悄悄地对张作霖汇报说："大帅，应该是'手墨'不是'手黑'，您在'墨'字下面少写了一个'土'字。"

张作霖听了，不由得一愣，也注意到了自己的失误。但他很快便镇静下来，面带微笑地说："难道我不知道'墨'字下面还有一个'土'吗？可我这么写是有用意的。你们知道日本人最想得到什么吗？就是我们中国的土！但这也是我们万万不能给他们的，这就叫'寸土不让'。"

话音刚落，这一番慷慨激昂的陈词就获得了满堂喝彩，而等着看笑话的日本浪人也发现张作霖确实不是好惹的，只好悻悻地离开了。

虽然写了错字，但张作霖却可以借题发挥，不仅掩饰了自己的失误，还表明了自己的态度。在这个故事中，张作霖的糊涂是装出来的，更是机智的表现。危急时刻，恰当的糊涂反而给张作霖添彩，让他能够获得众人的称赞。由此看来，糊涂也可以成为一种策略，恰当地掌握糊涂也可以成为一种表现自己的捷径。

智慧箴言

◎真正聪明的人总是喜欢装糊涂，因为糊涂不仅可以体现智慧，还能让他们避免很多无谓的纷争。在处理突发事件的时候，不妨试一试糊涂地面对，学会就势下坡，说不定可以挽回不利的局面，还会有意外的收获。

适当睁一只眼闭一只眼

平凡的人睁着两眼看世界，经常看错。不平凡的人闭一只眼睁一只眼看世界，一目了然。超凡的人闭着双眼用心看世界，所向无敌。

——谚语

世界上没有什么事物是完美无缺的，如果两只眼全睁开，却看不到完美，人们会伤心，两只眼全闭上，又看不见光明了，所以，有时不妨尝试睁一只眼闭一只眼。人生难得糊涂，如果不能糊涂，那么适当学会睁一只眼闭一只眼也是较好的处世方式。

在我们日常生活或社交活动中，难免会与他人产生争执或纠纷，这时单凭言语可能难以说服对方，我们不妨给对方多一些思考、体验的时间，这样往往可能会产生一些言语不能达到的良好效应。比如对待有些事可以适当“睁一只眼，闭一只眼”，这就是上上之策。

20世纪初，法国的一位农学家在德国考察期间第一次吃到了土豆，他觉得很好吃，而且有营养。于是他很想在法国全面推广这种作物，但结果却不尽如人意。他越是热心地宣传土豆的好处，别人越是不相信。甚至有医生认为土豆有害人体健康；还有一些农民断言种植土豆会使土地变得贫瘠，以后无法生长其他作物；而宗教界则称土豆为“鬼苹果”，视其为不祥之物。

然而，这位农学家并没有放弃，经过一段时间的思考后，他终于想出一个新点子。在政府的许可下，他租下了一块出了名的低产田，在里面种上了土豆，并由一支身穿仪仗队制服的卫兵看守，张贴告示称不允许任何人接近这块地。但这些士兵只在白天看守，晚上全部撤走，不留一个人。

人们终于禁不住引诱了，开始在晚上成群结队地来挖土豆，有的挖回去后就煮着吃了，有的把它种到自己的菜园里。就这样，过了没多久，这个推广土豆种植的主意获得成功，法国几乎所有人都知道了土豆——这种美味的食物。

这次推广的成功正是得益于情境的巧用。如果直言土豆好，人们不信，那么换种方式，由专地种植，卫兵看守，这给人们的暗示是：这是贵重物品，由此诱发了人们的好奇心和占有欲。最终人们纷纷行动起来，在栽种和亲自品尝之后，确信了土豆是有益无害的，当然就会完全接受这种作物。而这位农学家，正是利用人们的好奇心理取得了成功。这也得益于他深谙“睁一只眼，闭一只眼”的艺术：睁眼是白天，利用卫兵看守；闭眼是晚上，任人们随便偷。

生活中也是这样，对待有些事完全可以睁一只眼，闭一只眼。俗话说：“人无完人。”每个人都有自己的缺点和不足，在人与人的交往中，如果我们总是睁大眼睛，像显微镜似地观察别人，并且抓住别人的缺点和不足不放，那么，我们永远不会满意对方，甚至还会产生嫌弃、厌恶、敌对的情绪，从而破坏起码的团结关系，最终导致失去亲朋好友。如果我们闭上一只眼睛，以一份宽容的心看待别人的缺点和不足，多给别人一些鼓励和安慰，同时也给自己一份轻松愉悦的心情，生活就变得可爱多了。

中华人民共和国成立之初，有个孤儿被一个双目失明的算命先生收做了徒弟，他们一起闯荡大江南北。某一天，两人正在路边摆摊，徒弟忽然看见人行道上有一枚硬币，他正要伸手去捡，却看见从身后伸出一只手，紧紧地把硬币抓在手里，再一看，手的主人竟然是自己“失明的”师傅。原来师傅的失明是假的。师傅不得不承认说，伪装是为了生计，而且不只是他，很多人为了生计都不得不伪装。你看，路对面那个女人手持药方，步履匆匆、神色慌张，你就知道一定是她的家人得了急病；还有那个男的，大腹便便，讲话打哈哈，你就能猜出是位当官的。掌握了这些，再替人算起命来就容易多了。

徒弟深得教诲，后来也干脆装成了瞎子，戴上一副墨镜周游四方，以“瞎半仙”自居。在他的算命生涯里，找他算命的人可谓三教九流都有，有秘书陪同的官员，也有成功的商人；有身边人替他付算命钱的，也有自己从一只“红包”里抽出钱来的。反正人家都以为他是瞎子，只会闭眼替人算命，不能睁眼看这个现实世界。而事实上，某些人在他眼前一站，他就认出是谁了。但他只是装作糊涂，不揭穿对方的真实身份，久而久之，这位“瞎半仙”变得远近闻名。

算命先生的这种行为就是“睁一只眼，闭一只眼”的艺术。在生活中，这种方法不等于马虎，而是一门学问，包含着物极必反的深奥道理，属于清醒的最高级别，需要倾注大量的心血，进行长年累月的修炼之后，才能自然流露。

所以，对于有些事情，如果我们太过较真儿、盯住不放，可能最终只会两败俱伤，得不偿失。因此，不妨糊涂一下，让自己的人生变得简单而又快乐。

智慧箴言

◎“睁一只眼，闭一只眼”装出来的糊涂，其实只是表面上的糊涂，这种“糊涂”并不是真糊涂，而是“假糊涂”。嘴里说的是“糊涂话”，脸上反映的是“糊涂的表情”，做的却是“明白事”。因此，这种“糊涂”是一种更高的智慧，是精明的特殊表现形式，是适应复杂社会、复杂情景的一种巧妙的处世方式。

糊涂比要聪明更显智慧

糊涂不招人喜欢，聪明也不一定招人喜欢；只有聪明地糊涂着，方皆大欢喜。

——谚语

糊涂是一种可以成就大事业的智慧，能经受住时间的考验。聪明却只能带来一时的成功，因为总有机关算尽的时候。当然，聪明不是错，更不是罪，关键是要用好自己的聪明，把聪明转化为智慧。这样，才能让自己的人生锦上添花，而不会让它成为美丽的泡沫。

人们喜欢用智商来衡量一个人的聪明程度，在生活之中拥有高智商的人必定被认为是聪明的人。但通过对成功人士的调查，会发现并不是高智商的人就会获得成功，在他们之中只有10%的人智商超群，而剩下的90%，则不过是普通人的智商水准。那他们为什么会获得普通人无法获得的成功呢？其根源正在于他们更重视智慧，而非智商。

宋朝时候有个读书人，有一天他闲得无聊，抓了几粒稻子吃起来，觉得又扎嘴、又苦涩。

于是，他想：既然把稻子去掉皮壳，再煮熟就是非常好吃的米饭，那不如把煮熟的米种到地里，将来收获时不就可以直接吃了吗?

在这个想法的指引之下，他把余下的粮食全都煮成了米饭，然后撒到了地里。结果可想而知，所有的粮食都白白浪费了。

这就是好高骛远、自作聪明的结果。

在生活之中我们也会时常看到这样的情形，因为过于想表现自己的聪明，反而变成了耍小聪明。这种愚蠢的行为正是由于他缺乏认识自己的能力，所以不能量力而行。

曾国藩是中国历史上著名的军事家，他为人非常精明，却也因为精明而得到了不少的教训，吃了不少的亏。

在和读书人交往的时候，曾国藩一直都秉承着“人以伪来，我以诚往”的原则，他也时常告诫自己的弟弟曾国荃要真诚对人。在和官场上的人交往时，曾国藩虽然深知人情世故，却经常会做出不合时宜的事情。也正因为他的这种表现，有好多次他都受到了冷遇。

曾国藩曾经反思自己的遭遇，认为这是自己应得的结果。当你以真诚对待读书人的时候，他们自然以真诚来对待你。当你以诡秘来对待官场中人时，别人自然也以诡秘来回馈你。但当你以不合时宜的眼光来看待别人的时候，别人也自然会以同样的眼光看待你。

在反思自己的同时，曾国藩还观察了身边的人。他的朋友李续宾虽然和他一样有一肚子的牢骚，却不懂人情世故。所以李续宾在面对官场中的各类事情时，总是含糊地应对，永远不显露自己的真实想法。正由于此，李续宾的生活过得非常悠然自得，官场升迁也总是有惊无险。相较于曾国藩处处显示自己的精明，李续宾的这种表现才是真的精明。

看到这一切，曾国藩曾经在写给曾国荃的信中说：“处处显露精明终究不是载福之道，还可能会给我们带来意想不到的灾祸。”在写给好友胡林翼的信中，曾国藩也同样表示反省，他说：“唯忘机可以消众机，唯懵懂可以祓（消除）不祥。”

在此后，曾国藩处处实践“忘机”，掩藏着精明，也终于获得了彪炳史册的成就。

曾国藩的一番遭遇告诫后人：做人不可太精明。精明所带来的不是福气，反而会将人引入灾难之中，糊涂一些面对生活中的人和事，反而会让你避免不祥的灾祸。

然而，并不是所有人都能够理解这一点，所以我们依旧可以看到很多人在宣扬自己的精

明，他们喜欢叫嚷着显示自己的聪明，随意地指挥别人，莽撞地否定别人，用自己的标准来判断着别人的对错。这种人最后只能招致别人的厌恶，因为他们不懂得糊涂的道理。

英国首相丘吉尔的聪明智慧已经被无数人证实，但他却喜欢装糊涂。

有一次，丘吉尔和夫人受到一场宴会的邀请，和诸多的外交官一起出席了晚宴。在席间，一名外交官看到主人所展示的银质餐具非常精美，因此爱不释手，最后居然将一只小小的银盘放进了自己的口袋。

这个动作虽然细微，却被女主人发现了。女主人非常着急，因为这一套餐具是她的收藏，如此精美的古董餐具如果丢掉了一只银盘就不能成套，对于主人来说是非常痛心的损失。然而女主人又不好意思叫客人拿出银盘，束手无策之时，她只好求助于丘吉尔。

得知女主人的焦急之后，丘吉尔笑着说："放心，都包在我身上。"

丘吉尔并没有依靠着自己的身份叫那位外交官交出银盘，他只是悄悄地将另外一只银盘放进了自己的口袋。然后，丘吉尔走到了那位外交官的身边，做出一副什么都不知道的样子掏出了银盘，对他说："朋友，我也很喜欢这个银盘，所以刚才悄悄拿了一只。但是，你看我的衣服已经被银盘给弄脏了，这实在不好，不如我们把盘子放回去吧！"

外交官看到丘吉尔也拿了银盘，顿时也不觉得尴尬了，又听到他的提议，忙表示完全赞同。两个人将小银盘又放回了桌子上，看到物归原主的银盘，女主人也露出了轻松的笑容。

事实上，在我们的生活中，经常会遇到一些一时难于处理、难于解决的矛盾和冲突，我们不妨借助"故意的糊涂"，有意识地提醒对方，从而缓和矛盾、化解冲突，以便利用最佳时机解决问题。这种"糊涂"实际上就是"明者远见于未萌，智者避危于无形"，是一种少有的谨慎，也是一种为胜利奠定基础的策略。

智慧箴言

◎明白和糊涂之间没有严格的界线，当它们彼此达到极致的时候，就会有真的明白和真的糊涂。而当它们彼此靠近的时候，又会出现装明白和装糊涂。在生活中，从糊涂到明白非常难，而要从明白到糊涂却很容易。而当一个人真明白却喜欢装糊涂的时候，那才是明白的最高境界。

为人处世需要傻瓜精神

大智若愚，大巧若拙。

——谚语

那些拥有大智慧的人，往往都表现得比较愚钝；而那些身手很灵敏的人，却往往表现得比较笨拙。其实，人生中需要这种适当的“傻”，因为“傻”也是一种美德，也是一种智慧。

生活中，适当的“傻瓜精神”是一种豁达、洒脱的表现，表面的“傻”不等于真傻，恰恰相反，这更能彰显人生的成熟、人情的练达。懂得了这一点，我们才能该聪明的时候聪明，该糊涂的时候糊涂，达到完美处世。

在一个心理测试题中，有人提出：如果要让你到一座荒无人烟的岛上生活，而且只能带走身边的三样东西，你会带什么？

在诸多的选项之中，被最多人选中的是苹果树、山羊和傻瓜。这个答案中的最后一项让很多人觉得奇怪，为什么不选择一个聪明的人和自己一起到孤岛上去呢？原来，那些做出选择的人认为聪明的人不可靠，因为他们会宰掉山羊、砍倒苹果树，说不定最后在饥寒交迫的时候还会对主人下毒手。而只有选择一个傻瓜和自己同行，他才会和自己一起努力，开辟全新的孤岛生活。

傻瓜受到了大家的欢迎，正是因为他们所具备的精神。傻瓜总是坦然地面对生活中的各种变故，不会为了算计别人而绞尽脑汁，也不会因为不能实现的设想而难过。虽然聪明人的各种算计也不一定是坏事，但它却会造成陷阱，让聪明人陷入其中不能自拔。傻瓜的精神在于不期待奇迹，不会为失去的东西而伤悲，也不会为身边潜在的危险而焦虑，他们只是尽全力去做自己能力范围之内的事，而这种精神最后往往会创造出奇迹。

感动无数人的美国电影《阿甘正传》中的主人翁阿甘，正是傻瓜的代表。

阿甘出生在美国南部的亚拉巴马州，这里有一个小镇叫作绿茵堡。阿甘的父亲在他很小的时候便去世了，依靠母亲的抚养，他才得以长大。从小，大家就将阿甘当做白痴看待，谁也不会料到他将来能干出一番大事业。

虽然从小就不是一个聪明的孩子，但阿甘没有在别人的欺负中颓废，他时刻谨记母亲的教诲——母亲说：人生就像一盒巧克力，你永远都不会猜到接下来的一颗是什么滋味。因为这句话，作为生活弱者的阿甘不断地尝试着，他虽然不能掌控自己的生活，却不放弃生活赐给他的每一颗巧克力，因为他想知道它的滋味。

因为从小就有跑步的技能和天赋，阿甘获得了大学橄榄球队的邀请，他不仅进入了大学，而且还顺利毕业，成了大学里的橄榄球明星。

毕业之后，阿甘又参加了军队，为国家效力。在部队里，阿甘结识了两个好朋友，一个是热衷于捕虾的布巴，一个是神经兮兮的丹中尉。在越南战场上，阿甘和朋友们遭遇敌人的伏击，虽然丹中尉要求他原地待命，但为了解救布巴，他还是冲到了枪林弹雨之中。虽然没能救下布巴，但阿甘的努力还是让布巴感到了欣慰。

在战争结束之后，阿甘决定去实践自己对布巴的许诺，去经营一艘捕虾船。丹中尉认为这是不可能的，还嘲笑他说：“你要是可以捕虾，我就是太空人了。”可阿甘却认定了自己的目标，他不断地努力，终于买下了一艘船，成了捕虾船的船长，而丹中尉却成了他的大副。

在爱情上，阿甘一样发扬着傻瓜精神。他从小便爱恋着珍妮，可珍妮却不愿意和他一起过平凡的日子。为了追求刺激，珍妮逃离了阿甘，而阿甘却坚持每天写信给她。珍妮曾经说：“你不懂爱情。”而阿甘却说：“我虽然不聪明，但我知道什么是爱。”在经历了一次又一次的分离之后，阿甘终于赢得了珍妮的芳心，有情人终成眷属。

从这个傻瓜的身上，我们可以看到那种天生的宽容和忍让，这是人类本性之中善良的光辉，而那些自诩为精明的人却失去了它。因为多了一份宽容，所以傻瓜不会去苛求别人，也不会去挑剔生活，如此一来反而更容易发现生活中的幸福，这难道不是生活之中糊涂的智慧吗?

有人曾经这样区分傻瓜和精明人：“那些自以为精明而将别人都当作傻瓜的人，其实才是天底下最傻的人。”从阿甘的故事中，我们看到了他成功的秘诀，正是因为他不在乎常人眼中的得失，所以才让他获得了最终的成功。他的生活是幸福的、快乐的，因为他勇敢追求自己想要的，从来不去在乎别人的歧视，更不会因此而痛苦。在影片的最后，他希望自己的孩子不要和自己一样，说明他知道别人是怎么看自己的，只是他从来不去计较而已。

在生活中，每一个人都会遇到尴尬的时刻，有些人借助了“阿甘精神”来让自己化解尴尬，而有些人却会斤斤计较，最终痛苦的只有自己。适当地糊涂、适当地吃一些小亏，让自己保持谦让的姿态，才可以让你更好地保护自己，更充分地享受人生。

智慧箴言

◎李白有诗云：“大贤虎变愚不测，当年颇似寻常人。”正说明了那些具有突出成就的人虽然有着猛虎一样的志向、蛟龙一样的能力，但他们却让人难以预测，总是适当地掩饰着自己的才能。要做到这一点，正是需要极大的智慧。

遇事不要太认真

财富可以包装一个人，修养可以提升一个人，而糊涂的处世态度能够在危难的时刻保护一个人。

——谚语

聪明和自作聪明有着本质上的差别，那些喜欢动辄大发议论的人，生怕别人不知道自己非常有才华，反而让别人看到了他的盲点。而那些真正了解世态的人，遇事总会一笑而过，似乎不理解其中的利害关系。而他们其实心知肚明，只是因其有着豁达的胸襟，才不去介意。

《菜根谭》里这样写道："涉世浅，点染亦浅，历事深，机械亦深，故君子与其练达，不若朴鲁，与其曲谨，不若疏狂。""涉世浅"是指年轻人刚刚出来，入世不深，污染也不深；"历事深"是告诫我们人生经历的事情太多，机械亦深。这个"机械"，就是代表那个有心计的妄想，所谓机关用尽，那些烦恼也越多。所以才有下面的"故君子与其练达，不若朴鲁，与其曲谨，不若毓狂"，意思是我们通常讲的做人、做事都要学会通达，遇事不可太过较真儿，有时适当的"糊涂"反而会带来意想不到的收获。

那些处世过于较真儿的人往往都很固执、做事比较死板，这样的人很容易走进"死胡同"。因此，我们应该变通一下，不要一条路走到黑，一个死理认到底。俗话说：天下没有过不去的河，也没有解决不了的问题，关键是要懂得"转弯"。

在春秋时期，楚王为了表彰大臣们的功绩，开办了太平宴，邀请群臣与自己同乐。这是一场非常欢乐的宴会，朝中的文武大臣都出席了，还有楚王的嫔妃们也纷纷出来侍宴。宴席之上歌舞升平，美酒佳肴让人们流连忘返，不知不觉天色就变暗了。

楚王看到大臣们意犹未尽，便命人点上蜡烛，继续宴会，还叫出了自己最宠爱的两个嫔妃许姬和麦姬，让她们向大臣们敬酒。

忽然，外面刮起了一阵大风，从窗户里直吹进来，屋里的蜡烛一下子就被吹灭了，整个宴会顿时陷入了一片黑暗之中。

这时，有个人因为暗中钦羡许姬的美貌，便悄悄拉住了她的手。这个举动让许姬非常气愤，她伸手一把扯断了这个人的帽带，然后哭哭啼啼地跑到楚王面前，将刚才的情形告诉了他，并请求楚王："我已经扯断了他的帽带，大王只要点起灯，看看谁的帽带是断的，就知道是谁了。"

楚王听许姬说完，并没有立刻发火，反而命令先不要点起蜡烛。他大声地说："今晚大家都这么高兴，我要和诸位一醉方休。现在就让我们都把帽子摘下来，喝个痛快吧！"

等到蜡烛点起的时候，众人依照楚王的要求都已经摘下了自己的帽子，谁的帽带是断的早就无法分辨了。等到宴会结束，许姬埋怨楚王不该让大家摘下帽子，放过那个轻薄自己的人。而楚王却说："酒后失态是人之常情，要是追究起来只会让宴会变得无趣，这也不是我宴请群臣的目的啊！"

许姬听了，明白了楚王的用意，也理解楚王为什么要装糊涂了。

这个故事虽然只是一件小事，却被后人津津乐道，称之为"绝缨会"。在此事后不久，楚国和郑国发生了战争，有一员猛将总是冲在最前线，立下了汗马功劳。楚王问他为什么要如此拼杀，他才承认自己正是当时在宴会中拉过许姬手的人，正是因为楚王装糊涂不和他计较，才让他感恩戴德，立志效忠。

所以，说话做事可谓是一门大学问，楚王的经历告诉我们，在平日里遇事不可太较真儿，认死理。“水至清则无鱼，人至察则无徒”，太认真了，就会对什么都看不惯，连一个朋友都容不下，自然也会把自己同社会隔绝开来。

不管是工作还是生活，一个拥有宽阔胸怀的人总是更容易得到别人的欢迎。谁也免不了有犯错的时候，如果遇到一个挑剔苛责的人，势必会揪住别人的错误不放。而一个宽容的人则可以用平和的心态来理解别人，给予适当的鼓励。工作中，那些不能放开怀抱的人时刻都在担心自己犯错，也时刻都在关注别人的错误，不仅让别人失去了耐心，也会失去与同事融洽相处的机会。而一个心态平和的人，则可以直爽地表达自己的意见，对于别人的看法也会以客观理智的态度来看待。这不仅是因其度量够大，同时也可以显示出极高的自身修养。

约翰·库缇斯是一个澳大利亚残疾人，有人说上帝缔造他的时候，一定用了另外一副模子。他出生的时候只有可乐罐那么大，腿是畸形的，而且没有肛门，躺在观察室奄奄一息。医生断言他不可能活过24小时，建议他的父亲准备后事。

但三十多年后，约翰·库缇斯依然健康地活着，而且还经常到世界各地发表演讲。一个天生严重残疾的人，变成了世界上著名的激励大师，他的故事耐人寻味……

约翰·库缇斯出生后，由于个子非常矮小，周围的一切对他来说，都像庞然大物，令他有些恐惧。

“你必须自己面对一切恐惧，勇敢起来。”一天，父亲把小约翰和家中那只狗一起关在后院里便躲开了。过了一会儿，发出了狗的嘶鸣声，父亲惊喜地发现，小约翰正骑在那条狗的背上，像一个骄傲的牛仔。

回忆起那次与狗的接触经历，约翰·库缇斯说，当那条狗恶狠狠地扑过来的时候，我只是揪住它的尾巴，用手指在它屁股上使劲捅，终于制伏了那个讨厌的家伙。“如果你觉得恐惧，那么你就学会去面对它!”父亲给小约翰上了人生第一课。

约翰上学的时候，学校里有很多调皮的学生总是欺负他。有一天，约翰回到家中，想着自己被侮辱的遭遇，号啕大哭起来。他想：“为什么只有我的生活这样的悲惨，在学校里，我就像一个怪物，我的存在只是让更多的人得到开心取笑的对象。这样的日子活着还有什么意义？”

“永远都不要认为自己很惨，世界上比你更惨的人多的是，他们都还在活着呢！”母亲搂着他、劝慰他，使小约翰又恢复了活下去的信心。

1987年，17岁的约翰·库缇斯决心自食其力。他在经过成百上千次应聘失败后，终于在一家杂货铺找到了自己的第一份工作。他每天凌晨4：30起床，赶火车到镇上，然后爬上他的滑板，从车站赶到几公里之外的工厂。尽管生活艰辛，但是能够自食其力，约翰勇敢而快乐地生活着。

长大后的约翰成了一名运动健将。他从12岁起，就打室内板球，练习举重和轮椅橄榄球。由于上肢的长期锻炼，他的手臂有着惊人的力量。

1994年，约翰·库缇斯获得澳大利亚残疾人网球赛的冠军；2000年，约翰拿到澳大利亚体育机构的奖学金，并在全国健康举重比赛中获得第二名。约翰还获得了板球、橄榄球的二级教练证书。他用成绩回击了所有的嘲笑和侮辱。

然而，令约翰·库缇斯意想不到的是，自己的人生经历竟然能引起那么大的轰动。

那是在一次午餐会上，约翰应邀作了一个简短的演讲。一个女人跑到台上，哭着说是约翰救了自己的命，因为她觉得自己非常不幸，正准备自杀，听了他的演讲后，她觉得自己应该好好地活下去。

演讲完之后，约翰意识到，讲出自己经历的恐惧和忧伤，讲出自己的挣扎和拼搏，给他人以启迪，真是一件非常重要、非常有意义的事情。

于是，约翰开始了公众演讲。到现在为止，约翰在一百九十多个国家作了八百多场演讲，他用自己的亲身经历，激励和影响了很多人。

世间万物并不是非黑即白，有很多的事物存在于灰色地带，以不同的眼光来看待会有不同的结果。面对灰色区域的人和物，更需要我们多一分理解。心胸开阔、宽容大度的人，遇事总能大事化小、小事化了。因为豁达的人知道，没有多少原则性的大是大非，因此，糊涂一点，人生就会处处充满惊喜。

智慧箴言

◎较真儿的人往往过于保守，而过于保守的人往往都会限定自己的范围，久而久之变成固执，固执就像黏胶一样，最终自己也会被它粘住，不得解脱。因此，处世不可太较真儿，不如适当糊涂一下，放下心中的固执，开放自己，也使自己的心灵得以拓展。

▶吃亏是福，不计较得与失

塞翁失马，焉知非福。

——《淮南子·人间训》

吃亏是福，听起来好像是弱者的自我安慰，可实际上，这句话蕴藏着糊涂处世的大智慧。

你爱吃亏吗？对于这个问题，我想每个人的回答应该都是相同的，那就是“NO”。人生几十年，谁都曾吃过亏，但几乎没有人愿意吃亏。我们经常看到有些人总是与人斤斤计较，处处较劲，为了一点蝇头小利也要与人争得面红耳赤。其实原因很简单，就是他们不想吃亏。

有时我们不妨多想想“吃亏是福”的道理，这对今后的人生会大有裨益。因为，有些东西是你的就跑不掉，不是你的也不必强求。时刻牢记“吃亏是福”才能拥有一颗宽容豁达的心，才能使自己的生活充满阳光。

“打工皇帝”唐骏是诸多年轻人奋斗的榜样，也是一位极其成功的职业经理人。在他没有成为经理人之前，也有一段非常传奇的经历。

在卡拉OK刚刚开始流行的时候，唐骏就敏锐地感觉到这一新事物势必会成为一个风潮。于是他根据卡拉OK的特点设计了一个打分机，在演唱者表演结束的时候，这个设备就会自动根据演唱水平来打分。这一设计让卡拉OK变得更受欢迎。三星公司了解到唐骏的发明之后，提出以8万元来买断这一专利，唐骏欣然答应。

在得到这项专利之后，三星将其广泛地应用在自己的产品中，不过几个月的时间，这一设备就帮助三星的卡拉OK机市场份额提高了百分之十几。为了提高自身的竞争力，日本先锋公司也提出购买这一专利，但必须从三星公司手中购买，而先锋公司付出的代价是150万，远高于三星付给唐骏的费用。

周围的朋友都认为唐骏吃了亏，如果可以保有这个专利，一定可以赚更多的钱。而唐骏却非常坦然地接受了这一事实，还安慰朋友说：“如果没有三星公司的8万块，也就不会有现在的我。正是三星公司教会了我将发明变成商品，让我从一个学者变成一个事业型的人才，这远比得到8万块钱重要。”

和唐骏一样吃过亏的还有软件行业的著名代表人物求伯君，他在呕心沥血地发明了西山打印驱动程序之后，这一程序被四通公司以2000元的价格收购。而四通公司转手却以每一套500元的价格卖出去几百套，获利远超求伯君。

但求伯君却也一样没有心存遗憾，反而认为四通公司没有亏待自己。正是因为四通公司的录用，才让他进入了金山公司，成为WPS软件开发者，进而成为金山公司总裁，让事业获得进一步提升。求伯君说：“更重要的是通过这件事，让我知道了营销是多么重要，这远比获利来得有价值。”

即便是像唐骏和求伯君一样聪明的人，也都会有吃亏的经历，但他们却不认为这是吃亏，相反还都心怀感恩。将吃亏当作是自己的福气，是一种豁达的处世态度，也是一种糊涂的智慧。只有调整好自己的心态，从吃亏之中得到更有价值的教训，才能让我们接下来的路走得更稳健。

孟尝君是战国时期著名的四君子之一，凭借着高贵的社会地位和谦和的处世态度，他吸引了很多士人的投奔，成为他的门客。这其中有一个叫作冯谖的人，也不远万里而来。

孟尝君的封地在薛邑，每年都需要派人去那里收取税收债务。他看到冯谖无所事事，便请他去收租。冯谖就问："将债务都讨回之后，我应该给您买点什么回来呢？"

孟尝君看了看家里什么都不缺，就非常随意地说："随便吧！你买点我们家里没有的东西回来就可以。"

冯谖来到了薛邑，看到这里的老百姓生活困苦，而他去收租时百姓也都纷纷抱怨。于是他召集众人，大声宣布："孟尝君这次派我来，不是收租，而是告诉你们：所有的债务都一笔勾销了。"

众人一听都喜不自禁，纷纷感叹孟尝君仁义，到处都传诵着对孟尝君的赞美。而冯谖空着手回到孟尝君面前，告诉了他自己的所作所为，却让孟尝君非常不满意。冯谖便说："您让我买家里没有的东西，我看家里所缺的正是'义'，所以我焚券市义，以后您就知道这么做的好处了。"

几年之后，孟尝君在朝廷上失去了势力，不得不回到自己的封地。薛邑的百姓听闻这个消息后，对他夹道欢迎。直到此时，孟尝君才知道自己当初虽然损失了一些钱财，却得到了更多，从此对冯谖刮目相看。

孟尝君当年的"付出"并没有想到日后的"回报"，但等他落难时却发挥出了意想不到的效果。这正是糊涂吃亏的智慧。可见，吃亏也可以是好事。

在第一轮的生肖邮票开始印制的时候，有一个邮票厂的工人受到朋友的嘱托，让他帮忙买10版生肖猴票。在20世纪80年代，这样的10版邮票价值56元，这可不是一个小数目。而这位工人的朋友却要求他先代为垫付，等收到邮票的时候再将钱给他。

等到工人自己掏钱买了10版邮票之后，他的那位朋友忽然告诉他：自己不想要那些邮票了。这10版猴票只好落在了工人的手里，他暗自慨叹自己真倒霉，但也没有办法。只好将它们拿回家收了起来。

1991年，邮票市场开始逐渐火暴起来，原来价值5.6元的一版猴票一直飙升到了10万元一版，而当初花了56元买的10版，也就变成了一百万。这个工人喜不自胜。

当初工人不得不将邮票拿回家的时候，他认定自己吃亏了，但后来猴票大涨价的时候，他才知道自己并不是吃亏，反而是得福。可见福祸之间并没有一定的界线，它们可以随时转换。

这个工人的经历告诉我们，朋友相处也应牢记"吃亏是福"的理念。如果只想着占别人的便宜，也许你会得逞一两次，可是，时间久了，谁还会相信你这个朋友？朋友讲究的就是为对方考虑，虽然，"为朋友两肋插刀"是常人难以达到的境界，但凡事多想着点朋友，朋友交往不是一两次，也不是一两天，所以也不能计较是不是吃亏，时间长了，彼此都很了解了，因为偶尔的吃亏，得到一辈子的好友，这难道不是福吗？

在工作之中也时常会出现祸福转换的事，多做一些事情在某些人眼中便是吃亏，而那些肯付出的人则会因为多承担了工作得到更好的锻炼，因为不怕吃亏而获得了更快的成长。当完成了工作，集体获得了成长之时，个人的利益也自然会得到满足。最后所收获的依然是“福”。

智慧箴言

◎“吃亏是福”并不能简单理解，它所说的只是要求大家以平和的心态来对待吃亏，以辩证的态度来分析祸福，而通过这种吃亏提升自己的认识，也自然能够避免在以后吃更多更大的亏，这其实也就是我们说的“福气”了。

忍让克制是良好的修养

巧言乱德，小不忍则乱大谋。

——《论语 · 卫灵公》

忍让并不是妥协，更不是屈服和投降。它是一种策略，它是一种非常务实、通权达变的处世智慧。

忍让是一种道德品质，它能彰显一个人的胸怀，也能显示出一个人内心之中真、善、美的比重。生活之中不可缺少忍让，不管是困境还是顺境，不管对同事还是对家人，都需要一份忍让的胸怀来对待各种不如意，学会忍让是人类可以和谐共处的第一要义。

古人说：“能屈能伸，方为君子。”但如何做到屈伸自如？如何做到忍让有度呢？这其中所隐含的正是做人艺术之中的“弯曲之道”。人生就好比江河，不可能一路狂奔，总要有一些弯弯绕绕，要想在遍布的坎坷之中走出一条坦途，就要学会“弯曲之道”。

有一对夫妇，在经历了多番的互相折磨之后，终于决定分道扬镳。在婚姻即将破裂的时候，他们打算作最后一次旅行，让两个人可以回忆当初恋爱的甜蜜。

当他们旅行到一座由东向西的山谷时，遭遇了一场大雪，前方的道路阻塞，只好暂时先住在山谷的旅馆之中。

这座山谷的南边长满了松树、柏树，树木非常茂盛，而在北坡却只有雪松。夫妻二人看到这一番景象，感到非常好奇。当他们欣赏雪景的时候，发现北坡的雪总是比南坡要大很多，不一会儿雪松上面就落了厚厚的一层。但当雪积累到足够厚的时候，雪松富有弹性的树枝就会慢慢地弯曲，将雪从树枝上抖落下来。这个过程不断重复，虽然雪很大，但雪松却没有因此被压断树枝。

再看南坡的那些松柏，它们的树枝过于坚硬，在风雪中无法弯曲，等大雪积累到一定程度，树枝只能被压断。所以它们便只能生存在雪相对小一些的南坡，而无法享受北坡更为充足的阳光与营养。

妻子对丈夫说："在北坡上肯定也曾经长过松柏，但它们却因为不会弯曲，失去了在这里生存的机会。"丈夫点头说："对啊，只有像雪松一样学会弯曲才能卸掉压力，才能获得生存的机会。"

顿了一会儿，丈夫忽然说："我好像明白了一些什么，外界的压力我们必须承受，而在无法承受的时候又必须要学会弯曲，不然就只能被压垮了，这和我们的婚姻是一样的。"

妻子激动地点点头，他们终于找到挽救婚姻的秘方，两个人紧紧地拥抱在一起。

大自然中的树都是如此，何况人类呢？弯曲不是倒下，也不是投降，它是一种忍耐，是一种人生境界，更是一种生存本领。弯曲之中蕴涵着深刻的人生哲理，懂得适当弯曲的人并非不是大丈夫，它让人学会忍让，是更为完善的人格，也是对困难的超脱。

在生活之中出现的诸多矛盾之中，很多都是由于不懂得忍让而造成的，即便是一点小事，如果要针锋相对也会演变成不共戴天的仇恨，当人们恢复理智，必定会为自己不能忍一时之气而感到后悔。只要稍微学一学忍耐，多一些忍让，许多的矛盾都可以烟消云散，只不过是一个非常简单的道理而已。

在公共汽车上保持卫生是每一个人的责任，但一个时髦的男青年却非常不屑地将一口痰吐在了地上。售票员见状便告诫他："为了保持车厢的卫生，请您不要随地吐痰。"

被当众指出吐痰的恶行，这名男青年顿时觉得非常没有面子，他不但没有道歉，反而恼羞成怒，对售票员开始大骂，一边骂，一边又吐了一口痰在地上。

这一行为让车内的其他乘客非常气愤，而那位售票员小姑娘也被气得面色通红，大家都看着她，不知道她会怎么处理这个难缠的乘客。有人大声地建议将男青年赶下车，也有人要求将他送到派出所。可是售票员稳定了一下自己的情绪，只是告诉大家要坐稳，一边说，一边从口袋里拿出纸巾，将地上的痰擦掉，将纸巾丢进了垃圾箱。然后，就好像一切都没有发生过似的，回到了自己的座位上。

售票员的忍让使得男青年顿时羞红了脸，大家看着她的一系列动作也变得鸦雀无声，纷纷对她竖起大拇指，赞叹售票员真能忍。

车刚到站，那个尴尬的男青年便急忙跳下车去。下车后，他红着脸对售票员喊了一声："对不起！"

遭遇别人的辱骂时，对方蛮不讲理，而售票员却可以做到忍耐，这一点已经非常难得。忍耐让女售票员掌握了事情的主动权，她没有和乘客对骂，更没有将他的羞辱放在心上，反而以自己的忍让使得对方相形见绌。当她擦掉痰迹时，也同时让男青年受到了最大的教训。这种以身作则、忍让大度的举动也使得售票员不战而胜。

虽然倡导文明的标语随处可见，但难免会遇到蛮不讲理的人，和这样的人对峙只能让自己陷入困境，而且还会带来其他意想不到的困难。带给我们的不只是形象的损失，更会让你气愤难平。如果可忍耐一时之气，抑制住自己的脾气，正是对这种人最好的反击。正所谓：忍字心上一把刀，遇事不忍祸必招；如能忍住心中气，过后方知“忍”字高。

智慧箴言

◎生活中，谁都会遇到不顺心的事，在这种情况下，不能爆竹脾气一点就着，更不能针尖儿对麦芒，你倔他更犟。如果这时候我们能有意识地让自己冷静下来，能忍让时就忍让一下，我们的人生也会得到升华，心情也会随之愉悦起来。

含糊其辞胜过直言不讳

以言伤人者，利于刀斧；以术害人者，毒于虎狼。

——林逋

平常所说的糊涂，有时候是指那些真的看不明白的人，而有些时候则是那些看明白之后采取迂回表达的人。前者是真的糊涂，而后者则是一种生活智慧，更是一种谋略。

“模糊”不仅可以描述人们生活中的感受，在讲求精确的科学研究中它也得到了广泛的应用。科学中所指的模糊是一种思维，对那些不清楚事物外延的状态，不清楚事物之间关系的状态，都称之为模糊。而在数学研究中便有模糊数学，用来概括那些无法量化考察的现象。模糊思维的特征就是承认思维的模糊性，它遵循“亦此亦彼”的模糊逻辑，突破传统逻辑“是就是，不是就是不是”的界限，为人们解决模糊事物中间的问题开拓了广阔天地。

清朝时期，嘉庆皇帝登基后，开始着手对前代的一些遗留问题进行清理，在这期间，他准备破格提拔几位曾为前朝作过贡献却被奸臣排挤、打击的官员。但破格提拔官员的事在清朝历代尚无先例，消息传出来后，群臣反应不一。嘉庆帝一时也拿不定主意，便专门去请教老臣纪晓岚。

纪晓岚沉吟良久，说：“陛下，老臣承蒙先帝器重，做官已数十年。从政以来，从未有人敢以重金贿赂我，我也不收厚礼，什么原因呢？这是因为我从不谋私、贪财。但有一样例外，若是亲友有丧，来请老臣为之点主，或作墓志铭，为此他们所馈赠的礼金，老臣是从不会拒绝的。”

嘉庆帝听完纪晓岚的一番话有些摸不着头脑，感到莫名其妙，仔细想了想，才连忙点头称是。回去以后，嘉庆帝定下了破格提拔这批官员的决心。

在生活之中很多事情无法严格界定，在政治之中这种现象尤为突出。纪晓岚对于嘉庆帝的建议正是基于这一点，当他号称自己不收取别人的金钱时，却又提出了有时候收取礼金，因为他要成全老臣后代的孝心，所以收取礼金为他们撰写墓志铭。这一模糊处世让嘉庆帝明白了在提拔官员的过程之中也有很多模糊地带，并不是一味地要按照规定办事。

纪晓岚为什么不明确地提出自己对于官员提拔的建议，也正是因为他有需要模糊的地方。嘉庆帝的举措是否正确，还有待证明；而且他深知皇帝是一个非常有主见的人，如果自己明确提出建议，则有教导的嫌疑，势必引起他的不满。因此，采用模糊建议的方法不仅可以表明纪晓岚的态度，还可以让自己留有余地，同时也让嘉庆帝的面子得到保全，可谓是面面俱到。

其实糊涂与清醒，只隔着薄薄的一层纸。有人大概又要问，到底是糊涂一些好呢，还是清醒好呢？一般的答案一定是后者，可也有人提倡前者。

那些本身就糊涂的人，不用任何思考就表现得很糊涂了。而那些具备聪明才智的人，内心之中可以看清一切事物的本质，却还要装作非常糊涂，则是一件不容易的事。要做到这一点，就要有高出常人的智慧，这和中国古代的思想家老子所提倡的“大智若愚”正是一个道理。

在三国时期，群雄并起，最后得到成功的却是老谋深算的司马懿。他正是一个非常聪明却喜欢装糊涂的人。

司马懿的功绩表非常辉煌：他斗败了聪明绝顶的诸葛亮，在五丈原以大智若愚的态度拖垮了蜀军……这些可以算是他一生最值得骄傲的事了。因出色的战功，他在朝廷上也获得了至高的荣誉，这让皇帝和很多同僚都开始不满，对他充满了猜忌。

面对众人对他的猜忌，司马懿又拿出了他的看家本领，装起了糊涂。他以重病为由，长期在家休养，不愿意参与朝廷的大事，以免引来别人的妒忌。这个举动让很多人以为司马懿已经命不久矣，但对手还是不放心，派人到他家里察看虚实。

前来探访司马懿的人以慰问为由登门，司马懿便就势装糊涂，他假装自己已经到了日薄西山的境地，似乎病入膏肓，马上就要不久于人世了，别人也被他蒙蔽，将这个消息散布了出去，让司马懿的敌人都放松了警惕。

获得宝贵时机的司马懿在暗中不断扩充着自己的力量，网罗了不少的亲信，也让他的两个儿子得到了军事大权。在充足的准备之后，司马懿发动“高平陵之变”，一举推翻了曹家的天下，而魏国的军政大权也瞬间被司马家族掌控。

装糊涂可以成就一个人一生的伟业，司马懿的举措值得很多政治家学习，也对我们每个人都有借鉴作用。通过装糊涂来保全自己，是对一个人智慧的考验，它可为你带来许多意想不到的收获，只要做到“清楚”与“糊涂”的灵活转换，又何愁不能获得成功呢！

智慧箴言

◎内心本来是“清清楚楚”的，却为了适应实际的需要，在外人面前表现出“含含糊糊”的姿态，也许更加有助于达到“圆通”的境界，这也是一种出色的人生智慧。

豁达胸怀，一笑而过

忍一时风平浪静，退一步海阔天空。

——《增广贤文》

林则徐有一句名言：“海纳百川，有容乃大。”与人相处，应该学会豁达，懂得宽容。适当地退让，就会有一分收益；吃一点亏，就积一分福。相反，存一分骄，就多一分屈辱；占一分便宜，就招一次灾祸。所以说：君子应以豁达忍让为上策。

曾国藩曾经说过：“敬以持躬，让以待。”意即要小心翼翼地尊敬别人，不管是位高权重的人还是普通的百姓，你都应该尊重他，就算遭遇了什么不测，也要忍让，只有这样才可以为自己留下余地。这句话不仅适用于官场，对于普通人的生活也非常具有警戒作用。

在春秋战国时期，梁国和楚国是两个相邻的国家，在边界上，双方都设立了界亭，用以守卫边疆。

界亭的亭卒为了补贴生活，都种植一些农作物，其中以西瓜种得最多。梁国的亭卒非常勤劳，对西瓜照料得非常好。而楚国的亭卒则比较懒惰，没过多久西瓜就变得萎靡枯黄。

眼看着梁国的西瓜比自己的长势要好，楚国的亭卒心里非常不是滋味，他们没有反思自己的不足，反而充满了嫉妒。于是，趁着夜色的掩蔽，他们在一个夜晚悄悄跑过国界，来到梁国的瓜田，将他们的西瓜秧全都扯断。

梁国的亭卒第二天早上来到西瓜田里，看到眼前一片狼藉，苦心种植的西瓜都被破坏，一个个非常气愤，便将此事报告给县令宋就，并提出报复对方。

宋就听了这件事，安抚亭卒说：“楚国的人虽然卑鄙，但我们要是和他们一样去扯断瓜秧，岂不是和他们一样了？他们既然做得不对，我们为什么还要跟着学呢！”大家见宋就这么说，便问他有什么好的办法，宋就说：“既然他们妒忌我们的瓜秧长势好，那我们就帮助他们也将西瓜种好。以后每天浇水的时候，也顺便给楚国的瓜秧浇一些，让他们的西瓜长势变好，他们就不会妒忌我们了。”

按照宋就的要求，梁国的亭卒每天都顺便给楚国的西瓜浇水，楚国的亭卒也发现自己家的西瓜长势越来越好。他们跑去一看，发现是梁国人在给楚国的田里浇水，便将这件事汇报给了楚国的县令。县令听了，感到非常惭愧，于是将这件事告诉了楚王，楚王非常感动，于是送了礼物给梁国的国王，对自己国家亭卒的行为表示道歉。

因为宋就以德报怨的举措，梁国和楚国这两个邻居变得空前和睦，百姓的生活也变得安稳了许多。

正是因为有了豁达的心胸和能够忍耐的气度，楚、梁两国才能和睦相处。不仅是国家之间的交往，日常生活中也非常需要宽容和谅解，当我们面对别人的过失时，多一分气量，少一些苛责，以宽宏大度来取代狭窄的心胸，用一些小小的让步就可以换来别人对你更多的尊重，从而化敌为友。

还有这样一部分人，他们总是患得患失，看不到自己得到了什么，反而担心自己会失去什么。在他们的心中，见不了别人的得，也见不了自己的失，故而总是心胸狭隘，烦恼多多。还有些人，则不以物喜，不以己悲，故心胸豁达坦荡，烦恼全无。

东汉时期，朝廷在京城设立了最高学府，让全国的鸿儒都聚集在一起讲学。每到过年的时候，皇帝都会对这些学府里的学者进行一些奖励。

这一年，学府之中张灯结彩，大家都满怀欣喜地迎接新年。皇帝又派人送来了新一年的奖励，可是接过诏书的时候，大家却犯愁了。因为这一年皇帝所赏赐的东西与往年不同，不是金银财宝，而是一群羊。这原本是好事，但羊有肥瘦之分，要是每人一只，势必会有人分到瘦羊，觉得自己吃亏。

看着那些大小不一的羊，学者们开始议论起来，有人主张将这些羊统一宰杀，再按照肉的分量来分配，这样就公平了。但有人提出反对，认为这样太麻烦，不知道什么时候才能拿到肉回家。七嘴八舌地讨论半天，也没有得出什么结论，人人都不希望自己是吃亏的那个人。

正当大家为难的时候，一个叫作甄宇的博士站起来说："其实非常简单，我们每个人牵一只回去不就好了吗？既然大家都谦让，那我就先来牵吧！"

众人听甄宇这么说，纷纷猜测：他要先去牵羊，肯定是挑一只最肥的牵走。可是甄宇却直奔最瘦的那一只，坦然地牵起就走。大家看到这一幕都感到非常惭愧，再也不好意思争来争去，反而开始谦让起来，最后每一个人都牵了一只自己满意的羊回家了。

此事之后，大家都感慨甄宇的高风亮节，这种勇于吃亏的态度让他获得了大家的赞扬，还给他起了一个绰号叫作"瘦羊博士"。

人们之所以时常被烦恼所困扰，正是因为那些不能得到的利益让他们纠结。整天为了一些细微的得失而闷闷不乐是最不明智的人生态度，君子可以过得快乐幸福，是因为他们内心坦荡，不为蝇头小利而牵扯自己的心思，烦恼也就自然远离了他们。如果过于计较得失，人的聪明才智就会集中在小算盘上，让人变得没有远见，整天算计着自己可以得到什么，又哪儿有心思去筹划更为高远的事业呢？

患得患失的人最看重名利，烦恼自然也就最多，他们在为自己攫取利益的同时也在失去别人的尊重与信任，久而久之便会成为社会的孤岛，再难获得别人的真心对待。要想做一个快乐的人，就要放开心胸，对得失一笑而过。

智慧箴言

◎懂得适时放手的人总是乐观的，豁达的心态让他们可以从失去之中找到更多启迪，自然也就会以愉悦的心情面对得失。而那些不懂得放手的人，总是希望可以更紧地抓住自己的利益，为了获得额外的好处而焦头烂额，但他们最终能得到的有限，而失去的却是自己快乐的心情和幸福的生活。

从糊涂中获取更多快乐

在一切言语甚至最普通的言语之中，都有着某种歌唱的韵味。

——卡莱尔

糊涂可以成为快乐的源泉，它好像微风吹走烦恼，好像细雨洗刷忧愁。糊涂的人可以看到生活中的快乐，看不到那些哀伤，因为糊涂已经将不愉快都过滤掉了，剩下的自然就是无限的欣喜。

某公司的小王和男朋友相恋已有五年了，今年他们马上就要走上红地毯了。可最近小王一直愁眉不展，心事重重。按说马上就要做新娘了，应该很快乐才对呀，可小王为什么会这样呢？经过打听大家才知道，原来小王因为和男朋友买房子的事闹起了别扭。小王坚决要求把她的名字也写进房产证里，可这个想法立即遭到男朋友及其父母的反对，理由是购买这套房子的钱全都是男方出的。当然小王也有自己的理由，她说："既然他爱我，就应该在房产证上写上我的名字。"

听完小王这番话，同事们纷纷劝她想开点，反正结婚以后就是一家人了，何必在意房产证上写谁的名字呢？小王却非常固执，她睁大眼睛说："你们怎么这么糊涂？要是将来我们离了婚，房产证上有我的名字，至少我在分割财产上不会被动。"不得不说，小王确实是个精明人，但她这种精明最多只能算是小聪明，而且这种精明也换不回快乐。

而小王的同事小李则是另一番景象了。小李当初和她男朋友买房时根本就没有考虑这些，她男朋友也是对房产证上写谁的名字感觉无所谓。后来房子以小李男友的名义买下了，她和男友就着手开始装修房子了。装修、买家具电器、办婚礼……整个过程忙碌而快乐。小李说，那是她一生中最幸福的一段时光。

所以说，无论在工作还是生活中，都应该适时地装糊涂，对待一些事不可太过较真儿，那样的话只能是自讨没趣。有人总结说，有时候一句太过精明的话会使别人或自己陷入困境，而一个装糊涂的计策很可能挽救一个人的生命。所以说，做人不必太精明，一时糊涂也是人生的一种境界和心态。

武则天是中国历史上唯一的女皇，为了得到权力，她经历了非常惨烈的政治斗争。朝廷之上反对她当政的人很多，为了让权力可以更加稳固，武则天不得不对他们进行了镇压。

在建立新朝之后，人才的短缺也成为一个巨大的现实问题。原来效忠于李唐王朝的大臣，很多人不愿意为武则天做事，她只好重新搜罗人才。在这一过程中，很多门第出身不高、资格也浅的人才脱颖而出，成为武则天的左膀右臂，其中最为著名的便是狄仁杰。

狄仁杰曾经担任过豫州刺史，他当政期间不仅秉持着公平的办事原则，而且执法相当严明，豫州因为狄仁杰的管理而变得井井有条，百姓也安居乐业。武则天听说了他的才能，便立刻提拔狄仁杰到京城，并授予他宰相的职权。

有一次，武则天召见狄仁杰，向他提出一个奇怪的问题，她问：“你在豫州的时候虽然有很好的政绩，但是也有不足的地方，现在就有个人在我面前说你的不是，你想不想知道这个人是谁？”

狄仁杰听了，笑着说：“我不是一个圣人，自然有缺点，别人说我的不是，也是应该的，我所能做的就是改正。如果他说得不对，那是我的幸运；如果他说的对，陛下就可以听取意见惩罚我。至于是谁在背后说我，我不想知道。”

武则天对于狄仁杰的回答非常满意，从此更加信任他，不管小事大事都要征询他的意见。

对于狄仁杰这种甘愿装糊涂的做法，武则天也非常赞赏，因为她知道查明是谁诬陷其实并无一点用处，只会让自己烦恼，反倒不如坦荡一些，让自己保持愉快的心情更重要。

狄仁杰能够在武则天面前做出这样的回答，可见他是一个真正的聪明人。他的回答既恭维了武则天，也免去了自己很多不必要的麻烦。这足以证明适时装糊涂的重要性。我们也可以从这个故事中悟出一些道理，那就是，在一些时候糊涂才是解决问题的最好方法。在问题迎刃而解之后，我们也会从中收获更多的快乐。

小张大学毕业后就去广东下海打拼了，一晃十年时光过去了，如今她已经成了一家百人私企的女老板。

小张每天早出晚归，在公司里事必躬亲，兢兢业业。一天她邀老同学小刘出来喝咖啡，在回忆过去时，小张大倒苦水。她说虽然自己身价千万，可感觉一点都不快乐，公司里大事小事都要她操心，员工的懈怠、公司运营成本的增加、人事的调整都让她不胜其烦。

小刘笑着对她说："既然你是老板，只要把握好公司发展的大方向就好了。公司具体运营中的烦心事，你不妨睁一只眼闭一只眼装糊涂，把这琐事都交给部门经理去摆平。"小张听完之后点了点头。

又过了几个月，再见到小张时，她脸上绽开了笑容，如沐春风。"我现在管得少了，好多时候装糊涂，公司的发展却还不错，自己每天上班都很快乐。"小张高兴地说。

幸福和悲伤总是同行，快乐和烦恼也是伙伴，要想让你的生活多一些幸福和快乐，少一些悲伤和烦恼，完全取决于你怎么看待自己的生活。一些恰当的糊涂可以让人们更快地获得幸福，因为它可以帮助你避开那些烦恼，自然也就多了很多快乐。

智慧箴言

◎拥有快乐是每个人的梦想，当然我们获得快乐的途径也有很多种，从糊涂中获得快乐就是其中之一。每件事情都斤斤计较的人不可能快乐，因为他把太多的心思用在算计别人身上。而很多先人的例子也告诉我们，凡事不必太认真，人生也需要一时糊涂，只有认识到这一点，才能在生活和工作中得到更多的快乐。

第十章

打破常规 独辟蹊径

在我们的人生当中总会遇到各种各样的问题。当人们在面对问题的时候，有人选择了逃避，而有人选择了面对，当然失败与成功也随之有了归属。那些优秀的成功人士从来不为自己找各种借口，也从不逃避问题，他们总是把问题当成一种机会和挑战，最终他们成为成功者。所以，当我们遇到问题的时候，要敢于打破常规，坦然面对，并且学会积极地转换思路，寻求问题的解决方法，唯有如此，成功才能触手可及。

▶培养自己的创新思维

创造力是每一个人都有可能发展的一种能力。把创造力限制在少数科学家、文学家和艺术家的多产创作上是一种陈腐的观念。……创造性是每一个人作为人类的一员都具有天赋潜能，它和心理健康的发展密切相关，在心理健康发展的条件下，人人都可以表现出创造性。

——马斯洛

进行创新并不是一件非常难的事情，只要我们能够改变过去的一些固有模式，推出一种令人耳目一新的、之前没有过的东西，这就是创新。

英国人迪特·威廉姆斯创作了一本名为《化装舞会》的儿童读物，为了吸引读者进而增加销量，他故意在书中设置了一些谜语，让读者根据书中的文字和图画猜一件“宝物”的埋藏地点，并公开宣告这件“宝物”是一只巧夺天工、价值不菲的纯金野兔。

不出所料，《化装舞会》一上架就迅速刮起了一阵旋风，数以万计的青少年甚至各种身份的成年人都对这本书充满了浓厚的兴趣。他们按照自己在书中得到的启示，在英国各地四处寻宝，有的人甚至坚持了长达两年之久。最后，一位白发苍苍的工程师在伦敦西北的浅德福希尔村找到了这只金兔，一场声势浩大的寻宝活动因此才宣告完美落幕。也正是因为宝物和这种独特的寻宝方式的吸引，《化装舞会》的销量突破了300万册，创下了非主流读物的最高销售纪录。

四年之后，威廉姆斯故技重演。他夜以继日地精心策划了一本30页的小册子，描述的是一位养蜂人与四季变化的故事，书中附有16幅彩色插图。深奥的谜语就隐藏在书的字里行间与幻想式的彩色插图中，而谜底则是这本书的名字。1984年5月25日，这本独特著作在7个国家同时发行。威廉姆斯承诺：只要有人猜中了书名，不分国籍、肤色、性别、年龄，都可以得到一个镶着各色宝石的金蜂王饰物。

读者们把猜到的书名运用绘画、雕塑、歌曲，甚至编入电脑程序的形式表现出来。威廉姆斯从读者寄来的各种东西中领悟读者所要表达的信息，并将其转译成文字。虽然谜底并不难，但是只有最富想象力的读者才能得到那件精美的饰物。届时，他将从一个密封的匣子中取出那唯一一本印有名字的书，而书中就藏着那件珍贵的金蜂王饰物。这是种多么浪漫的作者与读者之间的沟通啊！

结果，不到一年的时间，这本小册子全球发行总数就超过了2000万册。最终是谁得到了奖品已经不得而知，但是我们知道的是最大的赢家非威廉姆斯本人莫属，他正是通过那极具诱惑力与新奇感的创意而扬名于世，并让自己一跃而成为大富豪。

好的创意总是会有出人意料的效果。创意的价值所在，其实也是智慧价值的体现。聪明的人未必有创意，但有创意的人一定是聪明的。创意所拥有、所能制造出的价值是无极限的，一个好的创意，往往能使我们在通往成功的路上开辟出一条捷径。

当然我们要做一件事情，如果你是偶然做好的，人们只会说你非常幸运；但是如果你是有计划、有步骤做成的，人们便会说你具有创新意识，有创造性。就拿我们非常熟悉的麦当劳来说吧，它的“产品”其实并没有发明什么新的东西，而且它所生产的“产品”也许在以前任何一家普普通通的小餐馆都可以制作，但是麦当劳连锁店的创始人克洛克却巧妙地运用了文化概念和管理技术，使这些所谓的“产品”有了一个统一的标准，而且还设计出生产的流程和加工工具，制定了各个阶段详细的工作标准，这样就大大提高了资源的使用效率，并以“质量、清洁、服务和价值”这样一丝不苟的企业文化准则和经营观念，开始不断进行市场的开拓，接纳和吸收了越来越多的新顾客，这其实就是创新精神。

还有一家建筑公司，在为一栋新楼安装电线的时候，他们的做法更是堪称有创新性。

在一个建筑工地上，工人们聚集在一起，因为有一个难题几乎难倒了所有的人。这些工人要将一根电线穿过一根足足20米长的管道，这本是他们熟悉的工作，但难度却在于：这个管道的直径只有3厘米，非常细小。更可怕的是，管道被埋在砖石堆里，人们不能随时监控电线的走向，而在管道的中间，还有六个不规则的弯曲。

在没有任何仪器的情况之下，电线塞进管道之后会怎么走都无法预测，更何况还要让它拐弯呢！大家都绞尽脑汁，却又无计可施。

正在准备放弃的时候，有一个装修工忽然站出来说："我有一个办法！"

原来，装修工想到了一个利用白老鼠来牵引的好法子。他从市场买了雌、雄两只白老鼠，将电线绑在了雄老鼠的身上，再将雌老鼠放在管道的另一头，让它发出吱吱的叫声。

在管子这一端的雄老鼠听到了雌老鼠的叫声，顺着管道一直跑了过来，而绑在它身上的电线也从管道里穿了过去。

一个难题就这么轻易地被解决了，大家纷纷竖起大拇指，夸这个装修工聪明。

清华大学的一位著名心理学家给那些期望拥有创造性思维的人提供了一些具体的途径和办法：

首先，自己要努力去选择并勇敢地尝试一些新的事物，哪怕你是一个非常守旧的人。比如，我们可以尽力去结识一些新的朋友，让自己多置身于一些新的环境中，多去尝试一些新的工作，还可以邀请一些与你的观点不同、性格不太一样的朋友到家里来做客。当然，你还可以多和一些你不太熟悉的人交谈，而少和你熟悉的朋友交谈，这样有助你的思维开拓。

其次，不要再绞尽脑汁、费尽心思去为你所做的每一件事找任何借口，当别人问你这件事情你为什么要这么做，不那样做的时候，你并不一定非要说出一个让别人感到可信的理由，从而让别人感到满意，因为决定做任何事情的理由很简单，就是你自己想这样去做。

最后，就是要敢于去冒点风险，因为冒险可以让你摆脱这种日复一日的单调生活。比如说，你上班的时候，不一定非得要乘坐同一种交通工具；还有就是每天早餐不一定总是吃同样的东西，等等。

不管怎么样，请你一定要记住，不要轻易接受"一般人所认为的事情是不可能被改变的"这样的看法，因为在你自己没有亲自去尝试之前，不要轻易地说出"不可能"。当然，如果你去尝试了，并且是以一种坚韧的态度来面对困难和挫折的，那么你很有可能会出人意料地成功。

智慧箴言

◎创新已经成为当前社会的最大需求，这种素质在每一个人身上都有潜力，只需要我们根据环境的变化来调整自己的思维，用激情来发动联想能力，就可以展示出自己的独有的创新意识。要想培养出创新能力，从丰富的生活中寻找激发，也是非常有效的途径。

换个角度，换种思维

山重水复疑无路，柳暗花明又一村。

——陆游

中规中矩并不能保证我们做事不出差错，事物每天都在变化，我们只有突破传统思考方式，不断寻找机会，才能圆满完成自己的任务。在现实生活中，当人们遇到瓶颈问题而一筹莫展时，如果能换个角度考虑问题，情况就会有新改观，问题也就会迎刃而解。

古希腊伟大的哲学家苏格拉底，一直很看好柏拉图，就想让柏拉图跟随他学习，但是柏拉图一开始对苏格拉底并不信服。

一天，苏格拉底带着柏拉图去探访一位远方的朋友，走到一条乡村小路上时，他们看见很多马车载着货物向前行驶。柏拉图对苏格拉底一直很不服气，于是他思索片刻便对苏格拉底说道："我们比一下如何？""好的。"苏格拉底知道柏拉图心中的小九九，就笑着答应了。

"那我们穿过前面的城镇后会合，比一比谁快，先到者为胜。"说着，柏拉图就急不可耐地向前奔去。

柏拉图身体魁梧并且喜爱运动，走路如风一样轻快。谁知路越往前走越难走，有几次，柏拉图都撞到了马车上，所以他不得不放慢速度小心地前行。柏拉图费了九牛二虎之力来到了城镇，看着街道两边的货物和拥挤的人群，开始暗暗着急，只能艰难地前行。当柏拉图历尽千辛万苦地穿越城镇，到达会合地点时，一下子愣住了，原来苏格拉底已经气定神闲地站在会合点了。

柏拉图一边喘着粗气一边擦着汗，疑惑不解地问："您怎么这么快就到了？"

苏格拉底指指另一条路，又指了指自己的脑袋说："很简单，当我看到路上有很多载着货物的马车时，就料定前方肯定有集市。所以我并没有像你一样急于前奔，而是从岔路上绕了过来，这样减少了拥挤，比你走得快，自然就先到了。"

柏拉图听了苏格拉底的话惭愧地低下了头，自此对苏格拉底甚是佩服，恭恭敬敬地叫了声："老师！"经过这件事情，柏拉图虚心学习，最终成了古希腊最伟大的哲学家和思想家之一。

凡事三思而后行，当我们陷入某个思维僵局或者困境中，不妨换种思维方式，让大脑拐一个弯，"以曲代直"可能会进入意想不到的胜境。条条大路通罗马，但总有一条最适合的路。

诺贝尔奖得主莱纳斯·皮林说过："一个好的研究者知道应该发挥哪些构想，而哪些构想应该丢弃，否则，会浪费很多时间在差劲的构想上。"在很多时候，由于种种原因，人们的目标和思维会使自己处于一个两难的境地，这时，最明智的做法是穷则思变，变则通，及时地抽身而退，去开辟其他研究项目，寻找新的成功契机。

杰福斯是美国西部牧场里一个普通的牧童，他的工作非常简单，只需要将羊群驱赶到牧场里，然后让它们在那里安静地吃草，不要越出围栏就好。但是杰福斯却喜欢睡觉，每次当他睡

着了，羊就会跳过栏杆去，将邻居家的菜田弄得一塌糊涂。因为这个，杰福斯被老板训斥了很多次。

有一回，杰福斯又睡着了，当他醒来的时候看到老板已经气红了眼睛，他大喊着："你这个笨蛋，为什么羊每次都会跳出去吃田里的菜？你到底是怎么做牧童的？要是你再不改正，你就要失去这份工作了。"

杰福斯被老板的怒火吓了一跳，他不愿意失去这一份工作，但羊群怎么样才能不跳出去呢？这个问题也让杰福斯非常困扰。

围着栏杆走了一圈，杰福斯发现了一个秘密，在种植着玫瑰花的一个区域里，虽然栅栏不是很牢固，可羊群从来不到这边来，它们宁肯绕远路去别的地方跳跃栅栏。杰福斯仔细一看，原来是因为玫瑰花有刺，所以羊群才躲着。

看到这些，杰福斯马上就想到了一个办法，他想，如果围栏上也有刺，羊群就不会从上面跳过去了。按照这个想法，他立刻找来铁丝，将它们截断成五厘米的小段，然后绑在围栏上面当作刺。

完成这一工作之后，杰福斯仔细观察了羊群，他发现羊来到围栏边上总是被上面的刺扎得跳开，它们再也不敢跳过栅栏去菜田了。杰福斯为自己的发明深感得意，没过多久，他就将这一发明申请了专利，而这种带刺的铁丝网也在全世界开始流行起来。

从另外的视角来看问题，往往可以让我们找到全新的发现，甚至带来翻天覆地的变化。可见全新的思维和判断对于我们的工作和生活是多么重要，它就像一阵清新的风，让人们的生活充满活力。就算有些事情看上去非常复杂，你也可以找到一个简单的角度，化繁为简，通过你的思维和分析让大家眼中的难题迎刃而解。

小李得了一场重病，住进医院准备做手术。可谁也没想到，手术居然失败了，给小李留下了深深的痛苦，他懊恼自己没有选择一家大医院，才让身体遭这么多罪。

同事们都来慰问小李，小李说："没想到给我做手术的居然是一个实习医生，他可能是因为紧张，也可能是因为技术不过关，总之就是失败了。"

大家看到小李虚弱的样子，纷纷安慰他。有人说："医院太不负责了，应该告他。"也有人说："医生也不是故意的，要不然就换一家医院试试看吧。"

听着大家七嘴八舌地议论，小李的脸上一直挂着愁苦的笑，不知道该怎么办才好。这时，他的好朋友小张却说："照我看，没有必要转院，也没有必要找赔偿。我建议你还是继续住在这家医院，下一次的手术也在这里做。"

大家疑惑地问："为什么？他们已经失败了一次，难道还要让他们失败第二次不成？"

小张说："正是因为第一次手术失败了，医院肯定会因此而高度重视你的病情。下一次再做手术，一定会找业务熟练的老医生来给你主刀，在护理上也一定会非常精心周到，因为医院不想看到你的手术再失败，所以一定会争取最好的效果。"

小李听了小张的分析，认为很有道理，便决定继续住在这家医院。

果然，没过多久，医院就从省里请来了著名的专家担任小李的手术主刀，手术也做得非常成功，小李得到了最好的护理，很快就康复出院了。

福祸总是相依相伴，它们之间密不可分，也无法预测。没有人会有百分之百的把握来预测未来的事，所以不管有多么困难，都不要放弃，只需要渡过难关，成功就会向你招手了。

一位老师走进了教室。他拿出一张画有一个黑点的白纸，问他的学生："孩子们，你们看到了什么？"学生们盯住黑点，齐声喊道："一个黑点。"

"难道你们谁也没有看到这张白纸吗？眼光集中在黑点上，黑点会越来越大。生活中你们可不要这样啊！"老师教导说。

教室里鸦雀无声。老师又用白色的粉笔在黑板上画了一个点，问："孩子们，你们又看到了什么？"学生们齐声回答："一个白点。"老师高兴地笑了："孩子们，太好了，无限美好的未来在等着你们！"

的确，人们在寻求幸福的时候，常常因为采取消极式思维处理问题而迷失了方向，最终与幸福背道而驰。如果一味地把事情往坏的方向想、往消极方向考虑，结果必然是源源不断地抱怨和不满，最后甚至会积郁成疾。人生是漫长的，在这一生中总会遭遇各种各样的危机，但只要换一个角度去看问题，你就会有更多新的收获。

智慧箴言

◎在人生的每一个关键时刻，都要审慎地运用智慧，作最正确的判断，选择正确的方向，同时别忘了及时检查自己选择的角度，适时调整。放弃无谓的固执，冷静地用开放的心胸作正确的抉择。

变通才能有所突破

穷则变，变则通，通则久。

——《易经》

什么是变通，就是通过改变自己从而走向成功。你不可能改变过去，但是你可以改变现在；你要想获得成功，就必须先改变自己。

曾国藩可以说是清代的中兴之臣，但是他的那些荣耀不是白白得到的。他曾多次陷入困境，最后都是自己用信心鼓舞自己，才能够走出来。事物发展的方向只可能有两种情况，要么对自己有利，要么不利。曾国藩是深谙变通之道的，他从来不会不切实际地进行搏斗，但是他也不会永远都销声匿迹，而总是在这看起来貌似“不动”中寻求着“变化”的机会。

只要我们不失去信心，就是处境再困难，情况再糟糕，我们也是能够适应的，并且还有能力让事情朝着好的方向发展。

20世纪初，在美国伊利诺伊州一个叫奥克布洛市的地方，有一个名叫雷·克洛克的男孩。他上到高中二年级的时候，因为贫穷辍学了。后来，雷·克洛克打算去做房地产，于是他就在佛罗里达州推销房地产。经过他的不懈努力，好不容易打开了局面，但是就在这个时候，第二次世界大战爆发了，房价急转直下，结果他破产了。

虽然时运不济，但是他并没有把宝贵的时间浪费在怨天尤人上，而是执着地认为自己一定能够成功。

就这样过了半年，他遇到一个名叫普林斯的人，这个人发明了一种多轴奶油搅拌机。雷·克洛克认为这种机器的市场很有潜力，于是他立即与对方谈判，取得机器的专售权，并辞掉自己的工作，开始致力于机器的市场推销，这一干就是15年。

1954年，雷·克洛克决定前往加利福尼亚的圣伯纳地诺城进行考察，他之所以选择去那里，是因为那里有一个小店一次性订购了8台搅拌机，而这对于他来说可是一笔大单子。凭雷·克洛克的直觉，他认为这位客户的买卖一定很兴旺。

果然，当雷·克洛克到了圣伯纳地诺城后，他没有失望，他看到了马克和狄克兄弟开设的一家小汉堡店。于是克洛克马上意识到自己的机会来了，他对马克兄弟说，如果他们能授权自己在全国各地开这样的分店，那么自己将给他们兄弟提取5%的利润作为回报。当时马克兄弟面对这样不劳而获的好事，立刻答应下来。

于是，克洛克开始着手分店的选址工作。1955年4月15日第一家分店在芝加哥正式开业。随后，一家一家分店开张了。1961年，克洛克出了270万美元的高价，向马克兄弟买下了包括名号、商标所有权和烹饪配方等在内的各项专利，这就意味着雷·克洛克完全拥有了这一品牌。如今，克洛克创下的连锁餐店已经在全世界五大洲的121个国家拥有3万家门市，年营业额超过了400亿美元。

现在，克洛克所创建的快餐店可以说是人人皆知，它就是世界两大快餐航母之一，与肯德基并驾齐驱的另一快餐巨头——麦当劳。

智慧箴言

◎社会是发展变化的，人生也会因为这样的变化而不断变化，一个墨守成规的人终将会被社会所淘汰，只有灵活变通的人才能永远立于不败之地，在社会的竞争中求得生存和发展。

▶拥有野心，方可突围

雄心未竟即是野心，野心已达便为雄心。

——高尔基

野心是奇迹的萌发点，也是永恒的特效药；成功者和失败者之间最大的不同，并不是天赋和才能，而是野心。

法国有一位著名的媒体大亨叫作巴拉昂，他一生之中获得了无数的财富，人们一直都在追问他的秘诀。在他死后，法国《科西嘉人报》上刊登了他的遗嘱，他对大家说："我是从一个贫穷的人成长为富人的，在进入天堂之前，我很愿意将自己成为富人的秘诀告诉大家。这个秘诀已经被放在银行的保险箱里，如果有人可以猜中我所认为的穷人最缺少的东西，他就可以从我的资产中获得一部分奖励。"

这条消息刊登之后，很多人都猜测着巴拉昂的想法，不知道他认为穷人最缺少的是什么。有人说，穷人最缺钱，而有人说穷人最缺机会。还有人认为，穷人缺少社会的关爱和帮助，也有人说，穷人缺少的是可以让自己致富的技能。

在巴拉昂逝世一周年的时候，他的律师和代理人在公证部门的监督下公布了他的答案，并且从四万多份来信中找到了给出和巴拉昂一样答案的人，那是一个只有9岁的小女孩，叫蒂娜。

蒂娜认为穷人最缺少的是成为富人的野心，而在巴拉昂的保险箱里锁着的答案也正是这个。记者非常好奇：为什么一个9岁的小女孩可以猜中巴拉昂的答案？对于这个问题，蒂娜说："我认为一个人只要有了野心，就可以获得他想要得到的任何东西。"

巴拉昂的谜底和蒂娜的猜测都出现在了报纸上，法国人为之深深震动，全世界都在慨叹巴拉昂的秘诀。那些获得巨大成功的人都纷纷表示赞同，认为野心真的是奇迹的发祥地，那些贫穷的人之所以不能成为富人，正是因为他们缺少野心。

在巴拉昂的注解中，野心不是指争权夺利，更不是政治家的抱负。他所说的野心是一个人改变现状的不断超越自己的信心，以及让自己不断追寻和实现梦想的决心。人穷不能志短，安于现状，只能一事无成。只有心比天高，立志干一番大事业的人，才能实现心中的梦想。

普拉格曼是美国著名的小说家，但你可知道，就是这么一位有名的小说家，却只有高中学历，确切地说连高中都没有读完。在他的长篇小说授奖典礼上，有位记者问道："你事业成功最关键的转折点是什么？"大家可能都会认为他会回答是童年时母亲的教育，或者少年时老师的栽培，但他的回答却出乎所有人的意料："是'二战'期间在海军服军役的那段生活。"

"我在一次夜间行动中受了伤，舰长下令由一位海军下士驾驶一只小船趁着夜色把我送到岸上进行治疗。但很不幸的是，小船在海上迷失了方向。那位掌舵的下士惊慌失措，甚至想掏枪自杀。我劝他说：'你不要开枪。虽然我们在危机四伏的夜里漂荡了四个多小时，孤立无援，而且我还受了很重的伤，不过，我们还是应该有耐心。'虽然我一直在鼓励那位下士，我却也是一点信心都没有。但还没等我把话说完，突然前方岸上射向敌机的高射炮的爆炸火光将天空照亮了，我们可以借助这个亮光清晰地看到我们的小船距离岸边不过只有三海里远。"

普拉格曼说："那一夜的经历我永远都不会忘记，这件事使我认识到，生活中的很多事情都是不可更改和不可逆转的，在大多数情况下，这些都只是我们的错觉，也正是这些不可更改和不可逆转的现实将我们的生命紧紧地'围'住了。一个人应该永远对生活抱有信心，永不失望。即使在最黑暗、最危险的时候，也要相信光明就在前头。"

"二战"结束之后，普拉格曼立志成为一个作家。在刚开始写小说的时候，他接到过无数次的退稿，熟悉的人也都说他没有这方面的天分。但每当普拉格曼想要放弃的时候，他就会想起那天晚上，于是又鼓起勇气，一次次突破生活中各种各样的"围"，最终成为一位出色的小说家。

还有这样一个故事。

因为出现了意想不到的车祸，道路堵塞，铁路也陷入了瘫痪之中。铁路的分段长作为负责人正好不在，情况非常危急。

按照规定，只有分段长才有权力调车，但如果等他到来的话，势必会让道路堵塞更加严重。眼看着车堵得越来越多，一个电报收发员勇敢地站起来，假冒分段长的名义发出了调令。

阻塞终于被解决了，当分段长回来看到这一切的时候，并没有责怪电报员，相反，他还赞扬了他正确的决策。

由于生活的长期积累，我们每个人都会有一些定式思维，总是认为某些事超出了习惯就是不应该的。但事实上，要想让一个人的能力得到最大限度的发挥，就必须要跳出原有的圈子，用全新的眼光和思维来面对这个世界。敢于突破的人，才能得到真正的机遇。

智慧箴言

◎我们的生活就好像被大海包围的一座小岛，由于已经习惯了岛上的生活，人们不再去想外面的世界，而这也让我们的生活永远局限在岛上。要想让生活得到改变，就要跳出小岛的限制，具备突围的精神，只有这样才能走别人未曾走过的成功路。

创造更多的附加值

无可否认，创造力的运用、自由的创造活动，是人的真正的功能；人的创造活动，是人的真正的功能；人在创造中找到他的真正幸福，证明了这一点。

——阿诺德

“附加值”本是一个经济学的概念，它所代表的是在产品原有的价值基础上所衍生出来的新的价值，这些价值通过生产过程中的有效劳动而产生，让产品的价值得到了提升。其实在我们的生活中，也有很多的人生附加值，我们也要学会为我们自己的人生创造出更多的附加值，只有这样，我们的价值才会得到最大程度的发挥和体现。

在竞争激烈的招聘活动中，一个计算机专业的毕业生获得了最后的面试机会，在他和另外一名竞争者之间会产生最后的胜出者。

电脑公司的人力部门审阅了大学生的简历之后对他说：“你的专业符合我们的要求，现在有一个人和你具有一样的条件，而我们却只能录用一名。因此，我们想知道你还有没有其他可以超越别人的地方？”

面对这个诚恳的问题，大学生非常迅速地回答说：“我的书法很不错，还得过奖。”

人事经理客气地说：“我们是电脑公司，书法在这里没有实用价值。”

就是因为没有竞争力的附加值，这个大学生和工作失之交臂。当“实用”成为评判人才的标准时，强调“附加”的价值，就成为比别人拥有多一份“竞争力”的利器。

有一个非常资深的机长，他在航空公司服务的十多年里一直坚持着一个习惯：每次在起飞的时候，他都会主动地审阅旅客名单，并且从中选择几名旅客作为幸运者，送去写有祝福的感谢卡。机长通过这种方式来赢得旅客的信任，也让航空公司的服务质量得到了最大程度的嘉奖。

另一位超级市场的收银员喜欢“每日一思”这种具有励志作用的小句子，他将自己的“每日一思”输入电脑，印成纸签，作为赠言放入客人的购物袋中。后来，许多顾客都特别前来光顾，并且等在他的柜台前结账，生意好到排长龙的地步。

爱因斯坦在《教育论》中说：“一个人的价值，应当看他贡献什么，而不应当看他取得什么。”贡献并不是号召大家都拿出自己的所有，而是鼓励大家寻找自己人生的最高价值，让自己的附加值得到最大限度地挖掘，因为附加值可以成为人才增值的闪光点。一个人要想获得更多的附加值，就需要在平常的生活中多加积累，需要不断地学习和锻炼，让自己在专业知识之外，还可以得到其他方面的提升。附加值也许不能很快表现出它的功用，但在未来一定会为你的成长起到助力的作用。

一个年轻人到杜兰特的公司工作，晋升得非常快，令所有认识他的人都惊诧不已。

一天，年轻人的一位知心朋友十分好奇地询问他晋升的秘诀。

年轻人无所谓地笑了笑，用非常简短的话答道："这很简单，我上班后就发现，杜兰特先生经常在下班以后还没有回家，还要在办公室工作，而且一直工作到很晚。另外，我发现，杜兰特先生在下班以后经常要寻找一个人替他拿文件，或者是做些其他的事情。于是，我就下定决心，下班以后，我也不回家，就待在办公室。虽然没有人让我这么做，也没有人给我加班费，但是我认为这样做是值得的，因为我可以为杜兰特先生提供帮助。就这样，时间久了，杜兰特先生养成了习惯，一有事情便叫我。"

"那你是什么时候开始提升的？"朋友又问。

"哦，是这样，半年后，我很想了解杜兰特总裁对我的评价，我就大着胆子给杜兰特先生写了封信，虽然我觉得事务繁忙的杜兰特总裁可能不会理睬，但我还是决定给总裁写这封信。"

"你为什么要给总裁写信，你写的是什么信啊？"朋友追问。

"我在信中给总裁提了几个问题和建议，同时，我在信的最后也问了杜兰特总裁一个最重要的问题。"

"快告诉我，你问的什么问题？"朋友迫不及待地问。

"在信中，我问杜兰特总裁，我能否在更重要的位置上干更重要的工作。"

"呵呵，你胆子可真够大的。"朋友笑着说。

"可是你知道吗，总裁回信了，他没有回答我其他问题，只对我最后问的问题作了批示：'刚好公司决定建一个新厂，你去负责监督新厂的机器安装吧。但你要有不升迁也不加薪的准备。'随同那封回信，还有总裁给我的一张施工图纸。"年轻人说。

"你没有经过这方面工作的任何训练，却要在短时间内完成任务，这是非常困难的，你是怎么做的？"

那年轻人答道："我也知道这一点，但我清楚，这是杜兰特先生在考验我。对我来说，这是一个千载难逢的机遇，我如果因为困难而退缩，那么幸运可能永远也不会再降临到我身上的。所以我就拼命地研究图纸，向其他有关人员请教、学习，并和他们一起工作，进行分析研究。后来，我们的工作开展得很顺利，并提前完成了杜兰特总裁交给我的任务。"

"哦，原来是这样，你提前完成了工作任务。你老板是不是当着全公司人员的面表扬了你啊？"朋友兴奋地说

"没有，他没有当着任何人的面表扬我，他甚至连面都没和我见。"年轻人说。

"为什么？"朋友问。

"他只是让一位工作人员交给我一封信。杜兰特总裁在信中说：'当你看到这封信时，也是我祝贺你升任新厂总经理的时候。同时，你的年薪比原来提高10倍。据我所知你是不能看懂这图纸的，但是我想看看你会怎样处理，是临阵退缩还是迎难而上，结果我发现，你不仅具有快速接受新知识的能力，还有出色的领导才能。当你在信中向我要求更重要的职位和更高的薪水时，我便发现你与众不同，这点颇令我欣赏。对于一般人来说，可能想都不会想这样的事，

或者只是想想，但没有勇气去做，而你做了。新公司建成了，我想物色一个总经理。我相信，你是最好的人选，祝你好运。’”

“哈哈，你这家伙真有一套，我很佩服你，你是用勇气和勤奋为自己赢得了未来。”朋友最后若有所思地说。

勇气加勤奋，为自己赢得附加值，这便是成功的秘诀。若要真正印证自己的价值，让自己的人生不断增值，唯有把自己的价值贡献在别人需要的地方。

智慧箴言

◎我们总是讲要突破、要创新，而这样做的目的无非就是为了能给我们带来更多的价值，所以我们要把创新和突破用在有意义的地方，能够给人类带来贡献，不然所谓的创新和突破也是没有任何意义的。

▶要从不同方向找出路

条条大路通罗马。

——谚语

一样的问题，如果我们看待的角度不同，那么解决问题的方法也会截然不同。当你遇到挫折、身处困境而感到绝望的时候，你不妨跳出问题的本身，换个角度来思考一下，这样你就会发现，问题其实根本不是你所想象得那么糟，还是有很多好的时机可以转化。

以绝对的黑白来论是非并不是聪明的做法，因为在黑白之间的灰色地带包含了太多的可能性。一个人看到的世界是什么模样，很大程度上取决于他所选择的角度，就算是遇到了困难，如果可以从积极的方向去解读，也可以得到意想不到的效果。

有一位老太太，寡居多年，只有两个女儿相依为命。女儿们为了生计，做起了小本生意，大女儿卖起了雨伞，小女儿则卖起了草帽。虽然生活一天天变好了，但老太太却整日忧心，连精神都大不如从前。有个邻人见了，就问她为何如此。老太太说："晴天时候，我担心大女儿的雨伞卖不出去；但是下雨的时候，我又担心小女儿的草帽卖不出去。"

邻人听了之后，对老太太说："您老这是白操心了，您看，晴天的时候您的小女儿生意就更好了；而下雨的时候，大女儿就顾客盈门，您还担心什么呢！"老太太一听，顿时恍然大悟，知道自己杞人忧天了。

在大多数的情况下，我们所有的痛苦和烦恼都是我们自己找的。有的时候我们不妨不要去想得太多，能够换个角度来思考问题，这样也许会发现我们面前是一条条宽阔的大路。当然，也只有这样，你才能够不被生活中的挫折和困惑打败，才能懂得生活的真谛。

如果我们能够常常换一种眼光来看问题，就能让我们的心胸更加开阔，不拘泥于眼前的事物。当我们刚刚进入社会而心存一丝恐惧与不安的时候，我们应该把这看成对我们进入社会的第一次考验；而当我们做成功某件事情后，我们千万不要忘记了自己，要想到它其实也可能会走向失败。

还有这样一个故事。

在一个飞机场里，因为天气的缘故，已经有很多航班被延误，准备等到大雾散去之后再起飞。但是等到天气好转的时候，人们发现信号塔的负责人却并不在里面待命，他因为有事出去了。

眼看着拥挤的人群和等到信号的飞机，大家心急如焚。但是信号塔只有等负责人到了才能发出起飞信号，要是别人擅自发出信号就会受到惩罚，甚至会丢掉工作。话务员看到大家束手无策的样子，鼓起勇气走到了信号发射器跟前，按下了起飞信号的按钮，大家都被他的举动吓了一跳，但看到飞机缓缓起飞，也不由得松了一口气，却也开始为这个大胆的话务员担心起来。

和大家所担心的不同，这个话务员并没有受到任何的惩罚，反而还因为果断而受到了嘉奖。因为他不是一味地等待负责人到来，而是另辟蹊径，找到了更有效的解决办法。

换一种立场看问题，从不同的方向寻找出路，你就会明白，生活中是幸福还是痛苦，都取决于人的一种心境，换一种立场看问题，你就会从容坦然地面对生活。

哥伦布为横越大西洋精心筹划了18个春秋。期间，他被人认为是愚蠢的空想家，受尽他人的嘲笑和奚落。

经过无数次辩论和游说，他的真诚和信念终于感动了西班牙国王和王后。他们赐予了哥伦布远航的船只，希望他成功地渡过大西洋。哥伦布不负众望，成功地渡过了大西洋并发现了美洲大陆。

当哥伦布凯旋的时候，举国上下一片欢腾，人们对哥伦布崇拜至极。国王和王后在宫廷里设宴款待他，异常兴奋地向他询问航海过程中遇到的奇闻逸事。

哥伦布受到人们崇拜的同时也因荣耀遭到了很多人的妒忌，他们不屑地说："不就是一个爱做白日梦的穷水手吗？只要有足够大的船只，横渡大西洋有什么了不起的？"听了别人的议论，哥伦布并没有恼怒。他从容地站起来，高声对大家说："如果你们有兴趣，我想邀请在座的各位做一个很简单的游戏。谁能够把一个鸡蛋立起来，我就将我所有的荣誉无条件地交给他。”

每个人都想尽办法努力把鸡蛋立起来，但是结果都失败了。最后，大家一致认为这是办不到的事情。

这时，只见哥伦布顺手拿起一个鸡蛋，把尖端往桌上轻轻磕了一下，鸡蛋就稳稳地站住了。哥伦布表情严肃地说：“你们说做不到，但是我做到了。这件事情非常简单，你们知道应该怎么做之后，谁都能做到。只是，最关键的是谁先想到。”

智慧箴言

◎在我们身边，每时每刻都充满了创造奇迹的机会。将鸡蛋立起来是件很简单的事情，但是在知道方法之前人们却一直认为这是不可能的，“关键在于谁先想到”，考虑在先的人才有可能成为“哥伦布”。

打好手中的牌

机会对于不能利用它的人又有什么用呢？正如风只对于能利用它的人才是动力。

——西蒙

“社会充满不公平现象，你先不要想去改造它，只能先适应它，因为你管不了它。”这句话对刚毕业不久的大学生来说非常有意义。当毕业时的激情、梦想、抱负被现实打击得早已毫无踪迹的时候，就会觉得自己活得很失败，生活中一下子没有了目标、没有了方向！

“社会充满不公”这句话在我们生活中可以经常听到，要想让那些不公平的现象尽量少地在自己身上出现，我们只有先去改变自己。因为那些所谓的“不公平现象”是客观存在的，是我们所无法改变的。我们能改变的只有我们自己，只有自己的心态、观念、价值观改变了，我们才能更好地从另一个角度去认识这个世界。

卡尔是一个非常喜欢小动物的人，他的太太也和他一样对小动物充满了爱心。两个人在家里养了三只小狗，有两只贵宾犬，还有一只是哈士奇。这其中，卡尔对那只哈士奇尤其钟爱，因为它不仅长得威武，而且非常尽职尽责地看护庭院。每次有陌生人上门，或者有人从门口经过，哈士奇都会警觉地竖起耳朵，用敏锐的眼光注视着他。一旦发现异常情况，它就会狂吠起来，引起主人卡尔夫妇的注意。

每次从外面买了狗粮回来，卡尔都会特意给哈士奇带两根骨头。太太笑着说：“你对它这么偏爱，难道你以为它会注意到吗？”

卡尔说：“每次我回家，哈士奇都会飞快地跑过来扑进我的怀里，然后在我的脚边摇着尾巴绕来绕去。不管我去做什么，它都会跟在我身后，开心地摇晃着尾巴。这些难道不能说明它知道我对它的爱护吗？”

太太听了，便笑着说：“但愿如此吧！”

有一个周末，卡尔要去拜访一个好友。他居住的地方离卡尔家不远，所以他穿上外套和妻子打了招呼便随意地走了出去。可当他没走出去多远，天上居然下起了大雨。

突然遭逢大雨，让卡尔措手不及。他比较了一下，此时离朋友家的距离要比离自己家近，所以他在雨中飞快地向朋友家奔跑而去。

被雨淋得像落汤鸡一样的卡尔来到朋友家，虽然引来大家一阵嘲笑，但朋友还是很快就找出了衣服给他换上。卡尔来的时候所穿的是一件黑色的西服，而朋友为他提供的却是一件白色的夹克。不过卡尔非常感激朋友的照顾，为了避免感冒，立刻就换掉了自己身上的湿衣服。

在朋友家愉快地交谈了一下午，并吃过了丰盛的晚餐，卡尔准备告辞回家。可是他的湿衣服却还没有晾干，卡尔说：“这可怎么办，我没有衣服穿回去了。”

朋友笑着说：“没有关系，卡尔。你就穿着我的夹克回家去吧，等到衣服晾干了你再来取走。”

卡尔不好意思地说：“那实在太感谢了，我还真不想穿着湿衣服回家去呢！”

告别了朋友的款待，卡尔沿着来时的路愉快地朝家里走去。夜色已经掩盖了整个城市，他远远地看到自家的窗户里已经亮起了灯，哈士奇正趴在门口等他回家。

卡尔开心地小跑起来，他以为哈士奇会像往常一样飞奔到自己的怀里，然后摇晃着尾巴表示欢迎。但这一次，哈士奇却没有这么做，它警觉地竖起耳朵，看着朝自己跑过来的那个黑影，然后立刻站起来朝着卡尔狂吠。

小狗充满了警告性的叫声让卡尔非常诧异，因为这只哈士奇从来没有用这种声音朝自己叫过。多年养狗的经验告诉他，这种叫声所包含的意思是：我警告你，这里是我的地盘，你要是再靠近我可就不客气了！

卡尔停下脚步，站在院门口远远地看着哈士奇疯狂地叫着，想起妻子曾经说过“它是否理解你的关爱”，顿时心里充满了愤怒——这只可恶的狗，我平时对它那么好，暗中给它那么多好吃的，可它居然像对待敌人一样朝我狂叫，真是没良心啊！

卡尔的太太听到狗叫的声音打开门一看，是自己的丈夫回来了，忙喝止哈士奇的叫声。哈士奇这才不再叫唤，等卡尔走进灯光照射的范围，它也看清了原来是自己的主人。于是它又像往常一样开心地朝卡尔跑过去，想要扑进他的怀里。

而这一次，卡尔没有像往常一样抱住它，而是一脚狠狠地踹在哈士奇的身上。受到突然袭击的小狗委屈地躲在一边，用疑惑的眼神看着自己的主人，似乎是在说：我做错什么了吗？主人为什么要打我！

太太大吃一惊，卡尔从来没有像这样打过小狗。而卡尔的怒气却还没有就此结束，他拿起一根棍子，又朝哈士奇的身上抽打过去。太太忙拉住他问：“亲爱的，你怎么了？谁惹你这么生气？为什么要打它？”

卡尔愤怒地说：“这只恶狗，我养它这么多年，刚才它居然想要咬我！”

听到这话，卡尔的太太生气地夺下他手中的棍子说：“那你又想过它为什么要咬你吗？你看看你自己，早上出门的时候是黑西装，晚上回来是白夹克。而且又从黑暗处跑了过来，小狗怎么会不叫呢？它只是按照你的教导尽到自己的职责而已，变化的人是你，你怎么还要责怪它呢？”卡尔这才恍然大悟，惭愧地将小狗抱在怀里，抚摸着它，一个劲地说“对不起”。

世界变化万端，谁都有可能被人误会，也可能误会别人，但若你有了良好的心态，任何误会都可以化解。如果把我们的一生当做一场牌局，那么好牌和坏牌都可能出现，谁也不会永远都占据在潮头上。当我们跌落暂时的低谷时，不必为它而沮丧，因为这正是一个重新审视自己的机会，让自己通过反省来得到进一步的成功。

桑贾伊是一个从印度来到美国读书的留学生，在经过了多年的努力之后，他终于取得了留美博士的头衔。本来以为有了这一个学历，要去找一份工作是非常简单的事。但桑贾伊却发现，工作机会远没有自己所想的那么多。他不断投递自己的简历到各个公司去，却很少接到面试的通知。

有朋友劝桑贾伊说：“也许你应该找另外一条道路去尝试。”

可是，桑贾伊左思右想却不知道自己该从哪儿下手。自己的专业是计算机，而学历已经达到博士，这么好的专业、这么高的学历却接连碰壁，简直让他失去了生活的信心。万般无奈之下，桑贾伊决定：既然博士找不到工作，那我就换一个身份去找工作吧。

很快，桑贾伊就将自己的简历作了修改，他删除了其中关于学历的部分，只以一个普通求职者的身份投递了简历。不久之后，他果然接到了一个面试通知，不过这只是一个程序录入员工作，相对于桑贾伊本身的学识来说实在是太简单了。

朋友们都笑话他说：“桑贾伊，难道你这么多年的书白读了吗？就算不读博士也可以完成这份工作，你不觉得自己去做程序录入员太浪费了吗？”

可是桑贾伊却摇摇头，笑着说：“没关系，我会证明自己的价值。”

就算稍微有一些学历的人都不愿意去做的低级工作，桑贾伊却做得非常愉快。每天，他都兢兢业业地对待自己的工作，连最简单的部分都做得一丝不苟。有一次，在录入程序的时候，桑贾伊发现其中存在一些错误。于是他很快找到经理，告诉他：“先生，我想这里面可能有一些小小的失误。”

经理仔细看了看，果然有一部分程序被写错了。他感到非常诧异，因为一般的录入员只会简单地将程序抄录而已，桑贾伊却能看出其中的错误，这绝非一般人可比。

于是，经理问：“桑贾伊，我看你的能力已经超出了录入员的水平，你学习过其他的东西吗？”

桑贾伊掏出自己的学士学位证，笑着说：“我曾经学习过一些计算机常识，也许它帮助了我的工作，让我可以辨认出其中的错误。”

经理感到非常欣喜，很快就将桑贾伊提升到更为高级的职位，让他的能力可以得到更大限度的发挥。在新职位做了一段时间，桑贾伊针对公司的业务提出了很多非常有价值的建议。这又引起了经理的注意，这个年轻人远比那些大学毕业生要高明。于是桑贾伊又拿出了自己的硕士学位证，获得了第二次提升。

这两次提升之后，桑贾伊已经成为经理重点关注的对象，因为这个年轻人总是可以给他惊喜，让他觉得桑贾伊身上似乎还蕴藏着更大的能量。经理将桑贾伊推荐给总裁，而总裁也认为桑贾伊的学识与能力远超一般的硕士生水平，在计算机专业知识上他显得更具广度和深度。

于是，总裁找到桑贾伊，希望可以更了解这个年轻人。而桑贾伊也抓住机会，掏出了自己的博士学位证书。总裁非常诧异地问：“年轻人，你既然是一个博士，为什么隐藏自己的身份去做一个低级的录入员的工作呢？”

直到这时，桑贾伊才说出了自己这么做的原因：“当我以博士身份找工作的时候，人们因为我的学历过高而拒绝我，让我失去了展示自己能力的机会。所以，我索性从最基层做起，证明自己不仅有高学历而且还有与之匹配的能力。事实证明，我这么做是对的，如果我当初一直不肯放下身价，以博士自居，总是要求别人尊重我的学历，只愿意去做与博士身份匹配的工作，那说不定我到现在都找不到工作。”

总裁听了桑贾伊这一番话，恍然大悟，他赞叹道：“你的能力其实已经远远超越了别的博士，因为你具有比他们更好的心态。”

桑贾伊在这家公司得到了前所未有的重用，而他的那些博士同学却还有好几个没有找到工作。

将自己的身价放低，甚至让别人看不起自己，和夸耀自己的成就相比，是一件更不易做到的事。因为这要求你首先具有坦然的心态，能够接受远低于你的能力的对待。但这么做却可以为你带来脱颖而出的机会，因为期望值不高，反而更易获得惊喜和满足。只要获得展示机会，又何愁不能释放出自己的光彩呢！

不断追求前进，也是不断追求一个全新的自我，是对自我的重新塑造。这一阶段最重要的是态度，一个积极的态度可以引导我们面对挫折，而消极的态度则会让我们逃避责任。

你也许听过兰迪·波许的故事。

美国卡耐基－梅隆大学计算机系教授兰迪·波许在2007年9月18日发表过一篇著名的演讲，标题是《最后的演讲》。在这次感人肺腑的演讲中，他回忆了自己的一生。当他在10个月之后因为肺癌而去世时，大家更加钦佩这位教授令人尊敬的生命历程。

1982年，兰迪·波许从布朗大学计算机科学系毕业，他成绩优异，通过继续努力，于1988年又获得了卡耐基－梅隆大学的博士学位。毕业后，兰迪·波许就投身于“人与计算机交互”

课程的研究，在此后的10年里，他成为这一领域的先驱，发表了五本著作和六十多篇文章。

2006年的夏天，兰迪·波许发现自己身体出现了变化，医生告诉他，他所得的是“癌中之王”——胰腺癌。这是一种存活率最低的癌症。而当时，兰迪·波许的孩子最大的只有4岁，最小的才三个月。

此后，兰迪·波许接受了手术治疗，这让他的胃只留下1/3，小肠只有几英寸，胰腺只有1/3。巨大的身体变故让他的体重从一百八十多磅变成了一百三十多磅，连走路都成了问题。

兰迪·波许坚持了一年，到2007年时，医生告诉他，最后的时刻已经快要到来了，癌症复发并转移，也许他只有3～6个月的生命。10月份，他发表了那篇著名的演讲——《最后的演讲》。

作为美国大学的传统，“最后的演讲”是让每个教授发表自己即将离开人世时最想说的话。兰迪·波许的演讲无疑是最震撼人心的。他非常幽默，丝毫没有因为死亡而感到悲伤，他不谈论癌症，不谈论死亡，也不谈论宗教和灵魂，他说的最多的是自己的梦想，以及那些实现梦想的过程。人们在兰迪·波许最后的时刻感受到了他对生命的热爱。

兰迪·波许这样解读生命：“你不能改变手中的牌，但你可以决定怎么玩。”在实现梦想的过程中，他发现必须要有真本事才能有所作为，也发现打败挫折并不需要什么诀窍，而只需要坚定地相信自己的梦想。他告诫人们学习帮助别人，督促大家不要丢掉自己的好奇心，而且永远都要保持着坚韧和忠诚。他说：“所谓的幸运，有时真的是机会和准备的结合。”

兰迪·波许离开了他热爱的这个世界，但是他面对死亡的时候是那么从容，他的乐观与豁达让每一个人都备受鼓舞，他让我们知道，死亡是人人都要面对的，死亡并不可怕，可怕的是人知道了自己将死时所经历的那段复杂的心理过程。

智慧箴言

◎当我们面对各种困难的时候，可能一开始并不知道如何去应付，这个时候不如让我们换个方式，从另外一个角度来分析这个问题，这样可能会得到一个意想不到的解决方案，从而让问题迎刃而解。

学会换个角度看问题

成功的秘诀，在于把自己的脚放入他人的鞋子里，进而用他人的角度来考虑事物，服务就是这样的精神，站在客人的立场去看整个世界。

——亨利 · 福特

一个人的一生过得是否幸福，也许不同的人会有不同的看法，而最为关键的因素就是如何选择。如果选择了反面，就只能是眉头紧锁、郁郁寡欢，永远都是一个失败者；而选择正面，生活中就充满了乐观和自信，我们也将成为一个快乐的生活者。

从前有个秀才，千里迢迢来到京城应考，以期金榜题名、光宗耀祖。考试的前几天，秀才做了一个梦，梦见了自己在屋顶上种白菜。后来，画面一转，天空下起了雨，秀才看见梦中的自己举着一把伞，伞下竟然还露出了他戴着的斗笠。清早醒来后，秀才惴惴不安，总觉得这个梦预示着什么，而且还应该与他的考试有关。思来想去，他觉得还是找个算命的讲解一下比较好。

算命先生听了他的描述，捋捋胡须，高深莫测地说："你还是别去应考了，早早回家去吧！"秀才听了，心一沉，马上请求算命先生细细说来。算命先生说："你在屋顶上种白菜，那里又没有土，岂不是白费劲？打伞了还戴斗笠，岂不是多此一举？所以说，今年你的应考一定是徒劳啊！"

秀才失魂落魄地回到客栈，机械地收拾东西，准备结账离开。客栈老板见了，忙问原因，听完之后，他哈哈大笑："读书人啊，你这是要高中啊！你看，屋顶上种白菜，岂不是正应了'高中'！而戴斗笠打伞，那就更说明你有备无患啊！"秀才一听，豁然开朗，谢过老板之后便一心一意备考。揭榜的那天，秀才的名字果然赫然在目，高中探花。

秀才虽然迷信，但还是在客栈老板的点拨下，及时调整了自己的情绪和心态，学会了从另外一个角度积极地看问题，最终获得了成功。

一个人如果总是从负面看问题，就会产生悲观的心理，而这种悲观的心态肯定会成为阻碍你前进的绊脚石。要想克服这种不良的心态，我们就要学会换个角度看问题，因为任何事情都是有利有弊的。同一个问题或者事情，如果我们能够从好的方面去看，也许就会有一个意想不到的结果。

里昂美术学院是法国最负盛名的艺术类院校，要想进入这里学习，必须具有非凡的艺术天分。因此，这里的每一个学生都非常优秀。

伊莎贝拉和埃菲尔正是从这所学校设计系毕业的优等生，她们两个人都踌躇满志，等待着毕业之后可以一展拳脚。但谁料毕业之后的境况却令她们顿时陷入了困境，因为求职的人过多，她们心仪的公司和职位早就人满为患了。

眼看时间一点一点过去了，埃菲尔忽然告诉伊莎贝拉："我要去巴黎了。"

伊莎贝拉忙问："你要去那里求职吗？"

埃菲尔很不好意思地说："不，我的母亲在巴黎一家著名的时尚杂志担任主编，所以我要去她的杂志社工作了。"

虽然埃菲尔是因为她的母亲才获得这个职位，但在找不到工作的同学眼里这依然是令人羡慕的。埃菲尔很快就走了，在那本著名的杂志上也出现了她的名字和她的作品。

当伊莎贝拉看到埃菲尔的插画出现的时候，心里顿时感到酸溜溜的。她面带愤恨地对同学说："埃菲尔的才华远不及我，为什么她能获得这样好的机会？这真的不公平。"

同学安慰伊莎贝拉说："不用担心，你也会有机会展示自己的。"

然而，这些安慰却没能让伊莎贝拉放开心结，她心中对于埃菲尔的妒恨越来越重，以至于不管碰到谁都会说一通对于埃菲尔的不屑。同学和朋友也都慢慢看不惯伊莎贝拉的这种行为，大家开始疏远她，没有人再愿意听她对命运的抱怨和对埃菲尔的妒忌。

随着时间的推移，大多数的人都找到了适合的工作，开始了新的人生旅程。然而伊莎贝拉却一直没有得到一份好工作，虽然也有艺术机构对她挥动橄榄枝，却遭到伊莎贝拉的拒绝。有朋友感到大惑不解，问她："你现在最需要的就是一份工作，为什么不肯接受别人的邀请呢？要知道那可是大多数人梦寐以求的大公司呀！"

伊莎贝拉紧皱着眉头说："虽然那家公司是不错，但我不想去。埃菲尔的能力不如我，却可以进入那么好的时尚杂志，让那么多的人可以看到她的插画。我为什么就不能找到一家更好的公司呢？"

怀抱着这种想法，伊莎贝拉一直坚持找一份远超埃菲尔的工作。但这个愿望要实现起来却非常难，以至于一年多过去了，有很多同学都已经做出了自己的成绩，她还在找工作。

埃菲尔因为获得了好的平台，可以接触到最前沿的时尚资讯，作品的水准得到了大幅度提升。她所在的时尚杂志发行量很高，所以埃菲尔的作品有机会被很多人鉴赏，知名度也越来越高了。同学们都纷纷祝贺埃菲尔，却只有伊莎贝拉一直不肯表示，就算是埃菲尔给她打来电话，她也总是冷漠地挂掉。

两年过去了，埃菲尔的个人画展在巴黎举办，她热情地邀请大学时代的好友前去参观，伊莎贝拉也在其中。她虽然非常不乐意，但拗不过埃菲尔，只好勉为其难地来到展馆。

原本怀着挑剔的心态来到展馆，但当伊莎贝拉看到埃菲尔挂在墙上的作品时，顿时惊呆了！那些画充满了灵气，传达着最新的时尚理念，绘画的手法也和大学时代大不相同，每一幅作品都让伊莎贝拉感到非常震惊。

回到家中，伊莎贝拉展开自己的作品，发现它们还停滞在以前的水平，已经远远追不上自己一向看不起的埃菲尔了。这些年来，自己只顾着抱怨生活的不公，只顾着妒忌埃菲尔，完全忘记了自己的前景。伊莎贝拉想到这些，痛苦地将所有的画都付之一炬，她决定从今天起要抛弃那些抱怨，重新开始新的生活。

接下来的日子里，同学们都失去了伊莎贝拉的消息。她找了一个很小的美术机构，开始了自己的涅槃之旅。在这里虽然做着很简单的工作，可伊莎贝拉却全情投入。她忘记了埃菲尔，忘记了生活的不公，也忘记抱怨自己的坎坷，只顾着埋头在绘画室里创作。当她偶尔想起埃菲尔的时候，时间已经过去了两年。

伊莎贝拉的画作逐渐在美术界引起了注意，很多的评论家认为她是一个很有潜力的未来之星。作为新兴的画家，伊莎贝拉受到展览馆的邀请举办画展。

当记者问她："您是如何迅速崛起成为新星的？"伊莎贝拉笑着说："我只是抛弃了对生活的抱怨而已。"

生活对待每个人都有不公的一面，但如果将全部的精神都投注在对它的抱怨上，你会发现自己失去得更多。这时候，如果我们换个角度，抛弃抱怨，那么一定能看清自己的路，让阳光重返你的内心。

大文人苏东坡有一次被贬谪到了海南岛，海南岛上的孤寂落寞与当初的宾客如云相比，简直就是两个世界，但是苏东坡却认为，天地之大，在孤岛上生活的，也不单单只是他一人；其实大地也是海洋中的孤岛，只是大了点，所以，苏东坡觉得，只要能随遇而安就会快乐。在岛上，他天天都能吃到孤岛的特产，苏东坡觉得很幸福，他甚至想，自己要是能够永远留在此地那该多好。

人生是没有绝对的苦与乐的，换个角度看问题，你将会觉得人生快乐无比。正如海伦·凯勒说的："面对阳光，你就不会看到阴影。"积极的人生观就是心里的阳光！

智慧箴言

◎同一件事情，我们完全可以站在不同的角度来分析，这样得到的答案自然也不一样。所以，无论在什么情况下，遇到什么事情，一定要记得转变思路，以积极的心态来看待和处理问题。

▶迂回战术胜过单刀直入

在战略上，最漫长的迂回道路，常常又是达到目的的最短途径。

——利德尔·哈特

很多优秀的企业家、领导者不仅要曲中见直，而且还要善于迂回曲折，避实就虚，那么就能够以迂为直，就能够以患为利，从而能够丰富自己的管理经验。

具体地说，“迂回曲折，避实就虚”在时间上的运用，就是以持久来代替迅速胜利。等到时机、条件成熟的情况下，我们往往是讲究兵贵神速，速战速决的，但是在条件还不具备，时机还不成熟的情况下，你一定要从长计议，在持久中保持实力，能够在持久中积蓄力量，能够在持久中等待战机。

有一个商人，自幼生长在一个嘈杂的贫民窟里，他和所有在那里出生的孩子一样，好争斗、喝酒、吹牛、逃学。但是，他也有与众不同的地方，那就是赚钱的眼光。他曾经把一辆从街上捡来的玩具车修理好，然后租给同学们玩，每次收取半美分。一个星期之后，他竟赚够了买一辆新玩具车的钱。

初中毕业后，家里没有余钱让他继续读书，但是他凭借从小历练的赚钱眼光成了一个商贩。小五金、电池、柠檬水，他都卖过，而且每一样都做得得心应手。但是，这些都是些小买卖，只能简单地维持生计。终于有一天，一堆服装改变了他的命运。

这是一批由日本运来的服装，面料是丝绸的。但是，运输途中发生了意外，货船被强大的风暴袭击，船上所有的染料都被打翻了，浸染了足足一吨多的服装。

这些被污染的丝绸衣服让日本人很头疼，他们想尽一切办法也无法将它们处理掉。搬进港口再扔掉吧，不仅运输麻烦，而且可能会因为污染环境而遭到环保部门的罚款。于是，日本人决定在回程的路上，把它们抛到大海里去。

日本人起航的前一晚，这个商人在港口的一个地下酒吧喝酒，醉得一塌糊涂，步履蹒跚地走到一位日本海员旁边，竟然和这个海员聊起了天儿。海员向他抱怨起那些令人讨厌的丝绸，酒醉的他却突然清醒了。

第二天，商人雇了一辆卡车，来到港口，找到船长并对他说：“我愿意帮你们把这些服装处理掉。”有人免费帮助处理这些麻烦，船长二话没说便高兴地答应了。

于是，商人没花一分钱就得到了这些丝绸。怎么处理这些丝绸呢？聪明的商人利用它们制成了迷彩服样式的衣服、领带和帽子，几乎是在一夜之间，他靠这批丝绸拥有了10万美元的财富，成了名副其实的商人。

在他掘得第一桶金后，一个偶然的机会，他看上了郊外的一块地。于是他找到地的主人，并以10万美元的价格买了下来。地主一边数着钱一边在心里嘲笑着商人的愚蠢：只有傻子才会看上这么偏僻的地段。但结果却是他没有想到的。

一年后，市政府要在郊外建造环城公路，这块地的价格是原来的一百五十多倍。城里的一位富豪想在这里建造一个别墅群，就找到了他，愿意出2000万美元购买他的土地，商人却不为所动，他认为这块地皮可以值更多。

三年后，如他所料，他的这块地升值到两千四百多万美元。他跃身成了城里的一位新贵，可以和上层人一起出入上流场所。他的同道们对他如何获得这些信息的途径感到很奇怪，甚至有人怀疑他和市政府的高级官员有来往。有人便开始调查他，但是结果却让这些人很失望，商人没有一位在市政府任职的朋友。他的发迹传奇在别人看来是一个谜。

商人活了77岁，他在临死前通过报纸向外界发布了一则消息，说他即将赶赴天堂，只要有谁愿意出100美元，他就愿意给他逝去的亲属带个口信，结果临死前他又赚了10万美元。如果他能在病床上再多坚持几天，还会赚更多。他的遗嘱也十分特别，同样是一则广告，说自己是一名有礼貌的绅士，想找一个有教养的女士同卧一块墓穴。结果，一位贵妇人出资5万美元要求和他一起长眠。

每年去世的人很多，但能像他这样把商业精神坚持到最后的却少之又少，所以，从贫民窟走出来的他成为千万富翁。

试想，商人也不是生来就有钱，而是一步一步脚踏实地，让自己积累更多的财富。所以说，很多时候并不是成功拒人于千里之外，而是人们的坚持不够、信念不足。商人至死不休的信念和坚持，成就了自己的事业和内心。

刘备当年在许昌，为了防止曹操的加害，于是就施展了“韬晦”的计谋，藏而不露，开始在自己家的后院种起白菜来了。于是现在的企业家们就经常借用这一典故，告诉我们要懂得放眼未来，紧紧抓住眼前，把长期计划和短期计划能够安排好。

而“迂回曲折，避实就虚”在空间上的表现就是能够以退为进，学会兜圈子。

司马懿在自己失败以后，就让自己的部队回到营地，不许出来。而当时的诸葛亮为了寻找战机，想了一个计策，他命令自己的部队全部退兵，其实这是为了消除司马懿的疑惑，故意用的缓兵之计，每十天退三十里，看起来就像是真的退兵一样。

足智多谋的司马懿最后还是上当了，于是同意部下进行追击，结果中了埋伏，遭到了严重的损失。

在中国古代的兵书《三十六计》当中，其中有一计是“围魏救赵”，讲的就是如果敌人正面的力量太过强大，我们就应该避实就虚，攻击敌人的薄弱之处。当一个企业处于劣势的时候，也可以实行避实就虚，但是千万不要气馁，这样也许很快就可以东山再起了。

智慧箴言

◎懂得“迂回曲折，避实就虚”就是胜利者。身为领导者在复杂的事物面前，如果能够做到“权轻重”、“计迂直”，很好地认识矛盾，并且能够让矛盾向有利的方向进行转化，可以经常看看，步步紧扣着目标，调用自己的聪明才智，并且变迂曲为近直，就一定可以走向成功。

灵活应变，不要一条路走到黑

既有师法，又有变通。

——刘道醇

经验对于每个人来说都是一笔宝贵的财富，它也是人生成功的要素之一，但一味地按照经验来衡量一个人，却会走进误区。因为经验所代表的毕竟是过去，对于未来的情形并不会完全有用，如果太看重经验，也会让我们错失一些全新的想法和发明。

纽约市士满区有一所穷人学校，是贝纳特牧师在经济大萧条时期创办的。1983年，一位名叫普热罗夫的捷克籍法学博士在作毕业论文时发现，在过去的50年里，从这所学校走出来的学生在纽约警察局的犯罪记录最少。

他突发奇想，上书纽约市市长布隆伯格，要求得到一笔市长基金，对这一课题进行深入调查研究。恰巧当时布隆伯格正为纽约居高不下的犯罪率头疼不已，于是，市长马上同意了普热罗夫的请求，并给他提供了1.5万美元的经费。

普热罗夫凭借这笔钱展开了周密的调查活动。从80岁的老人到7岁的学童，从贝纳特牧师的亲属到在校的老师，无论是在该校学习还是在这所学校工作过的人，只要能打听到他们的住址或信箱，普热罗夫都会给他们寄去一份调查表："圣·贝纳特学院教会了你什么？"

在将近6年的时间里，他一共收到3756份答卷。在这些答卷中有74%的人给了同一个答案，他们在学校知道了一支铅笔有多少种用途。

普热罗夫首先采访了曾在这所学校学习的一个皮货商店的老板，他现在经营着纽约市最大的一家皮货店。老板说："是的，贝纳特牧师教给了我们一支铅笔有多少种用途。这是我们入学的第一篇作文的题目。以前，我只知道铅笔的一种用途，那就是写字。从那以后才知道铅笔不仅能用来写字，必要时还能用来做尺子画线；还能作为礼品送人表示友爱；能当商品出售得到利润；铅笔芯磨成粉后可以做润滑粉；演出时可以用来化妆；削下的木屑可以做成装饰画；一支铅笔按相等的比例锯成若干份，能做成一副象棋，能当作玩具的轮子；在野外有险情时，铅笔抽掉芯还能被当作吸管喝石缝中的水；在遇到坏人时，削尖的铅笔还能作为自卫的武器……总之，一支铅笔有无数种用途。贝纳特牧师让我们这些穷人家的孩子明白了，铅笔尚且有如此之多的用途，何况我们这些有眼睛、鼻子、耳朵、大脑和手脚的人呢？任何一种'用途'都可以使我们生存下去。我原来是个电车司机，后来失业了。但是我知道我还有很多'用途'，我还可以创造更多的价值。你看，现在我是一个成功的皮货商。"

普热罗夫接着又采访了一些圣·贝纳特学院毕业的学生，发现无论贫富，他们都有一份职业，并且生活得非常快乐。他们每个人都至少能列出一支铅笔20种以上的用途。

普热罗夫再也按捺不住这一调查给他带来的兴奋。调查一结束，他就放弃了在美国寻找律师工作的想法，匆匆赶回了捷克。他明白了自己也是一支有无数种用途的铅笔，可以创造不同的价值。

终于，他成了捷克最大的一家网络公司的总裁。2000年圣诞之夜，他用E-mail给纽约市政厅发了一份调研报告：《醒着的世界及它的休眠状态》，算是对前任市长的报答。

只要肯用心去找，可以知道一支小小的铅笔的无数种用途。只要肯用心，就会在人的身上找到无数的优点，换种角度看待自己，就能找到无数的出路，找到无数的幸福，实现自己更多的价值。

在苍茫的大海上，风雨交加，一艘远洋货轮不幸触礁沉没。在汹涌的海浪里，只有10个船员幸运地存活了下来，他们被海浪推到了一座荒无人烟的小岛上。

虽然可以暂时活下来，但船员们面对的情形却并不乐观，因为这座小岛上什么都没有，除了石头之外他们见不到任何的动物和植物，甚至连水都找不到，几天下来大家又渴又饿，马上就要撑不住了。

船员们在太阳下被暴晒着，他们马上就要渴死了，可是人们都知道海水不能喝，所以没有一个人去喝海水。唯一的希望就是可以下一场雨，或者有路过的船只解救他们。但最后，这两个希望都落空了，10个船员有9个都相继渴死了。

最后一个船员看着自己的兄弟一个个死去，心里万分悲痛，但他也一样干渴。他知道自己支撑不下去几天了，想到反正都是一死，他拼命跑进大海里，捧着海水咕噜咕噜地喝了起来。等到这个船员喝完，才发现这里的海水并没有苦涩的味道，反而像饮用水一样甘甜。

原来这里的海水经过长期的沉淀，已经足以饮用了。正是因为敢于尝试和突破，这个幸运的船员等到了路过的船只，得到了解救，最终活了下来。

当人们把这里的海水化验之后才发现这里的海水是完全可以喝的，因为这里的海水已经成了泉水。

谁都知道海水是咸的，根本不能饮用，这是很基本的常识，因此，9个船员被渴死了。是“环境”害死了他们，还是“经验”葬送了他们？

生活中这样的例子不胜枚举，许多人正是被他们自认优势的经验毁掉了。相反，又有许多人正是因为不被经验所束缚，另辟蹊径，才创造出了一番人生的辉煌。这样的例子同样不胜枚举。比如爱因斯坦之于经典力学，牛顿发现引力定律；中国古代脍炙人口的大禹治水、曹冲称象，等等。

爱迪生是世界最伟大的发明家之一，记得有一次，他需要做一个实验，于是他让他的助手去测量一个梨形玻璃器皿的容积。这位助手听到爱迪生的命令之后，想都不想就按照平时最常规的方法，把这个梨形玻璃器皿的长、宽、高数据进行反复地测量，还在纸上画了好多的图纸，可是最后这名助手还是没有测出来，因为这个玻璃器皿的形状真的是太奇怪了，要是按照常规的办法，要想算出它的容积，是太麻烦了。

爱迪生正在做实验，着急要这一容器的容积数据，可是他等了很长时间却发现助手一直用笔在算什么，爱迪生过去之后才发现，这位助手正在用测出的容器的长、宽、高来算容积。于是爱迪生对他说："你去把器皿装满水，再将水倒入量杯，这样这个容器的容积不是很快就算出来了嘛！"助手这时才恍然大悟地叫道："对呀，量杯上的刻度就能算出水的体积，而水的体积也就是器皿的容积。"

就这样，那个形状奇特的梨形器皿的容器被测了出来。

科学技术和人类社会是不断发展的，永远不会停止在一个水平上，新知识、新技术和新矛盾、新问题层出不穷，往往需要人们不断创新、不断开拓，以推动事物和社会向前发展。如果总是依照着经验的指导，人们就会丧失分析和解决问题的能力，只能在原有的基础上进行重复，而不会得到进步，这又怎么能够满足新事物对人的要求呢？

智慧箴言

◎创新已经成为这个时代最强劲的号角。个人要创新，企业要创新，国家也要创新；创新的不只有思维、方法，还有体制、管理。我们做事情未必要把所有的经验都统统抛弃，但是必须高扬创新这面大旗，这样才能成功。

▶察言观色，抓住对方的心理

对微小事物的仔细观察，就是事业、艺术、科学及生命各方面的成功秘诀。

——史迈尔

学会察言观色，不仅有利于我们工作的进展，甚至还会左右我们的人生走向。比如，在很多时候，那些语速很快的人，往往性格也比较直率、耿直，当然也会伴随着一丝的自我和固执。与此相反，那些说话语速很慢的人则往往是老实厚道、行事谨慎的人，他们对事情比较敏感，有的时候甚至会过于谨慎小心。如果我们能够很好地留意对方语速的变化，就能够抓住对方的心理，从而赢得制胜的先机，特别是在商务谈判的过程中，察言观色更是效果颇佳。

有一次，在一个交易会上，中方外贸部门要与一个外商洽谈出口业务。小李代表中方与外商进行主要谈判，在第一轮谈判中，外商就像一只狡猾的狐狸，采取各种招数来摸我们的底，每当外商感觉马上要打探到中方关键信息的时候，外商说话的语速就会很快，掩饰不住他内心的紧张和激动，而这一切都被小李看在眼里。小李可不是一般人，他是学过心理学的研究生，对于外商通过语速变化而表现出的内心变化可以说是了如指掌，于是正当外商罗列过时的行情，故意压低购货数量的时候，小李明智地选择了中止谈判，开始搜集相关的情报。

第二天早晨，谈判继续进行，外商一上来就慢悠悠地说道："我们觉得吧，价格不能再高了，不然我们就找别的厂子了。"精明的小李一听外商说话的语速这么慢，而且还不着急，心想坏了，肯定是外商知道了我方的报价，这个时候小李只能给对方放烟幕弹了。虽然小李内心恐慌，但是他还是让自己镇定下来，对外商说："价格的问题我们待会儿可以商量，我们想让您先看看我方产品，我方的价格虽然比别的厂商要贵一些，但是我方产品有中国平安保险公司的担保，这样的产品有质量保障，而且我方产品是进行跟踪服务的，出现了问题，公司会直接派专业人员上门维修，而且所需的维修材料保证也是我方产品。"

外商听完这些话之后，用平缓的语气说道："嗯，请接着说。"小李一听，知道外商这时放松了警惕，已经被自己牵着鼻子走了，早就忘记之前关于价格的事情。小李趁热打铁继续说道："其实这么算下来，您自己找人来维修，所花费的金钱、时间、精力足够让您得到比这价格更大的利润，我想您应该会做出明智的选择。"

在经过一些小的交涉之后，外商乖乖就范，接受了中方的价格，购买了大量产品。

还有这样一个事例。

某单位的小王有很好的口才，而且说话也很幽默风趣，同事们都特别喜欢跟他在一起，因此他到哪里都是笑声一片。但是小王也有自己的烦恼，那就是他一看见自己喜欢的女同事小齐时，就会变得思维迟钝、说不出话。如果这个时候恰好小齐也在看他，那他就会面红耳赤，不知所措，甚至有的时候连话都不会说了。每次小王都想在小齐面前展示自己的口才，从而获得她的好感，可是结果总是很尴尬，对于自己屡屡的"临阵怯场"，小王郁闷坏了。

我们不要去笑话小王，因为可能当你面对自己喜欢的人时，也有可能会出现"大脑一片空白，说话颠三倒四"的情况。其实这些都证明了一点，就是当一个人心里有事情的时候，我们往往会在说话上面表现出来，特别是语速的变化。所以，如果我们能够多留意一下别人说话的语气、语速，就不难看出他们的内心变化，从而真正做到"知彼知己，百战不殆"。

智慧箴言

◎当你与别人交谈的时候，要时刻注意观察别人的变化，从慢悠悠到急躁，从口若悬河到支支吾吾，都能反映出交流的效果是否良好。只有根据两个人交流的情况随时调整自己，才能让你在交流的过程中不至于树敌，才能让交流顺利进行。

第十一章

调整心态 战胜心中的敌人

成功者与失败者之间的差别就是：成功者始终用积极的心态来对待自己的人生，而失败者总是喜欢用消极的心态去看待和思考问题。生活在同一个世界上，有的人过得幸福，有的人却一直生活在苦恼之中，这都是由于心态的不同而产生了截然不同的结果。让我们来平衡自己的心态，以乐观的态度对待失败，学会做自己情绪的主人。

唤起激情，培养积极的心态

心态若改变，态度跟着改变；态度改变，习惯跟着改变；习惯改变，性格跟着改变；性格改变，人生就跟着改变。

——马斯洛

在这个世界上总是有这么一种情况，那就是成功的人往往都是少数人，而那些失败的人和平庸的人占了绝大部分。在成功人的眼中，生活是充实而潇洒的，但是在失败者和平庸的人眼中，生活是那么的空虚和艰难。但是你有没有想过，那些成功者无不充满了激情，可见是否能唤起你心中的激情，保持一个积极的心态，在很大程度上决定了你能否成功。

王帅是一个多愁善感的小伙子，有的时候落花和枯叶都会让他伤感起来。如果他仅仅是情感世界丰富倒也无可厚非，但是他在平时的生活中往往就是一言不发，有的时候还会莫名其妙地唉声叹气。就这样，在他的唉声叹气中，日子一天天地过去了。

有一天，已经过了而立之年的王帅遇到了一位心理学家，当这位心理学家知道了他心中的痛苦之后，给他说了这样的一番话："你这么多年以来之所以很少感到快乐，就是因为你总是把一些已经随着岁月逝去的东西想得比实际的东西要好，总是把眼前即将发生的东西想成是非常糟糕的，而有的时候你又会把自己的前途想得太过美好，但是现实往往是残酷的，所以有的时候你会接受不了。而时间一长就形成了恶性循环，自然你也就走入了一个庸人自扰的怪圈中了。”

心理学家还对王帅说道：“你的性格弱点还在于你总是好高骛远，总是向现实提出一些非常不切合实际的要求，而且更为可怕的是，你居然还不知道这些要求是不可能实现的。有的时候你总是想着在很短的时间里面就能够把人生的问题解决了，但是现实往往不是这样的，时间一长你自然就对昨天、今天、明天产生了各种各样的厌烦情绪，从而开始忧愁了。”

一个人要想成功，他就必须先要懂得，事情能不能成功与一个人的心态有着很重要的关系。俗话说“心态决定命运”，所以不管我们面临怎样的困难，要有一个良好的心态，千万不要去抱怨这，抱怨那，因为抱怨根本解决不了问题，而往往会让问题更糟糕。

移动公司最近有了裁员计划，在裁员的名单中有客服部的祁丹和高山。按照规定，她们两个人必须在一个月之后离开公司，当时她们俩知道这个消息后心情都非常不好。

于是，第二天上班的时候，由于裁员的事情，祁丹的情绪显得很激动，对谁都没有好气，真的是吃了枪药一样。她不敢找公司的最高领导发泄心中的不满，就找到自己部门的领导哭诉，还缠着同事发泄心中的不满。当大家看着祁丹声泪俱下的样子，真的是非常同情，但是大家也不知道该如何来劝她。而由于情绪不好，祁丹的本职工作，比如进行客户回访，也早就不做了。

其实祁丹原来是一个非常受大家欢迎的人，但是现在的她整天都是一副怒气冲天的样子，同事们开始怕和她接触，最后大家都开始躲着她，甚至有点讨厌她了。

可是高山就与祁丹不同了，她虽然在得知自己被裁员的消息之后回家痛哭了一个晚上，但是第二天来到公司以后，还是和以前一样继续工作。当时由于大家也知道了她被裁员的消息，都不太好意思给高山什么任务了，于是高山就主动地向大家要任务。而当她面对大家同情的目光时，总是笑着说：“是福不是祸，是祸躲不过，既然已经这样了，我不如把这最后一个月的工作干好，不干好以后可能再也没有机会了。”高山每天都非常勤奋，非常努力地工作着。

就这样，一个月的时间很快过去了，祁丹如期下岗了，而高山却被从裁员的名单中删掉了，最后有幸留了下来。当时主任就向大家宣布了公司老总的话：“高山的工作岗位是无人能够替代的，像高山这么优秀的员工，公司永远是不会嫌多的。”

还有这样一则故事：

曾经获得诺贝尔文学奖的英国女作家多丽丝·莱辛以其优雅的魅力和文学作品征服了世人，受到很多人的爱戴。在人们谈论她的时候，总是说，那是一个温暖、温柔的人。因为多丽丝对每一个人都充满了和善的态度，就好像每一个人都是她挚爱的亲人一样。

但多丽丝自己却说：“我并不是生来就是这样的人，只是因为受到了别人的启发，才让我改换了心态，用这样的态度来对待身边的每一个人。”

原来，在多年前的一个冬天，多丽丝去超市买菜。等她来到超市门口的时候，走在她前面的一个年轻女孩拉住了超市笨重的大门，让她可以进去。多丽丝微笑着说：“谢谢你，姑娘。不过你完全可以一走了之，让我自己去拉门的，为什么你要这么做呢？”

这个可爱的女孩说：“对我来说，这不过是举手之劳而已，但可以给您提供方便，何乐而不为呢？而且，我的母亲和您一样大的年纪，在我为您拉门的时候，我也想万一我的母亲遇到了这种情况，我希望也有人为她拉开这扇门。”

听了女孩的话，多丽丝备受感动。她很快就回到家里，将这件事写进了自己的小说，同时告诫自己：以饱含爱的心态去对待周围的人！

没过多久，因为得了感冒，多丽丝不得不去医院打针。为她扎针的是一个年轻的护士，连续扎了两次都没能将针扎好。多丽丝感到胳膊上非常疼痛，低头一看，扎针的地方都肿起了两个大包。由于感冒而带来的低落情绪此时更加令她沮丧，她不由得皱着眉头去看那个护士。

那个小护士虽然戴着厚厚的大口罩，将半张脸都遮了起来，但她的额头却已经冒出了一层细汗。当多丽丝看她的时候，她更因为紧张而开始眼神闪烁。

忽然，多丽丝想起了自己在医学院学习的女儿，她将来也会成为一名医生，万一她在给人看病的时候也遭遇到病人充满怒气的盯视，她会怎么办呢？多丽丝想到这里，不由得觉得眼前这个小护士就好像是自己的女儿一样。

她努力放松自己的心情，轻声对护士说：“没关系，孩子。不要紧张，慢慢来，我相信你可以做好的。”

小护士感激地看了多丽丝一眼，拿起针轻轻一扎，果然成功了！

为多丽丝贴好胶带，小护士摘掉口罩微笑着感谢多丽丝：“真的非常谢谢您！我是刚毕业的实习护士，这是我第一次给病人扎针，要不是您刚才的鼓励，我恐怕再也过不了这一关，也就永远不能成为一名合格的护士了。”

多丽丝笑着说：“我也有一个女儿，和你差不多大的年纪，她在读医学院。将来，她也会有自己的第一个病人，我希望在她第一次面对病人的时候，也能获得别人的体谅和宽容。”

护士笑着说：“她一定会得到别人的体谅，因为她有一个非常好的妈妈。”

将心比心是我们理解别人最迅速的办法，可以让每一个人都能感同身受，进而多一分理解和宽容。转换自己的角色，也是转化一种心态，当你以别人的心态来对待身边的世界，就会对老人多一分尊重，对孩子多一分怜爱，对犯错误的人多一分体谅。如果你希望别人对待你，那就先用你想要的心态和方法去对待别人。

智慧箴言

◎当我们具有了一个积极的心态，就能够很好地开发出我们的潜能，而一个人的潜能是巨大的，它能够给我们带来惊人的力量，为我们达到目标提供能量，助我们一臂之力。

有好心态才有好人生

我们怎样对待生活，生活就会怎样对待我们。我们用积极的心态对待人生，我们的人生将是一片光明；我们用消极的心态对待人生，我们的人生会是一片灰暗。

——拿破仑·希尔

心态也是一个人的世界观和人生观的综合体现，也是一个人过得是否幸福的关键因素。无数的事实都已经证明了，人的心态确实在影响着人的健康和幸福。

在南方的一个小县城里，有一个很幸福的家庭。家里有姐弟俩，他们两个都非常聪明，学习也相当刻苦，所以，他们一直在学校名列前茅，是老师眼中非常优秀的学生。但是天有不测风云，还没有等他们到小学毕业，父母之间就出现了感情危机，大打出手是经常的事，姐弟俩时常被吓得放了学都不敢回家。

最终，父母离婚了，姐弟俩都被判给了父亲。过了不久，父亲就带回了一个女人，这个女人就是后妈的角色。自从那个女人来了以后，姐弟俩就经常被呼来喝去，干这干那，甚至有时还吃不上饭。总之，这个女人总是找这样或那样的借口打骂姐弟俩。有一次，她让弟弟去提水，姐姐看弟弟太小，怕他拎不动，就想去帮忙。后妈上去就是一巴掌，把姐姐打倒在地，摔得头破血流。

在一个寒冷的冬天，姐弟俩从学校回到家里，却发现家门紧锁，怎么也进不去。他们只好在门口等着父亲和后妈回来，可是一直到天黑都不见他们的踪迹。

在这样的环境之中，姐弟俩的心态也发生了变化，姐姐开始和后妈作对，学习成绩一落千丈。她的心里全都是愤怒，再也没有办法集中精力学习，最后高考落榜，只能做一个普通的工人。而弟弟却依旧专心致志，他没有去想后妈对自己的不好，而是将全部的精神都投注在学习上，最后以优异的成绩考中名牌大学，并一路保送，一直读到了研究生，成为专业人才。

身处在同样的环境之中，姐弟二人却有不一样的结局，这正是因为他们的心态不同而造成的。姐姐的脆弱和弟弟的隐忍让他们的目标开始变化，消极的心态让人们失去了行动的能力，而积极的心态则促使人们获得更大的进步。如果不能让自己的心态变得积极光明，那么美好的未来就只能是一个梦想。

心态对人的一生影响很大，一个人只有拥有了良好的心态，才能战胜生活中的各种困难，才能始终坚定地为了自己的理想而奋斗，也只有这样，才能拥有美好的人生。

在第二次世界大战期间，管理集中营的邪恶的纳粹分子曾进行了一次令人发指实验：他们声称将以一种特殊的方式来处死犯人，这种方式就是为他们放血，一直到抽干为止。实验的那天，他们从集中营里面挑选出两个犯人，一个是牧师，另一个则是普通工人。纳粹士兵将他们两人分别捆绑在床上，用黑布蒙住他们的眼睛，然后将针头插入了他们的手臂，并不时地告诉他们现在已经被抽了多少升的血，他的血液将在多长时间内被抽干。

其实，纳粹士兵并没有真的在抽干他们的血，而只是在他们的手臂上插进了一个空针头。结果，两名被实验对象的表现和结局截然不同。那个工人的面部不断抽搐，脸色也慢慢变得煞白，渐渐地在惊恐中死去了。很显然，这个工人内心里充满了恐惧，而恐惧的心态促使他心力衰竭，最终导致死亡。而那个牧师却安然无恙，神情也自然安详，死神也没有夺取他的性命。事后，纳粹士兵问他当时在想些什么，他说："我的内心很平静，因为我不害怕，我问心无愧，即使死了，我的灵魂也会进入天堂。"

纳粹分子的这个实验虽然很残酷，但是告诉了我们一个道理：心态的力量是无穷的，如果你有一个好的心态，你就可以选择生活；相反，如果你有一个不好的心态，那么你的生活只能充满困难与挫折。

智慧箴言

◎心态对于我们每一个人来说都是非常重要的，当我们头脑中有了积极健康的意念，就能激发出积极健康的心态，因为只有心态的健康，我们才能有健康的身体，才能去享受美好的生活。

乐观是人生的一大法宝

当生活像一首歌那样轻快流畅时，笑颜常开乃易事；而在一切事都不妙时仍能微笑的人，是真正的乐观。

——威尔科克斯

在这个世界上，有很多的东西是我们无法改变的，比如我们的出生、我们生活的环境等。但是有些东西我们是可以改变的，比如说我们的心情、我们的心态等。英国著名的思想家伯特兰·罗素认为，一个人如果感到自己不快乐，一部分原因是因为社会环境的影响，而另一部分的原因就是个人心理因素。

保罗·高尔文出身于一个农村家庭，从小就充满了进取精神。在13岁的时候，他看见别的孩子在街上卖爆米花，就被这个行业吸引了，于是也决定试一试。但是，他不知道，这些卖爆米花的孩子是非常不欢迎他的，因为这就意味着竞争。于是这些孩子们抢走了保罗·高尔文的爆米花，并将其全部倒在街上。

在这期间，第一次世界大战爆发了，保罗·高尔文参加了军队，等第一次世界大战结束后，保罗·高尔文从部队复员回家，在威斯康星开了一家电池公司。可是不管他怎么努力，就是打不开产品的销路。

有一天，保罗·高尔文吃完午饭回来，发现自己的公司被查封了。

到了1926年，他又开始和别人合伙做收音机的生意。当时，在美国估计只有3000台收音机，他们预计两年以后可能会扩大100倍，但是这些收音机都是需要电池的。于是，他们想发明一种灯丝电源整流器作为新能源来代替电池。这个想法真的是很不错，可是产品还是卖不出去。保罗·高尔文眼看着自己的生意一天不如一天，公司几乎面临着倒闭的危险，心里非常着急。当时，保罗·高尔文只能通过邮购销售的办法来招揽客户，等到他手里有了一些钱之后，便毫不犹豫地办起了专门制造整流器和交流电真空管收音机的公司，但是时间不过三年，保罗·高尔文再一次破了产。

这个时候，保罗·高尔文可以说已经陷入了绝境，他只有最后一个机会了，就是当时他想的把收音机装到汽车上，但是这要面临许多技术上的困难。

到了1930年年底，他已经欠了374万美元。然而，保罗·高尔文是一个很乐观的人，经过多年的不懈奋斗，保罗·高尔文终于成功了。

在一般情况下，我们的心情总是和我们当时所处的环境密切相关的。当我们所处的环境很好的时候，我们的心情也是快乐和幸福的，并且很愿意在这样的环境中生活。但是如果我们处在不好的环境中，很多人都会产生一种悲观的心态。其实，与其说是环境改变了我们的心情，不如说是环境让我们选择了悲观。

在炎热的夏天到来之前，克里斯蒂安小学的夏令营活动也要开始了。这可是这个城市里小学之间的传统节目，每到夏天的时候，兄弟学校便会选拔出学生中最优秀的学生，组建一个夏令营。能进入这个夏令营的人都非常自豪，每一个人都认为自己是最棒的。

这一天，夏令营来到了郊区的一个工厂，参观之后的午休时间，有一群调皮的学生跑到了工厂的角落四处玩耍。

在工厂最里面，大家看到了一座高高的铁塔，足足有十层楼那么高。

爱丽丝说："我在法国的时候，见过埃菲尔铁塔，我想这座塔比埃菲尔铁塔都要高。”

约翰却非常不屑一顾地说：“这座塔很低，绝对没有阿尔卑斯山高，我和爸爸一起爬上了阿尔卑斯山，只有站在山顶的时候你才知道什么是真正的高。”

这句话引来了大家的兴趣，都叽叽喳喳地开始讨论这座塔到底有多高。忽然，有一个人说：“铁塔这么高，谁能爬到它的顶端去？”

这个问题好像按下了静音键，大家忽然都不说话了，互相看着，猜测着谁能这么勇敢。

男孩子的好胜心很强，于是纷纷有人表示要爬上顶端，以显示自己的勇敢。于是，大家排起队来，挨个儿向塔顶爬去。

身体最强壮的山姆首先冲了上去，接下来便是擅长跑步的斯蒂夫，还有热爱足球运动的吉姆。其他的男生也不甘示弱，纷纷摩拳擦掌。

当这些人向塔上爬去的时候，围观的人开始议论纷纷。

“斯蒂夫一定可以，他的力量最大了！”

“那可未必，爬塔可不是跑步，越高越害怕，说不定会掉下来。”

“从那么高的位置上掉下来，一定很可怕，不会摔死吧？”

“当然有可能，摔断腿是肯定的！”

“我见过一个摔断腿的人，非常可怜，他一辈子也不能走路了！”

一阵阵的议论声不断传到爬塔者的耳朵里，斯蒂夫觉得小腿传来一阵阵疼痛，就好像平时跑步抽筋一样。他悄悄向下看了一眼，地面上仰望着自己的同学一个个看起来好像小矮人。

“这么高，掉下去太可怕了！”只不过这么想了一下，斯蒂夫的腿就开始打战，他再也不敢向上爬了，和荣誉相比还是活下去比较重要，他可不想一辈子都坐着轮椅。

斯蒂夫慢慢向下退，他放弃了。

周围议论的人声音更大了，纷纷在猜测还会有谁放弃。接下来，那些号称勇敢的小男生们一个个退了下来。当他们的脚落回地面时，虽然羞红了脸，但都长长地舒了一口气。他们相信没有一个人可以爬到那么高的塔顶去。

但是，有一个人却一直在爬，就算是塔下议论的声音越来越大，他还在一直稳健地向上。女生们开始屏住呼吸，而男生们则叫嚣着：“快下来吧，你会被摔死的！”

就好像没有听见任何人的声音，这个从未被人注意的矮小的男生居然爬到了顶端。当他到达塔尖向大家挥手的时候，所有人都忍不住为他鼓掌。

大家纷纷在打听：“那是谁？他怎么那么勇敢？他是怎么做到的？”

终于，有一个来自克里斯蒂安的学生说：“他是我的同学。”顿了顿，他补充说，“他是一个聋子。”

如果有人对你说：你永远都不会成功。这种时候你应该选择做一个“聋子”，对那些为你传递消极心态的声音充耳不闻。悲观的人并不是缺少能力，只是因为他们的心态限制了能力的发挥。而保持积极乐观心态的人，则往往可以超常发挥，获得别人不能企及的成就。

智慧箴言

◎一个乐观的人总是能从一些平凡的事物中发现美，比如说天是蓝的，云是白的，花那么香，阳光那么灿烂等。其实在我们的生活中还有许许多多欢乐的东西，这些都需要你用心去体会、去观察。当一个人感兴趣的事情越来越多，那么他快乐的机会也会越多，而受命运摆布的可能性便会越小。

不要成为感情的奴隶

一个人为情感所支配，行为便没有自主之权，而受命运的宰割。

——笛卡尔

人类的感情是最为丰富的，有时候它显得非常浅薄，有时候它又非常纯真。感情就好像人类的方向盘，指引着人们做出不同的决定，走上不同的道路。对于那些有理智的人来说，感情是可以控制的，他不会让感情引导自己作决定。而对于那些并不十分理智的人来说，感情在影响着他生活的方方面面。

感情会支配人们做出大义凛然的事，当然也会让人做出追悔莫及的事，奥赛罗的故事正是表现了感情的可怕一面。

《奥赛罗》是戏剧大师莎士比亚的著名作品，在这部作品里，莎士比亚描绘了一个缺乏理智、感情用事的国王奥赛罗。

奥赛罗是一个非常轻信的人，他相信了小人的谗言，将自己最心爱的妻子苔丝狄蒙娜亲手杀死。等到他明白了事情的真相时，一切都已经来不及挽回。在懊恼和悔恨的折磨之下，奥赛罗认为自己无法赎罪，只能以自杀的方式来谢罪，让妻子的在天之灵原谅自己。

这部伟大的著作虽然是艺术作品，但它生动地表现了人被感情控制之后失去理智的可怕，在现实生活中虽然没有奥赛罗，但和他一样做事的人却很多。

在罗斯福任美国总统的时候，他以和善的性格受到了不少人的爱戴。在任何时候，他总是微笑着面对大家，就算听到一些不友善的言辞，他也会以包容一切的心胸宽容对待，就连对他有意见的人也深深佩服他这一点，久而久之，越来越多对他敌对的人也开始变成他的朋友。

而陆军部长斯坦福却是一个脾气非常暴躁的人，为此，他经常会和自己的同僚、部下发生冲突，在政府中的人际关系也越来越差。

斯坦福对自己的脾性非常苦恼，便向罗斯福请教："如何才能与大家很好地相处呢？"

罗斯福笑着说："如果你的心里充满了阳光，再多的阴霾也遮盖不住，再大的狂风也不能撼动。"

斯坦福却皱着眉头说："可是那些人总是批评我、指责我，让我不得不发火。"

罗斯福说："别担心，我的朋友。下次如果你再遇到这种情况，就来找我，我有一个秘诀可以告诉你！"

不久之后，斯坦福又在部队听到了一些对他不好的传闻。有一位少将用非常具有侮辱性的言语攻击他对某些人偏袒保护。斯坦福努力克制住自己的情绪，像罗斯福曾经对自己所说的一样保持阳光的心态，但少将却说："你之所以那么做，只是因为那些被提拔的人曾经都是你的部下。你的思想既然这么狭隘，又如何能胜任陆军部长的职责呢？将国家的安全交给你这样一个人，我非常为她的将来担心！"

斯坦福一向以自己的军人身份为荣，少将对他的鄙视令他的怒火再也无法控制。想起罗斯福曾经说有秘诀要告诉他，他便迅速驱车来到总统办公室。

罗斯福看到斯坦福那么气冲冲地走进来，便知道他又一次被自己的怒火控制了。果然，斯坦福向他埋怨了一通，斥责那位少将不公正的言论，他憋红了脸，整个人似乎都要跳起来了。

罗斯福说："你既然这么生气，我建议你写一封信给他，告诉他你有多气愤！用最尖刻的语言回敬他，让他知道你不是好惹的！"

斯坦福想了想，说："好，这个主意不错，我现在就写！"说完，他便找来纸笔"唰唰"地写起来。在这封信里，斯坦福写出了自己一直想要对这位挑剔自己的少将说的话，按照罗斯福的建议，他用最为尖刻的语言嘲讽他，用最具侮辱性的词汇羞辱他。当他终于完成了这封信，顿时觉得内心非常畅快。

罗斯福看了看斯坦福所写的信，笑着说："不错，你确实给予了有力的还击，现在你觉得怎么样？"

斯坦福说："心里爽快多了。"

罗斯福说："既然现在你不像刚才那么生气了，那就换一种心态再来写一封信怎么样？你可以让自己以愉快的心情写信给他，告诉他你不介意他的批评，而且还非常感谢他指出你的不足，请他以后更加严格地监督你。"

斯坦福想了想，说："我可以试试。"

因为刚才已经发泄了怒火，斯坦福很快就调整好了自己的心态，他脸上挂着微笑开始写信。按照罗斯福的要求，他让自己保持愉快的心情，对那位少将表示感谢，并承认自己在工作之中有一些不足，表示以后一定会努力改进。

信写好之后，罗斯福又看了看，笑着说："我的陆军部长，你的两封信简直是判若两人，不同的心态之下，你完全写出了不同的风格。"

第二天，斯坦福又一次见到了那位少将。令他诧异的是，少将非常和善地跟他打招呼，并为自己昨天的激烈言辞致歉，希望斯坦福不要因此而责怪他。这令斯坦福摸不着头脑，想不出是什么原因让这位一直跟自己作对的少将忽然转变。他来到罗斯福的办公室，将这件事告诉了他。罗斯福笑着说："因为我将你的信转交给了他，你猜一猜我交给他的是第一封还是第二封？"

斯坦福想都没想便说："一定是第二封。只有写第二封的时候，我的心态才是平和的，否则他也不会对我那么友好了。"

罗斯福说："你猜对了。在写第一封信的时候，你充满怒气，心态完全失衡，理智自然也不能恢复。当你写第二封信的时候却保持了愉悦的心情，所写的话也非常得体。所以我将第一封信丢进了火炉，而将第二封信转交给那位少将。让自己在心态最平和的时候作决定，这就是我要告诉你的秘诀。"

内心充满了不满的情绪，不管是对于我们自己还是周围的人，都是有害的。每个人都有发怒的时候，当心态难以保持平和，那么所作的决定也必然会是错误的。只有用理智控制住自己的情绪，或者寻找途径发泄自己的怒气，让心态恢复，才能让人大怒化小，小怒化无，自然也就不会做出错事了。

智慧箴言

◎要想获得成功，就必须跨越许多人生的磨难。在遭遇坎坷之前，我们对未来抱有很多虚幻的想象，那时的感情是脆弱的、幼稚的。而当你经历了坎坷，并最终获得了成功，看待事物的眼光也会随之变得平和、成熟。

▶快乐的心境需要用心去浇灌

要想别人快乐，自己先得快乐。要把阳光散布到别人的心田里，先得自己心里有阳光。

——罗曼·罗兰

快乐也是有成本的，我们想要得到快乐，就必须先要磨炼自己的耐性，从而付出艰苦的努力和等待。我们只有先播下种子，用心去慢慢浇灌，用不追求收获和理智的心态去等待快乐果实的成熟，才能收获美好的幸福快乐。

“飞人”乔丹是篮球历史上标志性的人物，他的篮球技艺和人品一样获得了世人的景仰。在多年前的一次NBA球赛之中，乔丹不仅让人们看到了出色的球场表现，更因他的眼泪而让这场比赛给人们留下了永恒的记忆。

在NBA的球员里，乔丹一直受到无比的尊崇。每年选出来的新人对于乔丹更是像神一样崇拜着。可是，某一年的新球员中，却有一个叫皮蓬的对乔丹非常不屑一顾。

这个小伙子虽然才刚刚从大学被选拔进了NBA球队，但非常自负。因为他不仅具备了非常好的身体条件，在篮球技巧方面也很出色，几乎所有的人都说：“皮蓬一定是乔丹的接班人！”而皮蓬自己却骄傲地说：“我一定会超越乔丹。”

自命不凡的皮蓬也明白乔丹的地位不可撼动，所以他除了对乔丹表示不屑之外，还总是说乔丹的坏话。几乎大多数的NBA新人都听到皮蓬讲乔丹哪里不好、哪里不如他。他总是握紧拳头说：“等着看吧，我要在球场上将他推倒，你们才知道谁是真正的篮球王者。”

和皮蓬不同，乔丹虽然知道这个新人对自己非常不尊重，也知道皮蓬的技术非常全面，是一个很有潜力的新人，但他从来没有将皮蓬的话放在心上。有一些老球员看不惯皮蓬的骄横，对乔丹说：“难道你就要这么忍受他吗？说不定他将来会是你最大的威胁！”

乔丹却笑一笑说：“我们总是要培养出新人才行，不然要一直靠我们这群老人打球吗？”

有一次，乔丹和皮蓬在球场上相遇了。皮蓬假装自己没有看到乔丹，而乔丹却走过去主动和他打招呼，并面带笑容地说：“你认为，我们两个人的三分球谁投得更好一些？”

当时球场上对三分球的统计数据显示，乔丹的成功率达到了七成，而皮蓬却只有四成不到。所以皮蓬认定这是乔丹在嘲讽自己的三分球投得不好，便带着怒气说：“当然是你，你为什么要明知故问！”

谁料乔丹却笑着说：“不对，我认为投得好的人是你。因为你的动作非常规范，而且干净利落。我觉得你很有天赋，以后一定会投得更好。与你相比，我的三分球有太多弱点了！”

皮蓬诧异地问：“你可以获得那么多比赛的冠军，怎么还会认为我比你投得好呢？”

乔丹认真地说：“你看，我在扣篮的时候习惯使用右手，左手总是不自觉地跟上去帮一下。但对你来说，不管是左手还是右手，都可以轻松地投出一个三分来。这就是我们的差距啊！所以我说你比我强。”

如此无私的评判让皮蓬感到很惭愧，自己一直小心眼地妒忌着乔丹的成就和地位，而乔丹却用这么宽广的胸怀来接纳自己，相比之下，皮蓬更感到了自己的渺小。

从此之后，乔丹和皮蓬成了好朋友。在乔丹的精心指导之下，皮蓬的篮球潜力也不断被挖掘出来，终于成为公牛队里第一个得分超过乔丹的球员。当看到自己得分33分时，皮蓬激动得泪流满面。他跑到乔丹面前，像拥抱自己的父兄一样，紧紧地拥抱着他，而乔丹也忍不住掉下了激动的眼泪。

公牛队曾经创造了无数的奇迹，而所有人都认为这其中乔丹的功劳不可磨灭。他不仅以出众的球技带领大家，更以宽阔的胸襟感召大家，让每一个人都以为篮球而战的心态走上球场，就连他们的对手也会被这种精神感动，全力以赴地实践着体育精神。

人际关系越是复杂，我们就会越渴望获得那种简单、美好和感动。在得不到别人理解的时候，多一分宽容，让我们的心态更趋于开阔，就会让你多一分信任和理解。为什么有些人可以轻易与人达成融洽的关系，获得别人的重视与喜爱？正是因为他们有着健康的人格，也有着包容一切的心胸。

如果我们一天光知道纠结于自己无法实现的愿望，那么再焦急的等待也是徒劳的。就好像你去爬山，你只有低着头，认真而努力地向上攀登，才可能到达山顶。当你付出了辛劳和努力之后，到达山顶再往下望，你就可以看见自己已经在不知不觉中克服了很多困难，走过了很多的险路。这一次小小的成功，也将会为你以后更大的成功作一个很好的积累。

曾经有这样两个人，一个是体弱多病的富人，而另一个是健康的穷人，他们两个人互相羡慕对方。富人总说，如果让他拥有健康的身体，他宁愿放弃自己的财富；而穷人则说，为了能够拥有财富，他宁肯不要自己的健康。

就这样，一个偶然的机会，一位世界著名的外科医生发现了人脑的交换方法，于是富人赶紧提出了要和穷人交换脑袋。当手术成功以后，穷人就成为富人，而富人则成为穷人。

但是没有过去多长时间，成为穷人的富人由于有了健康的身体，于是就有了想要成功的想法，他又开始渐渐地积累起财富，可是与此同时，他还总是担心着自己的身体，每当感到一点不舒服，就开始大惊小怪。由于他总是害怕这样害怕那样，时间一长，他本来好好的身体又恢复到了原来那样的多病状态，也就是说，他最终成为了一个体弱多病的穷人。

那原来那位身体健康的穷人又怎么样了呢？

成为富人的穷人这下子总算有了钱了，但是他的身体开始不好了。可是，他还是没有忘记自己原来是一个穷人，头脑中始终都有失败的意识。他也不想用换来的财富建立一种新的生活，而是把钱都浪费在一些没有用的投资上面。就这样没过多长时间，所有的钱都被他挥霍一空了，于是他又成为穷人。但是，由于这个穷人无忧无虑，换脑时给他带来的疾病好像不知不觉就消失了。他还坚持每天进行积极的运动，最后又有了健康的体魄。

在这个世界上，总是有人能够成功，而有的人却只能与失败为伴。一个人成功的关键，不仅仅在于他应该如何去做，更在于他到底做了没有。

智慧箴言

◎成功主要来自我们自己的勤奋努力，而不是别人的辛劳。每个人都有自己的一方天地，我们不要让没有意义的竞争搞得自己迷失了方向，更不要让嫉妒干扰了我们埋头做事情的心情。

克服焦虑和紧张的情绪

在困难的时候，要看到希望，要看到光明，要提高我们的勇气。

——毛泽东

人生一世，总是免不了有许多的坎坎坷坷。一帆风顺的人生总是很少见，我们总是在不停地告诉自己，在未来的人生道路上应该如何应对风雨——不是自暴自弃，而是保持一分心平气和的神情，泰然处之，才是一个成功者所应该具备的心态。克制住自己的焦虑和紧张，是能够让一个人战胜困难和挫折的制胜武器，同时也是能够抓住机遇的基本要求。

奥利弗是一个非常安静的人，以至于身边的人很多时候都会忽略他的存在。但在奥利弗的内心深处，他一直都在渴望获得别人的注视，成为人群的焦点。

从幼儿园，到小学，再到中学和大学，奥利弗就好像空气一样存在着。他实在受不了自己这种毫无存在感的人生，于是便向上帝祈求："请您让我变成一个富有的人吧！"

上帝听了奥利弗的要求，感到有一些疑惑，便问："你为什么要成为富有的人？难道富有可以改变你的现状吗？"

奥利弗振振有词地说："请您看看我的生活，都是因为我不富有造成的。如果我是一个富有的人，那么我将会获得别人的尊重，也会成为大家追捧的对象，将来我还可以拥有一个美丽的妻子。"

上帝想了想，说："我答应你，给你实现这些愿望的机会。"

奥利弗满心欢喜，他静静地等待着上帝兑现诺言。可是直到他死的那一天，都没能看到自己变得富有或者变得受人尊重，更别提什么美丽的妻子了。

在死后，奥利弗来到上帝的面前，非常气愤地质问："你在骗我！"

上帝说："我并没有骗你什么，我只是告诉你要给你机会，而我也确实兑现了自己的承诺，只是你没有抓住那些机会而已。"

奥利弗想了想，却想不出自己到底获得过哪些机会。

于是，上帝告诉他："在你20岁的时候，你是不是曾经冒出过一个非常奇妙的好点子？"

奥利弗想了想，说："对啊，不过后来别人实现了我的想法。"

上帝遗憾地说："那其实就是我让你变富有的机会，可是你却不敢行动，错过了那次机会，所以我只好把点子给了别人，让别人变得更加富有了。"

奥利弗气恼地问："那么变得受人尊重的承诺你又是何时兑现的？"

上帝说："你还记不记得在你25岁的时候，发生了一次大地震？当时，几乎全城的人都被埋在了废墟底下，每一个人都在寻求活路，而你却安然无恙。那正是我让你变得受人尊重的机会，只要你走出去，从废墟下面将人们救出来，就可以受到他们的爱戴了。但是你当时贪生怕死，不敢走出去救人，这个机会自然也就变成了别人的。"

奥利弗越想越气，那年确实发生了地震，而他却只为自己得以幸存下来感到庆幸，丝毫没去想什么救人的事。他又问上帝："那么漂亮的妻子呢？我这一辈子都没有娶到什么漂亮的女人，难道不是你在骗我吗？"

上帝笑着说："你还记不记得在你30岁的时候，曾经遇到过一个黑头发的姑娘？她总是对你微笑，而你却觉得她不会爱上你，因为她太美丽了，所以连接近她都不敢。"

奥利弗问："难道，那就是你给我的妻子吗？要知道我暗恋她很久了！"

上帝点点头，说："对，那就是我给你的娶漂亮妻子的机会，可是你却因为胆怯放弃了。所以我只好让她和别的人结婚，并且生了好几个可爱的孩子，度过了快乐的一生。"

听完这些，奥利弗跌坐在地上，苦恼万分地说："为什么我总是错过属于自己的机会呢？"

上帝说："我的孩子，如果你不能克服自己的紧张害怕，不能时刻准备好抓住机遇，就算我给你再好的机会，它都会从你身边溜走。"

生活中每天都会出现不同的机会，有些可以让你改变人生，有些可以让你实现愿望，而因为害怕却让机会从身边溜走，这是多么令人惋惜的事！怕被拒绝、怕被嘲笑、怕会失去，这种心态让我们错失了很多成功的机遇，只要你勇敢地抬起头迈出一步去，就能克服这种有害的心态，让你更接近圆满的成功，体会到更多新奇的乐趣，获得更多良师益友。

一个焦虑和紧张的社会，是病态的社会；一个焦虑和紧张的民族，是没有希望的民族；而一个焦虑和紧张的人生，是充满悲剧的人生。焦虑和紧张，已经不单单是个人问题了，往往因为我们个人的焦虑和紧张，会造成一连串的极坏影响。

大发明家爱迪生小时候是一个非常喜欢问"为什么"的孩子，然而因为他千奇百怪的问题，老师经常被惹得发怒，因此，老师不止一次地打他、骂他。可是，爱迪生的母亲却对自己的孩子非常耐心。她对老师说："我的孩子遇到事情的时候喜欢刨根问底，我认为这是好事情。如果你无法控制自己的焦虑和紧张而打骂他，那么我只能把他带回家自己教育了。"

老师当场愣住了。面对脾气奇怪的爱迪生，老师实在无法让自己保持耐心。可是他的母亲却一直努力地回答着儿子的各种问题，她鼓励爱迪生在科学研究这条路上一定要保持住足够的耐性，不管遇到什么困难，都不能焦虑和紧张，只有静下心来认真地去面对，才能够有所成就。

在这位耐心妈妈的引导下，爱迪生终于成了世界上最伟大的发明家。

如同爱迪生一样，我们在平时的工作、生活中也应该努力克制住自己的焦虑和紧张心态，因为没有耐性去面对缺点和困难，就永远不会距离成功更近一步。

智慧箴言

◎名和利是人们一生都在追求的东西。我们不能单纯去说追逐名利是好还是坏，关键要看我们在追求名利过程中的心态。欲速则不达，焦虑和紧张的心态往往就像是没有限制的加速器一样催促着我们往前，但是最后的结果却并不一定如人所愿，因为你的速度越快，惯性也就越大，因此在面临危险的时候也就“刹不住”。

走出自卑的阴影

由于痛苦而将自己看得太低，就是自卑。

——斯宾诺莎

生活对于每个人来说都是公平的，总会遇到这样那样的困难或者失败，但是如果你保持一个好的心态，你就可以把这些困难、挫折转化为你走向成功的动力。

世界乒乓球冠军邓亚萍从5岁就开始学习乒乓球，但是因为身高的问题，她一直无法进入省队和国家队。父亲问她：“你相信自己可以打好球吗？”邓亚萍说：“我相信自己一定可以做好。”

因为看到了她的决心，邓亚萍的父亲便一路支持她打球。他告诉女儿：“你个子矮，所以要付出比别人更多的努力才能成功。”听到这句话，邓亚萍用力点点头。在此后的训练中，她更加用心，用高出别人好几倍的标准来要求自己。

邓亚萍说：“我能够打赢乒乓球，完全是被逼出来的。如果不是自己个子矮，我也不会那么努力。”

带着这种不服输的劲头，邓亚萍实现了自己一个又一个目标。当她来到英国剑桥大学读书时，英语又成了她面前的一道坎。她说：“我不比别人聪明，只是从小到大，只要设定了一个目标，我就不会轻易放弃，所以我才能成功。”

在剑桥大学学习时，邓亚萍从最基本的翻字典开始，不断提高自己的语言水平，每天五点就起床背单词、读音标，直到半夜十二点都不休息。最终，她以优异的成绩从剑桥大学毕业。

邓亚萍是用打乒乓球的心态，来享受着学习英语的苦，享受着疲累、困乏、孤独，她每天疯狂地跟着复读机大声念英语，完全达到了忘我、忘物、忘时，排除一切杂念地疯狂苦读，终于苦尽甘来！在中国向国际奥委会争办2008年奥运会时，她代表中国的运动员，用流利的英语发言，让世界看到了中国的实力！

有的时候只要我们抱有一个认真做事的态度，往往就能够取得成功。很多人在做事之前总是喜欢与别人进行比较，总觉得别人做得比自己容易，而且更具重要性。其实不然，越是简单的事情，如果你做得好，就越能体现出你的价值。让我们来看下面这则小故事。

学校要排练一部话剧，叫作《圣诞前夜》，这个消息传开之后，安杰便立刻去报名，希望成为其中的演员。但最后，她却只能演剧中的一条小狗。

哥哥罗德尼听说了这件事，哈哈大笑着说："一条狗有什么可演的，你只需要趴在那里就可以了。"

但是妹妹安杰却并不这么认为，她专门准备了一副护膝，模仿着小狗的一举一动，希望可以在舞台上表现出最可爱的小狗来。

演出的日子终于来了，哥哥罗德尼也来到礼堂，观看妹妹的演出。可是当他看到礼堂里人山人海的样子，他就为妹妹的角色感到丢脸——不过是一条狗而已，肯定会被别人耻笑的。

话剧开始了，只见演父亲的演员走上台去，给孩子们讲故事，而在讲故事的过程中，妹妹安杰所表演的小狗出场了——它从地毯上爬过去，在壁炉前停了下来，慢慢地伸了一个懒腰，然后呼呼大睡。过了一会儿，小狗好像听到了什么声音，机警地竖起了耳朵，四处看着。

安杰的表演惟妙惟肖，舞台上的小狗显得那么生动可爱，所有的观众都被它吸引了。在这场演出中，大家似乎一直都在关注着这条小狗的一举一动，就好像它才是整个表演的主角一样。

那天晚上的演出，安杰所演的角色没有一句台词，却成了整场戏的焦点。其实，安杰在分到这个角色的时候非常的失望，但是爸爸的一句话让她改变了自己的态度。那句话就是：如果你用演主角的态度去演一条配角狗，狗也会成为主角！

提起白岩松，我想大家都不陌生，央视的著名新闻节目主持人、记者，每次播报都是从容不迫、冷静沉着。然而，谁又知道，在他初入大学的时候，曾经是一个自卑胆小的男生。

那是他刚从北方小城考入北京广播学院的时候，大城市的一切让他感到新奇而又陌生，同班同学的高谈阔论让他显得格格不入。他像初入大观园的林黛玉一样不敢多说一句话，唯恐让人知道他来自那小小的城市，让人知道他是如此的"小家子气"。就这样，一个学期过去了，班上的女同学甚至都不知道有他这样一个人的存在。

很难想象，如今自信从容的白岩松竟然还有如此经历。

无独有偶，同样是央视的红牌节目主持人的张越也有过与此相似的一段岁月。那时候她也在大学就读，大学是熟悉的，城市是熟悉的，但陌生的同学让她心里十分恐惧。她怀疑同学们看她的眼光充满了鄙视，仿佛每个人都在说："看，那个女生好胖啊！"

夏天到了，即使面对北京40℃的高温，她也依然拒绝穿裙子、短裤，固执地把自己裹在长衣长裤中，仿佛只有这样，才能让同学不再投来异样的目光。

这一切似乎还可以忍受，但体育课上的长跑测试是她的克星。她无法想象，如果自己跑上了那长长的跑道，耳朵里该听到多少同学的闲言碎语啊！那些嘲笑声仿佛就在耳边。所以，她坚持着不参加测试。老师很不解，多次做她的工作，她都涨红脸蛋，不发一语。最后老师没有办法，总不能眼睁睁地看着一个优秀的学生因为体育测试而毕不了业，勉强给了她及格。

其实，每一个人的内心深处都或多或少地有自卑感，这主要是因为，每一个人的成长之路都不是一帆风顺的，遭遇挫折和打击的时候，难免会感到沮丧和自卑，特别是在一个人感到迷茫无助的情况下，自卑情绪就更容易滋生。但是，我们要知道的是，一个人最强大的当属自己的内心，只要勇于尝试，不自暴自弃，经过努力，自卑是可以被克服和摆脱掉的。

自卑与自信是两个相对的概念，一个人想有所成就，首先要做的就是战胜内心的自卑感，对自己充满信心，积极坦然地面对生活。

有一个小男孩，自幼双目失明，他为自己的这一缺陷深感沮丧和自卑，认定这是上帝在惩罚他，觉得自己是这个世界上最不幸的人。后来，一位智者告诉他："这个世界上的每一个人都是被上帝咬过一口的苹果，我们的人生都是有缺陷的。而有的人可能缺陷比较大，那是因为上帝特别喜爱它的芬芳，所以那一口咬得比较大而已。"

上帝知道了这件事后，笑道："我很喜欢这个美丽而睿智的比喻，但要声明一点，所谓缺陷是指生理上的，那些道德缺陷的人是烂苹果，不是我咬的，是虫蛀的。"

自卑是一种自我放弃的心态，自卑是积极快乐生活中最大的敌人，自卑一旦产生就会像一团烟雾一样逐渐弥散，直到眼睛再也看不到别的，只剩这团烟雾了。因此，我们必须想办法战胜自卑，否则就会为自己带来不必要的困扰。其实，每个人都有自己的长处，这个长处就像是你的一块宝藏，开启宝藏的钥匙就在你自己的手里，如果你轻易放弃，那么你的宝藏将永远得不到开发。

智慧箴言

◎成功者最突出的特质便是具备强者的心态，他们在面对任何情况的时候，都能保持最佳的心态，不被困难吓倒，也不被荣誉蒙蔽双眼，他们一直都在为理想而努力，因此美好的生活从来都不会亏待他们。如果你想成功，那就赶快用积极的心态来面对生活吧！

放下心中的包袱

如果你不给自己烦恼，别人也永远不可能给你烦恼。因为你自己的内心，你放不下。

——谚语

包袱是一个人对过往种种不如意的持续惦念，如果要想在未来的人生路上走得轻松，就势必要轻装上阵，让过去的荣誉或者失败都属于过去，而我们要昂首去看将来。抛弃过往的包袱需要勇气，放弃并不是一件容易的事，只有当一个人理智地看待自己的包袱时，才能真正做到放弃，变得坦然、快乐。

有一天，两个和尚结伴而行，在他们从一座庙走向另一座庙的途中，突然出现了一条河，挡住了他们的去路。这条河上没有桥，但是好在水不太深，他们决定涉水过河。

可是就在这个时候，有一个非常漂亮的女人也来到了河边，她说她有急事，必须过河，可是又怕河水把她给冲走了。第一个和尚看到这个情况，毫不犹豫地背起了女人，涉水过河了，直到把她安全送到河对岸。第二个和尚在后面跟着也过河了。

之后，两个和尚都没有说话，埋头继续赶路。又走了几里路，第二个和尚终于忍不住了，对另一个和尚说："师兄，我们和尚是绝对不能近女色的，刚才你背那女人过河，是不是犯了戒律？"

第一个和尚回答说："你看你，我一过河就把她放下了，可是都走了这么远的路，你现在还'背着'她呢！"

的确，人生也是如此，对于心中的包袱，有的人已经放下，而有的人却一直念念不忘、耿耿于怀。人生要想有所获得，就不能让诱惑自己的东西太繁多、心里累积的烦恼太杂乱、努力的方向过于分散。我们要简化自己的人生，要经常有所放弃，要学习经常把生活中和内心里的一些东西断然放弃。

在风浪中，一艘货轮被大浪击沉了，船员之中只有一个幸存者。他来到一座孤岛，开始了孤独的生活。

在这里，幸存者每天都在期盼着救援，等待有过往的船只可以将自己从这里带走。但是没有一条船经过这里，他似乎被全世界遗忘了。

为了活下去等待救援，幸存者建造了一个属于自己的小家，他用树木搭建了一所房子来居住。可是有一次，当他出门打猎的时候，一场大火让他的屋子化为灰烬。看着屋顶冒出的滚滚浓烟，幸存者万念俱灰。

可是第二天，奇迹发生了，一艘巨轮向小岛驶来。

幸存者得救了，他问救他的船长："你怎么知道我在这里？"船长说："我看见了你燃放的烟火信号，所以赶过来了。"

得失总在一瞬间，在某些时候，人们以为自己失去了，其实他正在得到。当我们认清了这一点，就不会因为生活中的失去而难过了，生活也会多一些快乐。

爱美之心人皆有之，尼娜也不例外。但她总觉得自己就像一只丑小鸭，不够漂亮，也不够可爱。她说话总是声音很小，走在人面前也不敢抬头。她喜欢躲避在一个角落里，不愿意让自己成为大家关注的焦点，也一直不敢看别人的目光。

尼娜也像其他女孩子一样，喜欢逛街，可她身边从没有朋友，总是一个人孤零零地去逛街。每次去逛街，她总要去一个卖头饰的店铺，她喜欢那些晶莹璀璨的头饰。有好几次，她想买下其中的一件，可是她又觉得自己戴上太惹眼了，别人会取笑她，始终没有勇气去为自己买一件饰品。

有一天，尼娜像往常一样走进那个饰品店，她看着女孩子们在镜子前佩戴各种饰物，羡慕极了，非常希望能和那些女孩子一样，戴上一件属于自己的饰品。正在这样想着，突然她的目光被一个绿色蝴蝶结吸引了。那是一个非常漂亮、非常精致的蝴蝶结，尼娜觉得那个蝴蝶结命中注定是属于自己的，于是她赶忙走过去，鼓起勇气把它戴在头上。店主在一旁发现了，不断地赞美尼娜："小姑娘，你戴上这个绿色的蝴蝶结可真漂亮！"

"真的吗？"尼娜羞红了脸，腼腆地问道。

"当然了，你戴上这个蝴蝶结是最合适不过的了。"店主笑嘻嘻地说。

尼娜大着胆子像其他人一样走到镜子前，她觉得自己戴上这个蝴蝶结好像确实变漂亮了。于是，尼娜买下了那个绿色的蝴蝶结，把它戴在头上。在走出饰品店的时候，尼娜便不再低着头挨着墙根走路了，她昂起了头。

回到家，正在做饭的妈妈看到头戴蝴蝶结的尼娜，不禁拍起手来："哈哈，我们的小尼娜变得越来越漂亮了。"

尼娜兴奋得跳了起来。她迅速地跑进自己的房间，在镜子前仔细端详着自己，她觉得妈妈说得没错，自己真的变漂亮了。

第二天，尼娜匆忙吃完早饭，戴上蝴蝶结便向学校跑去，走出家门时不小心与人撞了一下她都没有在意。尼娜与往常不一样，她昂起头快步在学校里走着，她希望能在一个反光的地方看看自己的影子，此时却碰到了她的老师。老师惊喜地对尼娜说："尼娜，你昂起头来的样子真美！"老师爱抚地拍拍她的肩，和尼娜并肩走向教室。而尼娜却还有些羞涩，不敢正视老师赞美的目光。

就这样，尼娜昂着头走进了教室。那一天，许多同学们都赞美她，说她变得落落大方了，放学后邻居看到她夸她可爱，放假回家的姐姐赞美她有气质，下班回来的爸爸说她变得更聪明了……这些赞美让尼娜更加高高地昂起头。她想："这个蝴蝶结真好，为我带来这么多的赞美。看来我买来这个蝴蝶结是正确的，它确实很适合我！"她匆忙走进自己的房间，想好好照一下镜子，再欣赏一下这个美丽的蝴蝶结。然而当尼娜激动地站在镜子前时，却呆住了，她惊愕地盯着镜中的自己，却发现自己头上根本没有那个绿色的蝴蝶结！她仔细地回想着，突然想起来，一定是早上出门时与人相撞给碰掉了！

这时，尼娜终于明白了一个道理，只要有勇气昂起头来，就是一种美丽。

很多人不自信，无法放下心理包袱，没有勇气面对自己，并不是因为外因，而是因为内心的自卑。其实，我们每个人都要养成昂起头来的习惯，昂起头，才能展示出自己最美的一面。

智慧箴言

◎放弃是艰难的，要做到从容放弃就首先要坚定自己对未来的决心，只有你相信艰难之后可以获得更多的成功和幸福，你才会变得坚强，才能在蜕变之后获得辉煌的新生。

不为打翻的牛奶哭泣

宠辱不惊，看庭前花开花落；去留无意，望天边云卷云舒。

——《菜根谭》

在奔赴理想的过程中，所有人都要经历一番坎坷才能到达终点，那些弯路是我们必须经历的过程，而在弯路中失去则是必须付出的代价。纵观人这一生，总是在不断地得到与失去，不断从高峰到低谷，周而复始地重复着这个不变的定律。我们都要在岁月里逐渐失去自己的青春，也要不断失去那些熟识的朋友，曾经叱咤风云的气度也在生活的磨砺中逐渐消失。

在一艘油轮的甲板上，一位老人坐在那里悠闲地看书。

忽然，一阵大风从海上吹了过来，老人的帽子在大风的吹拂下飘了起来，随着风一直飞向大海，落在了水面上。可是那位看书的老人却好像没有察觉似的，只是抬头看了一眼飘落在水中的帽子，就低下头继续看书。

一个年轻人目睹了整个过程，他感到非常疑惑，便走过去问："先生，您的帽子刚刚被吹跑了，难道您没有发现吗？"

老人抬起头，对年轻人笑了笑说："我发现了，谢谢你的提醒。"说完，他又低头开始看书。

年轻人不解地问："我看那顶帽子非常精美，一定值不少钱呢！难道你不觉得可惜吗？"

老人说："是的，我觉得非常心疼，可是它已经飞进大海里了，我又能怎么办呢？现在，我只有筹划怎么再去买一顶新的来戴呢！"

年轻人看着老人悠闲的笑容，忽然明白了他的用意。帽子已经飞走了，再也无法找回来，而如果为了一顶失去的帽子而伤心难过，除了让自己不好受之外似乎没有任何作用。

还有这样一个故事。

在高速行驶的火车上，有一个老人拿出了自己新买的一双鞋给大家看。正当大家传看的时候，有人不小心让鞋从窗户里掉了出去。

大家感到非常惋惜，那是一双很不错的鞋子。而老人也觉得很可惜，不过他却立刻拿起剩下的那只鞋子，从窗户扔了出去。

这个奇怪的动作让大家大惑不解，老人笑着说："这双鞋虽然我很喜欢，但已经丢了一只，剩下的一只也就没有任何的价值。与其这样，还不如把两只都丢掉，万一别人可以捡到，还可以凑成一双来穿。"

老人的举动之中充满了他的人生智慧，与其让剩下的一只鞋子变成废物，还不如放弃它，用以成全别人。在老人的眼中，一双精美的鞋子并不需要由自己占有才有价值，只要它能够被人们所用，就已经体现了鞋子的价值。

有一个暑假，丹麦哥本哈根大学的乔根来到了华盛顿，准备开始自己的观光之旅。不幸的是，当他准备休息的时候，却发现自己的钱包不见了，而他仅存的财产就是身上不足两元的零花钱。无奈之下，他在旅馆经理的帮助下报了警，然后满怀期望地睡去。

第二天早晨醒来，警察没有带来什么好消息，所幸他的旅馆费用已经结清，而且他还拥有去芝加哥的机票。而现在，他只需要决定自己这一天该如何度过。乔根给了自己三种选择：一、打电话给芝加哥的朋友；二、在警察局等待消息；三、按照原计划，游览华盛顿。权衡之下，他决定继续游览华盛顿，因为他知道，也许穷其一生，他都不会再来华盛顿了，如果这一天白白浪费在警察局，那么他岂不是错过了华盛顿的一切，浪费了这次来之不易的机会？

因此乔根整理行装，揣着仅有的零钱，走上了华盛顿的街头，一路上看到了白宫、国会大厦、博物馆……显然，钱包的丢失，没有让他失掉一天的好心情。回到丹麦后，他收到了华盛顿警察局找回的钱包，而这次华盛顿之行在他的回忆里也充满着兴奋和开心。

我们每一个人都生活在现实的世界中，唯有当下才是最真实的。一味沉浸在昨天的痛苦或明天的缥缈中，你永远不会感到幸福和快乐，也不会有所成就。假如你能够像乔根那样，明白只有当下才是最值得把握的，相信你一定会拥有轻松愉悦的每一天，相信你的人生会一路欢声笑语。

吉伯和马沙是一对好朋友，有一次，他们和共同的作家朋友阿里一起去旅行。一路上，三人边走边聊，异常开心。这天，他们路过一个危险的路段，马沙一不小心，差点掉落山崖，还好吉伯手疾眼快，抓住了他，否则他将丧身山崖。马沙很感激吉伯的救命之恩，在山崖旁的石头上刻下了一句话："某年某月某日，吉伯救了马沙一命。"

惊险过后，他们继续这次旅行。但不知道为什么，这天吉伯和马沙争吵了起来。愤怒的吉伯抬手就给了马沙一巴掌，那清脆的一声把马沙打蒙了，他气愤地跑开，找到一片沙滩，写下一句话："某年某月某日，吉伯打了马沙一巴掌。"

后来旅行归来，阿里问马沙："为什么你将第一句话刻在石头上，而将第二句话写在沙滩上呢？”马沙笑着说：“救命之恩是不应该忘记的，所以我刻在石头上，希望永远铭记；而那一巴掌，我只希望写在沙滩上，让不快能够随着潮水消失，如同消失在我的心中。”

把自己所经历的美好的事情永远镌刻在生命的里程碑上，把那些令自己伤心、难过的事情抛向身后的沙漠任风吹散。这样当你某天回望人生时，你的经历就会如同一个个美好的圆环扣成的长链，洋溢人生的幸福与快乐。人生本就如此，幸福与否，快乐与否，完全取决于你记住了哪些事，又忘记了哪些事。

普希金的抒情诗《假如生活欺骗了你》最后有两句话是：“一切都如烟云，一切都会消失；让失去的变得可爱。”显然，有时失去不是忧伤，而是一种美丽；失去不一定是损失，也可能是奉献。只要我们有着积极进取的心态，失去也会变得可爱！所以，既然失去了就不会再回来，我们就不要为已打翻的牛奶而哭泣。

智慧箴言

◎人生的坎坷是必然的，是不可避免的。既然遇到了，我们就应该勇敢面对，不要哭泣，继续前行，只要你以一种积极的心态去迎接它，你的人生就一定会出现绚丽的彩虹。

应付的心态会毁了自己

我们醒来的每一天都是一个新的开始，又是一个机遇。为什么要把时间浪费在自怜、懒散、自私上呢？

——卡西 · 拜特

其实每一个人都可以把工作做好，但是如果我们总是抱着应付的心态去工作，就难免会粗心和草率，就不会得到令人满意的结果。

应付的心态往往会让一个人在工作的时候渐渐地懈怠下来，虽然他可能花了很长的时间去做，但并不见得能做好。

张云到一家公司做电话接待员，主要负责与公司潜在客户进行电话沟通。第一天上班的时候，老板就交代，是否留得住客户并不与张云的工资直接挂钩，她的主要工作就是给来电咨询的人们介绍公司的基本情况和主要产品，并且建议他们能够购买公司的产品。张云所在部门的经理也对她的工作进行了很大的帮助和指导。

时间一天天过去了，张云发现自己的工作其实一点也不累，很轻松，更不用费什么脑子，她在心里还暗自庆幸自己找到了一份既轻松又稳定的工作。她想，反正自己也不指望能有什么大的发展，只要能完成领导安排的任务，保住这个饭碗就行了。

但是张云却万万没有想到，在她仅仅工作两个月之后，部门经理就对她的工作表现出了不满。部门经理质问她："有很多客户反映，我们公司接电话的小姐态度很冷淡，对业务知识也不熟悉，工作态度很不认真。张云，你知道这个人就是你吗？你知道因为你的原因公司损失了多少客户吗？如果再这样下去的话，公司只能解雇你了。"

张云心里觉得很委屈，反驳道："我严格地按照公司的礼貌用语同客户进行沟通，也把公司的产品介绍得很详细。您怎么能说我态度不认真呢？"

部门经理回答道："你与客户交谈的时候确实使用了公司规定的礼貌用语，可是在你说话的语气中没有一点对客户的亲切和热心，你虽然背熟了公司产品的介绍手册，可是你并不了解它，遇到客户的问题，你总是把这些问题推给销售部门。其实你只是在应付工作，而没有积极地去把工作做好。公司应该是一个具备团队精神的整体，每个人都要为公司的效益负责！我认为你有必要好好地调整一下心态，增强责任心，努力争取每一个客户！"

不少以应付心态工作的人都喜欢强调"我做了"，他们也会常常说："我做了老板让我做的事情。"他们常常觉得自己虽然没有功劳却也有苦劳，在工作中出现了差错，他们又会理直气壮地说："这不是我的错！"事实上，以应付的心态去工作并不是明哲保身的好办法，因为敷衍出来的结果必然会存在某些漏洞，这样下去，自己的能力永远都得不到提升，更别指望有什么更高的成就了。

有一位老木匠，跟随着老板做了许多工程，建造了很多房子。随着年龄越来越大，他便提出要退休，而老板却对他说："希望你能做完最后一所房子再走。"

老木匠的技术是出色的，这一点大家有目共睹。所以老板很放心地将房子交给他来建造，可是已经心生退意的老木匠再也不能集中精力做事了，他总是敷衍地做着自己的工作，再也不像以前一样精益求精。虽然老板提供了最好的建筑材料，可是最后的结果却并不令人满意。

房子很快就建好了，老木匠告诉老板自己已经完成了工作。而老板却拿出钥匙放在他手上，说："这所房子是你为自己建的，我将它作为退休礼物送给你。"

老木匠听到这话，顿时目瞪口呆，他没有想到自己敷衍完成的工程居然是自己的房子。如果早知道自己将是这房子的主人，他一定会认真地完成工作，而现在他只能接受自己敷衍了事所带来的恶果了。

无论从事什么职业，我们都要避免出现应付的心态。

有一位业绩并不突出的推销员，生活贫困潦倒，每天他都在埋怨中度过。

圣诞前夜，这位推销员坐在公园的长椅上，看到家家户户都充满了节日的气氛，而他却只能孤独地回忆着自己失败的过去。他的衣服是旧的，鞋子也是旧的，人生似乎一片灰暗。

推销员看到自己破烂的旧鞋子，心想：这双旧鞋要陪伴我过圣诞了。

这时，一个坐轮椅的青年从公园经过，他因为失去了双腿，只能靠着轮椅移动。推销员的心里想道：看这个人，他连一双旧鞋子都无法穿。如果我还在这里抱怨自己没有新鞋子，那么他是不是应该更加抱怨自己没有双腿呢？可看上去他却那么快乐！和他相比我是多么幸运啊！为什么我就不能快乐一些呢？

想到这些，推销员忽然觉得人生充满了希望。在之后的时间里，他用这种心态鼓励自己，让自己珍惜每一次机会，努力拼搏，终于在几年之后获得了梦想中的成果，成为一名成功的推销员。

我们向四周看一看，你会发现社会上有很多天生残疾的人，他们不怨天尤人，而是对生活充满信心，自立自强，并在众人中脱颖而出，成为有用的人才。

在美国有这样一对孪生兄弟，弟弟是纽约的一名顶尖会计师，而哥哥却是监狱里的一个囚徒。生长在同一个环境里的一对孪生兄弟，为什么一个成了成功人士，而另一个却成了囚徒呢？一名记者对此感到很奇怪，于是他就去采访当会计的弟弟，问他是什么让他成为这么棒的会计师？这位优秀的弟弟说：“我的家在贫民区里，我的父亲不务正业，总是酗酒，每次喝醉了就会打我和妈妈。妈妈因此而患了精神病，我必须要努力才能逃脱这样的生活！所以我不断努力，终于有了今天的成就。”

第二天，这名记者又来到监狱，去采访那个服刑的哥哥，并提出了同样的问题：是什么原因让他成为今天的他？这个在监狱服刑的哥哥说：“我家住在贫民区里，我的父亲不务正业，总是酗酒，每次喝醉了就会打我和妈妈，妈妈因此而患了精神病。我生活在这样的环境里，只能每天去跟别人打架，除了这些我还能做什么呢？”

这名记者回到报社之后感慨万千，根据这两兄弟的故事，他写了一篇文章，对此事进行了报道，并在文章的结尾处，这样写道：“人不是因为环境而改变的，改变他们命运的是对生活的态度，以及对逆境所产生的不同的心态，所以说心态决定命运。”

要学会对周围的人有责任心，积极自信地去解决问题，要区分“做了”与“做好”的界线，避免“我做了”的想法；要鼓励自己做有益有效的工作，而不只是时间和精力的牺牲品；要积极主动地进行思考，设法使目前的工作具有更广阔的发展前景。

智慧箴言

◎我们克服了应付心态之后，就会有一种积极寻找解决问题方法的动力，就会有克服种种困难的意志力。我们以这样的心态去工作，我们的表现可能会达到一种崭新的境界，你也就能从工作中获得更多的成就感和满足感。

不能改变环境，就要改变心态

一个人的特色就是他存在的价值，不要勉强自己去学别人，而要发挥自己的特长。这样不但自己觉得快乐，对社会人群也更容易有真正的贡献。

——罗曼·罗兰

有人说：“穷人最缺的不是钱，而是一个平台。”我们仔细地去观察生活，会发现这句话说得很有道理。无论做什么事情，我们都需要一定的平台，而你成就的大小，不一定在于你平台的大小。其实，从某种意义上来说，一个人的心态决定了一个人未来成就的大小。

在陕西咸阳西北方向有一个很贫穷的村子，在村子里面有一个特别喜欢画画的男孩子。可是，在这样贫穷的村子里根本就没有像样的美术课本，小男孩只能照着一些书中的插图随便画画。

有一天，村长到小男孩家里做客，看见了在一边专心画画的小男孩，便问小男孩的父亲：“你的孩子在忙什么呢？”小男孩的父亲说：“这娃在画画呢，他从小就喜欢画画，我要把他培养成画家。”村长看了看小男孩笑着说道：“就他这样胡乱地涂画也能成为画家，那太阳真的要从西边出来了。”

虽然这句话是村长和小男孩父亲之间的玩笑话，但是这个脾气倔强的小男孩却牢牢地记在了心里，并且暗自发誓将来一定要出人头地，让村长看看。

在男孩初二那年，由于画画的特长，他顺利地进入了县城的一所优秀中学。由于他家离县城很远，所以他成了班里唯一的住校生。可是学校当时并没有集体宿舍，男孩只好自己找地方。在学校不远的地方是一个菜市场，男孩在那里找到一间铁皮房子住了下来。

到了夏天，铁皮房子里面热得像蒸笼，使他常常彻夜难眠。到了冬天，房子又特别寒冷，再加上取水不方便，他便用脸盆装满雪来洗脸。在天气比较好的春秋季节，他会叫上他的好朋友们来到自己的家里玩，有时也会和大家一起画画，他的梦想也就从这里开始起航。

1990年的一天，男孩去了省城西安，在那里，他得到了良好的教育。他系统地学习了绘画以及平面设计等课程。他通过自己的努力，成为当地一个小有名气的摄影师。

1997年7月份，他带着自己的相机去了北京。为了进入时装摄影这个圈子，他到了一家时尚类的杂志社去面试，可是当时的老总并没有打算留下他。但他心中有着自己的梦想，他对老板说："我可以不要工资，你们先让我在这里干一个月，最后再决定是否录用我。"

一个月以后，他成为这家杂志社的正式员工，从此，他也顺理成章地成为一名时装摄影师。他开始逐渐与许多当红明星合作，拍摄了很多时装照片。那时他才二十几岁，可是已经在北京的演艺界和时装界声名鹊起。

今天，他的名字前面经常被冠以"著名时装摄影师"、"资深时装摄影师"等称号，在国内许多颇有名气的时装杂志，如《时尚伊人》、《中国时装》、《中国摄影家》、《时尚先生》等中都有他的作品。他就是青年摄影家——郭三省。

其实只要你的心态正确，你需要的土地会随着你心态的扩大而变大。一个人有什么样的心态，就会有什么样的追求和目标。拥有乐观心态的人，他的人生目标肯定是高远的，有了高远的目标，也必然会为之努力奋斗。

吕宁和王超是在同一场面试中被公司录用的两个人，她们的学历在公司也是最高的。她们以为自己到了公司肯定会被重用。可是，当公司领导给她们安排工作后，她们很失望，她们干的活就和勤杂工没有什么区别。

王超开始厌倦这样的工作了，天天都在留意招聘信息，打算有机会就跳槽，她把自己的工作放到了一边，经常无故迟到。吕宁稍微好一些，虽然她嘴上也总是埋怨，但是她还是能够安心地工作。因为她还有一个信念，相信总有一天自己会得到认可。

为了更早地得到公司的认可，吕宁开始深入了解公司的情况，不断加强自己的业务水平，熟悉工作内容。半年以后，吕宁被调到了一个十分重要的岗位上任职，终于结束了那种单调乏味的工作。

而这个时候，王超还没有找到其他合适的工作，更加倒霉的是，公司已经给她递去了辞退信。

在我们的生活和工作中，可能会遇到很多突发情况，有的人遇到这些突发情况就开始心灰意懒，发脾气，甚至不能正常地工作和学习；而有的人则会以一颗平淡的心来看待这些突发情况，坦然面对，最后把突发情况给我们造成的损失降到最低点，这才是做人真正的大智慧。

智慧箴言

◎一个人不要太在乎自己脚下的土地，而要保持好心态，要懂得改变自己，学会适应生活。一个人总是不断地埋怨是没有用的。一个人成功与否很大程度上取决于他的心态，而不是脚下的土地。

▶换种想法，也许会柳暗花明

人的一生不像想象得那么好，但也不像想象得那么坏。

——莫泊桑

在漫长的人生旅途中，不可能会是一马平川，遇到各种各样的挫折和困难是在所难免的。这时候就需要我们选择积极的态度来面对，而不是退缩甚至是放弃。只有敢于迎难而上，才能取得人生的辉煌。

泰瑞斯的家里需要重新装修，他不得不搬到附近的一家小旅馆去住。因为旅馆离家非常近，所以泰瑞斯只带了两双袜子和一盒雪茄便住了进去。

这是一个非常小型的旅馆，来过的住客也都是附近的人。泰瑞斯虽然住的是上等客房，却在第一夜便发现了一个让人头疼的问题：这间房子里面居然有老鼠。

当时已经是半夜两点钟了，泰瑞斯被一阵怪声音从梦里吵醒。他侧耳倾听了一阵子，确定声音是从浴室里传出来的。于是他悄悄起床，来到浴室门口"啪"地一下打开了灯，一只正在浴室的地板上来回踱步的小老鼠被突然亮起的灯光给惊呆了，它怔在那里，望着门口的泰瑞斯足足好几秒钟才回过神来，一溜烟便跑到浴缸后面不见了。

虽然暂时赶走了老鼠，但灯一关，它又会跳出来作怪，发出各种奇怪的声音，让泰瑞斯一夜都无法入睡。

第二天，泰瑞斯红着眼睛对打扫房间的服务员说："你们的客房里头有老鼠。"

服务员睁大了眼睛说："不可能，这里是我们最高档的客房了，每天都有人在打扫，怎么会有老鼠出没呢！"

泰瑞斯疲惫地说："是我昨晚亲眼所见，真的是一只老鼠。它昨晚折腾了一夜，我都没有睡好。"

可是服务员却始终不肯相信，她只是强调："每天都会打扫的房间不会有老鼠！"

泰瑞斯最后只好放弃说服服务员。他走进电梯，对电梯管理员说："你们的服务员非常敬业，不过她似乎无法接受房间里有老鼠的事实，那是我亲眼所见，为什么她不肯相信呢？"

谁料电梯管理员和服务员说得一模一样，他说："这里是高档客房，不会有老鼠的，一定是您看错了！"

泰瑞斯已经不愿意再和人争辩了，他只是快步地走出电梯，将客房有老鼠的事告诉了旅馆前台。而前台的答复也和服务员一样："这不可能。"

疲惫的泰瑞斯决定放弃，他只好离开旅馆回到自己家里。而这座小旅馆中却传开了关于泰瑞斯的消息——那个奇怪的人，只带着两双袜子住进了我们的旅馆，并且看到了谁也看不到的老鼠！真是一个怪人！

当泰瑞斯晚上再次来到旅馆的时候，"怪人"的称号已经不胫而走。每一个人看到泰瑞斯时都带着一种怪异的神情打量他，露出奇怪的微笑，似乎彼此在交换着对这个“怪人”的看法，以及自己所找到可以证明泰瑞斯是“怪人”的新证据。

感受到这种怪异的目光，泰瑞斯的心里有些愤愤不平。自己明明看到有老鼠，为什么这些人不肯相信呢？为了证明自己所说的是事实，他准备了捕鼠器，又悄悄带了一堆面包，准备第二天晚上将那只老鼠抓获。

泰瑞斯将捕鼠器安置在浴室里，竖着耳朵听了一夜。早晨起来一看，那只小老鼠果然被关在笼子里动弹不得。泰瑞斯得意地看着小老鼠，心想：我就让你们看看究竟谁才是“怪人”！

他打算就这么提着笼子走出去，在楼道里拿给那个服务员看，然后给电梯管理员看，最后他要将老鼠笼放在前台的桌子上，告诉她：“我捉到了老鼠，现在你们是不是要承认客房真的有老鼠存在了！”

想到服务员、电梯管理员和前台脸上诧异的面容，泰瑞斯的心里一阵快活。可是当他提着笼子要走出房门的时候，忽然听到内心深处有一个声音说：“我的朋友，你这种做法是不是太无聊了？”

泰瑞斯止住脚步，心想：我带着两双袜子来住旅馆，让别人以为我是“怪人”，而现在我抓住了老鼠，带去给每个人看，就是为了证明这间号称没有老鼠的旅馆里头真的有老鼠存在。这样的行为不仅无聊，而且非常惹人讨厌。那个服务员、电梯管理员和前台，一定会更加认为我是一个“怪人”！而我不惜一切手段去证明自己没有错，不正是自己气量狭小的一个证据吗？知道自己是正确的，这就已经足够了，为什么要证明给别人看呢？我为什么要成为这么一个迂腐而又无聊的人呢？

想清楚后，泰瑞斯轻轻走到窗前，他打开了笼子，让小老鼠跳到窗外的窗台，一路向着楼下的花园跑去。

过了一会儿，泰瑞斯带着轻松的笑容去楼下退房，他和每一个遇到的人都点头微笑，而每一个人也都对他回以亲切的微笑。

当确定自己的所为是正确的，便无须向别人证明，只要坚持自己的心性便已经足够。人的心态变化是最难捉摸的，因为它无迹可寻。此时还认为很重要的事，到了彼时反而显得不足为道，而只要坚持住心性，便能保留心态中阳光、温暖的部分，让自我得到安慰，回避可能遭遇的风险，非常坦然地处在对事物的全面理解从而轻松愉悦的境界之中。

在得克萨斯州降生了一个叫亚林诺的男孩。男孩在温暖和谐的家庭气氛中成长着，到了上中学的年纪，母亲便把他送到了当地一所学校。

学校实行全封闭寄宿管理制，在那里新生都要进行为期10天的军训。

学校餐厅提供免费的午餐,但由于训练强度大，每项训练都很艰苦，所以孩子们吃起饭来狼吞虎咽。每次等亚林诺准备盛第二碗饭的时候，大锅里总是空空如也。这样，一连三天，12岁的亚林诺的午餐都只吃到一碗饭，只能饿着肚子继续下午的训练。

饥饿让亚林诺难以忍受，于是他想偷偷溜出校门，去外面的快餐店买一块三明治或是面包。他弯着腰，穿过一片郁郁葱葱的树林，正准备翻过学校的小围墙，不幸的是，他被校长发现了，受到了最严厉的处罚。

第三天，母亲来到学校看他，亚林诺满腹委屈地向母亲倾诉。没料到，母亲却笑了，她摸着亚林诺的头温柔地说："宝贝，吃饭的时候，你是不是一开始就盛满满一大碗？"

"是的。"亚林诺抬头看着母亲的眼睛。母亲又接着说："所以，你吃不饱！"亚林诺诧异了："我要是不先盛一大碗，就更吃不饱了。"

母亲一笑,说："你可以先盛半碗，这样，你就比别人先吃完，有时间再盛第二碗，还可以是满满一大碗。"

亚林诺委屈的笑脸一下子就绽放出灿烂的笑容。

苦难并不是生活对我们的惩罚，它是对我们的激励，是一笔宝贵的财富。通过苦难，我们可以让自己的意志更加坚强，心智更加成熟。

智慧箴言

◎在我们的一生中可能会遇到各种各样的困境和不幸，有时候这些所谓的不幸也可以演化为激励我们前进的巨大动力。当我们在人生低谷的时候，不妨笑着来面对困难的考验，心态乐观了，困难也会变得渺小，最终我们一定能走出困境，走向幸福。

不要束缚了自己的心灵

庸俗的心灵，决不能了解无边的哀伤对于一个受难的人的安慰。只要是庄严伟大的，都是对人有益的。痛苦的极致就是解脱。压抑心灵，打击心灵，置心灵于万劫不复之地的，莫如平庸的痛苦、平庸的欢乐、自私而猥琐的烦恼。

——罗曼 · 罗兰

乔治 · 马歇尔教授毕业于哈佛大学，他一生都以此为自豪。而且，在马歇尔家族中，有很多个哈佛大学的毕业生，乔治的爷爷、爸爸也都是哈佛校友。因此，马歇尔家族在当地被人叫作"哈佛家族"，在乔治的眼中这是至高的荣誉。

美国有一句俗语：先有哈佛，再有美国。每一个美国人都认为这所有三百年历史的哈佛大学是全世界一流的大学，它不仅培养了7位美国总统，还培养了34位诺贝尔奖获得者，此外还有许多社会精英也从这里毕业。马歇尔教授希望"哈佛家族"的荣誉可以一直传承下去，因此当他的儿子一出世，他便开始教导儿子为进入哈佛而努力。

马歇尔教授的儿子马克西姆·马歇尔继承了他父亲的聪明才智，从小便表现出非同一般的智慧，让周围的人赞叹不已，纷纷说“哈佛家族”即将诞生又一个哈佛毕业生了。每当听到别人对马克西姆的赞美，马歇尔教授都觉得非常开心，似乎看到儿子已经戴上了哈佛的学士帽一样。

但是，随着马克西姆不断长大，他似乎越来越不愿意执行父亲的愿望了。当他从高中毕业准备申请大学的时候，忽然提出：“我不想去哈佛。”

马歇尔教授夫妇大吃一惊，十多年来对自己无比顺从的儿子忽然说出了这样的话，而且将他们夫妇十多年的愿望一下子击碎了，这使他们无法接受。

教授大声喊道：“你为什么不愿意去？难道你不知道哈佛是最优秀的大学，是所有人期望的目标吗？你这个蠢材，难道你不理解这一点吗？”

马克西姆只有十几岁，正表现出这个年龄的孩子所特有的倔强。他歪着头不看自己暴怒的父亲，只是低声说：“我就是不想去。”

教授夫人忙按住马歇尔的手，轻声地对儿子说：“孩子，你知道进入哈佛对你来说意味着什么吗？它可以让你获得世界上最好的教育，让你在进入社会之后成为最优秀的人，你可以和全世界最聪明的人打交道，向他们学习。如果失去了这个机会，你的人生将会变成什么样？你有没有想过这个问题。”

马克西姆低着头说：“我一直是按照你们的意愿生活的，现在我只是想要自己做出一个选择而已。”

马歇尔教授毕竟受过高等教育，他努力抑制住自己的情绪，对儿子说：“马克西姆，你知道马歇尔家族被叫作‘哈佛家族’，正是因为我们家的孩子都是从哈佛毕业的，这个美好的传统难道要在你这里被打断吗？你的祖父如果看到你拒绝进入哈佛一定会非常失望的。”

这些饱含着感情的话并没有打动倔强的马克西姆，他坚持说：“难道我不进入哈佛就不是马歇尔家族的孩子了吗？如果要成为这个家族的后人必须要以进入哈佛为条件，那我宁可放弃。”

教授夫妇慢慢让自己平静下来，他们仔细考虑了马克西姆的话，认识到他们确实是将自己的愿望强加给了孩子，而从来没有询问过他的意愿。经过了一番艰难的挣扎，他们决定告诉马克西姆：“孩子，我们对你的爱是没有条件的，不管你是否去哈佛读书，你都是我们最爱的宝贝。”

马克西姆听到父母的话，似乎深深地舒了一口气，他说：“我需要考虑两天。”

两天之后，马克西姆告诉马歇尔教授夫妇：“我不想去哈佛。”虽然已经有了心理准备，但夫妇二人还是感到非常失望，因为他们十多年来都是为这个目标而努力的，可最后却是一场空。不过，他们还是努力不让自己流露出一丝一毫的失望表情，而是微笑着接受了马克西姆的决定。

父母的接受让马克西姆感到非常诧异，他没想到自己真的可以达到反抗他们的目的。他只是不希望自己的人生被父母规划，能够自己做出选择而已。在决定获得了父母的首肯之后，他才开始恢复心态，理智地去考虑自己的未来，思考自己要申请什么样的大学。最后，他得出的结论是：哈佛大学。

当马克西姆将这个结果告诉马歇尔教授夫妇的时候，他们感到非常惊喜。但马克西姆却说："这是我自己的决定，并不是因为你们要我去我才去的。"

不同的心态会影响人们做出不同的决定，当一个人执着于反抗别人的时候，他会以作对心态来做决定。而当一个人为了自己的未来理智思考的时候，他会摒弃其他的干扰，以冷静的心态来思索。如果希望我们可以做出正确的决定，那就让自己的心态变得更纯正，避免干扰，让自己可以集中心力去作认真的判断。

天性开朗的布兰妮与自己的邻居相处得非常和谐，但是有一天她却对丈夫说："我实在受不了隔壁的艾尔波特了！"

原来，隔壁的邻居艾尔波特是一个修理工，他每天都要忙到很晚才会回家。这一点，布兰妮倒是无所谓，让她受不了的是好几次她都看到艾尔波特在门口杀鸡，弄得到处都是血淋淋的一片。

当布兰妮第三次看到艾尔波特又在门口杀鸡的时候，听着那只鸡凄惨的声音，她实在忍不住了，便走过去说："你好，艾尔波特，我有个问题很想知道：你怎么总是在早晨杀鸡呢？"

艾尔波特抬头看了看布兰妮，不以为然地说："你没看到这是一只公鸡吗？反正它也不会下蛋，不如杀掉省事。"

布兰妮疑惑不解地问："公鸡当然不会生蛋，但它有其他的用处。它可以打鸣呀！"

艾尔波特这才认真地说："正是因为它打鸣，才会有这样的下场。"

这一次，布兰妮更加疑惑了，她郑重地说："我已经连续好几天看到你在杀鸡。既然你买了一只公鸡回来，就是为了让它打鸣，可是因为它打鸣，你却要杀死它！这到底是什么道理？"

终于将手中惨叫的公鸡杀死，艾尔波特将它扔到旁边，一边擦着手上的鸡毛和血渍，一边回答布兰妮的疑问："你知道，我是一个修理工，每天都要忙到很晚，所以我非常需要早上的睡眠。可是又不能起得太晚，以免误事。但是这些公鸡却很早就开始打鸣，每天都让我睡不踏实，在睡得最香的时候被吵醒实在是一件令人恼火的事。"

布兰妮问："你既然知道它会很早就打鸣，为什么还要买新的公鸡回来吵醒你呢？"

艾尔波特看上去非常恼火，踢了一脚地上的公鸡说："我是希望买到一只会晚一些打鸣的公鸡，而且我每次都会告诫它们，让它们不要那么早就叫，却一直买不到符合要求的公鸡，而它们也一直坚持自己的做法。所以最后的结果只能是杀掉它。"

听到这个理由，布兰妮无奈地叹了口气说："艾尔波特，为什么你就不能改变一下自己的习惯呢？你完全可以早一些起床，而不是总去杀掉打鸣的公鸡呀。"

艾尔波特似乎觉得她的建议非常不可思议，睁大了眼睛说："这怎么可能，我从小就养成了晚起的习惯，已经二十多年了，我一直都不会早早起床。难道为了一只公鸡，我要改变自己的习惯？"

布兰妮摇摇头说："可是报晓是它们的天职，你不能改变自己十几年的习惯，却希望改变它们几千年来的习惯，难道不觉得这很荒谬吗？"

艾尔波特气愤地扔掉手中的刀，一边推开大门回家一边喊道："我为什么要向一只公鸡让步？我是主人，本来就应该是它们对我妥协。如果它们一直不肯让步，那么最后的结果就是让它们丢掉性命，我又能有什么损失呢！不过是去买一只新的公鸡回来而已。"

在只需要一点点让步就可以解决的矛盾面前，人们却因为固执己见，不能改变自己的心态而付出代价，这些代价有时候甚至需要牺牲某些生命。要改变心态，就要有开放的观念、活跃的心灵，承认并尊重别人所具有的自主能动性，寻找到妥善解决的方法。否则，不管是用强制手段达到目的，还是撒手不管听之任之，都会导致事情走向极端。

在实际生活中，很多成功的人士都经历过许多不顺心的事情，但是正是由于他们从来不灰心，勇于拼搏，最后才能够修得"正果"。就让我们来看看下面这个人的经历吧，你将从中受到很大的启发。

这个人，22岁，做生意遭遇失败；23岁，决定竞选州议员失败；24岁，他重操旧业又开始做生意，结果赔得一无所有；26岁，他的情人离他而去；27岁，他的精神几乎面临着完全崩溃，差一点就住进了疯人院；29岁，他又竞选州议员，但是又失败了；31岁竞选国会议员，也失败了；47岁，他竞选副总统还是失败了；49岁，他竞选参议员再次失败。

这个人的一生几乎与"失败"为伍，他在忧郁和消沉的时候，他的朋友不得不把他所能接触到的小刀片之类的锐器都藏了起来，因为担心他因为想不开而自杀。但是，这个人是坚强的，他终于走过了生命的冬季，等来了春天——在他51岁那年，竞选总统成功，成为美国历史上与华盛顿齐名的总统之一，他就是亚伯拉罕·林肯。

在一个雨后的下午，一只小小的蜘蛛正在墙上爬着。它辛苦编织的蜘蛛网被风雨吹打得支离破碎，而雨后的墙壁又显得非常滑，每当它向上攀爬一点，就会掉下来。可是这只小小的蜘蛛却一直不断地尝试着，一次又一次向上爬。

在墙壁的旁边，有三个避雨的人正看着这一幕。第一个人叹了一口气，用哀伤的语调说："这只蜘蛛就好像我，我已经忙碌了大半辈子了，却一事无成，就像雨后的蜘蛛一样。"得出这样的结论之后，他继续过着碌碌无为的生活，每天都在虚度岁月。

第二个人看到蜘蛛的行为后，摇摇头说："这只蜘蛛真的太笨了，既然这里太滑爬不上去，为什么不去找一个干燥一些的地方爬呢？只要它稍微挪动一下，就可以找到能攀爬的地方。我以后可不能像它一样傻。"此后，这个人不断告诫自己寻找捷径，人也因此变得聪明起来。

第三个人看到蜘蛛一直不肯放弃，感动地说："这只蜘蛛太坚强了，虽然失败了这么多次，可它还是一直不肯放弃，我要学习这种精神。"此后，他果然学习了蜘蛛的坚强，屡败屡战，永不放弃。

同样是一件不顺心的事情，你用什么样的心态去看，就会有什么样的结果。我们想让自己在职场上能够有所成就，就要学会以乐观的心态去看待失败，不要束缚自己的心灵，抛开悲观的阴影，从失败中走向成功。

智慧箴言

◎一个人的一生不可能是一帆风顺的，总会有各种各样的沟沟坎坎，但是，我们只要打开我们的心扉，放飞我们的心灵，让心灵受到点阳光的照耀，变得乐观、开朗起来，那么，我们一定能够把沟沟坎坎填平、铺好，走出我们人生的精彩大道。

改变心态，让自己快乐起来

态度决定成败，无论情况好坏，都要抱着积极的态度，莫让沮丧取代热心。生命可以价值极高，也可以一无是处，随你怎么去选择。

——吉格斯

法国著名的作家大仲马对于人生有独到的见解，他认为人的一生都充斥着各种不同的烦恼，但有些人却可以微笑着来面对，所以他们过得快乐，得到了人生的幸福。这种笑对烦恼正是乐观性格的表现，一个良好的性格可以影响一个人的命运，因为它会决定你从什么角度来看世界。

安东尼和奥古斯丁是邻居，他们从小一起长人，是一对形影不离的好朋友。幸运的是，他们还有共同的爱好，喜欢到户外去摄影。每当带回来一张漂亮的照片，他们就会在邻居中到处炫耀，感到非常快乐。

在一个秋天的午后，安东尼来到奥古斯丁家，邀请他和自己去拍夕阳。奥古斯丁欣然答应，两个人和家人打了招呼便一同出门去了。

在野外拍摄夕阳的时候，安东尼感到非常开心，他对奥古斯丁说："你以前一直在帮助我，我决定从此也要努力，不再让你帮我了。"

奥古斯丁笑着说："我们是朋友，互相帮助一下能有什么大不了的呢？"

可安东尼却固执地说："不，每次你帮助我，都让我欠了你一个人情，我不想这样。"

在回去的路上，奥古斯丁走在前面，忽然听到身后安东尼大声呼救，他忙折身回来一看：安东尼陷进了一个泥潭里！

奥古斯丁大声地说："不要着急，我马上来救你！"说着，他找了一根树枝，趴在泥潭边上将手伸向安东尼，大喊："快把手伸给我，快抓紧树枝！"

可是安东尼却慌乱地大叫着："我要死了！我要死了！"

奥古斯丁看安东尼慢慢地陷落进去，忙大喊："安东尼，不要再动了，你只要抓紧树枝，我就能拖你上来！"

可是安东尼却说："不！不要！我说了不想再欠你人情，让你救我，岂不是又让我欠你人情！我要靠自己的力量爬出来。"说完，安东尼便用力想要从泥潭里抽出自己的腿，可是稀泥却好像无数双手一样紧紧地抓着他的腿不放，想要抽出左腿时，右腿反而更深地陷入；想要抽出右腿时，左腿也会更深地陷进去。

奥古斯丁焦急地说："安东尼，你不能动，你越动只会陷得越深。快抓住树枝，让我拖你上来吧！"

固执的安东尼却不肯听奥古斯丁的话，他依旧说："我不想欠你人情，我要自救，不需要你的救助！"

随着安东尼的挣扎，他的双腿越来越深地陷进泥潭里去了，慢慢地连腰也陷入进去，稀泥快要没到他的胸口了。奥古斯丁急得要哭出来，他大喊着："你这个笨蛋，我可以救你，为什么你不愿意接受！你再这样下去一定会死的！"

在泥潭里的安东尼感到稀泥对胸腔的压迫，他的呼吸已经越来越弱，全身的力气也好像被泥潭吸走了一样，可他还是说："我要死了，我不想在临死的时候还欠你一个人情！"

最后，安东尼在泥潭里慢慢消失了，奥古斯丁只好哭泣着回到家里，将这个不幸的消息告诉了安东尼的父母。

安东尼的父亲听完，痛哭流涕，他难过地说："这个傻孩子，怎么就因为不想欠人情而丢了自己的性命呢！"

故事发人深省，安东尼不是死于泥潭，而是死于他的心态。互相帮助是人们相处时的一种方式，每一个人都曾经帮助别人或获得别人的帮助，在这一过程中我们体现自己的价值。求助和帮助并不会让朋友之间有隔阂，反而会让友谊更牢固。而安东尼却认定求助别人是失败之举，这种不良的心态就会让我们失去朋友，失去别人的帮助，以至于付出惨痛的代价。

在俄亥俄州的一个小镇上，有一家延续了几十年的小杂货铺，它的老板名叫查尔斯。差不多90年前，查尔斯的爷爷就创办了这家店，他努力经营，为镇上的人提供了生活的便利，而公道的价格也让大家对这家小店赞不绝口，使它成为查尔斯家的生活来源。在爷爷去世之后，查尔斯的父亲接替了他的岗位，成为这家杂货店的主人。而查尔斯长大之后，自然也就继承了这份祖产。

这家小店在查尔斯的经营下发展得更加蓬勃了，它就好像是小镇上每一个人的朋友，与大家亲切相处着。查尔斯的儿子出生之后，他更加倾注了全部的心血在小店经营上，希望可以让儿子将来也继承这家店，成为查尔斯家族的传承。

随着经济的发展，小镇上的人越来越多，这本来是一件好事，但对查尔斯来说却成了一个噩梦。因为，有一天，有一个外乡人忽然来到查尔斯的小店，对他说：“嗨，伙计，我打算收购你的小店！”

这个外乡人穿着华丽的衣服，提着沉甸甸的钱袋，看上去似乎就是一个有钱人，让人觉得他说这话并不是开玩笑。但查尔斯却冷冷地看了他一眼说：“这个小店我不会卖的，你还是赶紧走吧！”

外乡人打量着小店的门面，笑着说：“你的店很破旧了，已经不足以跟得上现在大家的需求。我只是看上它是一家老字号，所以打算收购。难道你以为它还能继续存活下去吗？”

查尔斯气愤地说：“这家店是我爷爷创办的，他给了我父亲，而我父亲又给了我，将来我要将它给我的儿子。这不仅是一家店，更是我们家族的信仰和遗产。我怎么会轻易把它交给一个外乡人呢？你快死了这份心吧！”

这个外乡人看到查尔斯没有让步的意思，便轻蔑地说：“如果你不卖给我，你一定会后悔的。我打算把你对面的那个铺面收购了，重新开办一个杂货店。到时候，我会进最好的货品，定最低的价格，相信镇上的人都会喜欢我的店，而你这家破旧的小店也就没有生意可做了。到时候你想卖，都没人会要的！”

外乡人走了，没过几天，对面的铺面果然来了一群人。他们拆掉了旧的门窗，换上了全新的门和玻璃窗户，墙壁也被粉刷得雪白，一切显得焕然一新。看来那个外乡人没有食言，他即将在查尔斯的对面开一家店，将查尔斯这家老店击垮了。

随着新店装修的步骤一步步向前，查尔斯的心也一天天跌落在深渊里。他从窗户看出去，看到那个新店的每一个角落似乎都在闪着光，和它相比，自己的老店就好似一个垂垂老矣的老太婆，已经失去了任何的吸引力。随着这家新店的开张，查尔斯觉得自己可能真的要失业了。

不过查尔斯的太太却不这么想。在对面外乡人的新店要开张的前夜，她看到丈夫忧愁得无法入睡，便拍了拍他的肩膀，说：“亲爱的，你完全不用为对面的新店而烦恼，明天他们开张的时候，你还应该去祝贺一下！”

查尔斯没好气地说：“祝贺？我恨不得放一把火把那家店给烧了，你还让我祝贺他！祝贺什么？祝贺他早日倒闭吗？”

查尔斯太太笑着说：“当然不是，你应该去祝贺人家开张大吉，以后生意兴隆。”

查尔斯气得要跳起来，他冲着妻子大吼：“你到底懂不懂现在发生了什么？别人要挤垮我们的生意，你反倒让我去祝贺人家生意兴隆？他们的生意兴隆了，我们就要喝西北风了。”

听到这话，查尔斯太太说：“你这样想是不对的，难道因为你不愿意，他的生意就会不好吗？难道因为你不喜欢，他的店就会被火烧吗？既然别人的店迟早都要开张，我们何不让自己开心一些去接受这个事实呢？更何况，镇子上的人越来越多了，我们不用担心客人会不会上门。只要我们的生意做得好，招呼得殷勤，自然会有人来上门。你完全不用担心啊！”

查尔斯听妻子讲得有道理，便问：“那万一新店开张后，都没有人到我们这里来，我该怎么办？”

查尔斯太太说：“原来，只有我们这一家店，所以顾客没有别的选择。现在有了两家店，人们就会有比较，经过了一番比较之后他们还肯上我们家的店里来，这才真正说明他们是我们忠诚的客户，是值得我们珍惜的。而且，我们的店已经多年来不装修了，正是因为没有比较，所以你也没有了上进心。现在有了别人在身边作比较，你说不定会比以前更努力，店里的生意还会更好呢！”

按照妻子的要求，第二天一大早，查尔斯就走进了外乡人的新店，大方地说：“外乡人，祝贺你的新店开张！希望你以后可以为镇上的人提供更多便利！”

镇子上的人看到查尔斯这么大度，也感到非常欣喜。两家店互相竞争，并没有夺取查尔斯店多少的生意，反倒因为他不断改进，每个月的收益比以前还要多了。看到这一切，查尔斯不由得笑开了花，想到以前自己曾经为了别人的新店开张愁得睡不着，连他自己都觉得好笑了。

不同的心态决定不同的处理方法，也会产生截然不同的结果。很多时候，我们的对手不仅不一定是敌人，相反，还可能是我们的导师——通过对手的眼睛，我们发现了自己的不足。所以，在心胸宽广又智慧的人眼中，对手是朋友，也是我们学习的对象。与其和别人对立，导致两败俱伤，不如和对手牵手合作，共同实现辉煌的目标。宽阔的胸怀显示出一个人的高情商，而这也是成功者必备的条件之一。

智慧箴言

◎生活中，保持心态的轻松、愉悦，让你的幸福感受感染周围的人，我们的愉悦也会得到巩固和加强，带着这样的心态去与别人接触，就会成为传递快乐心态的天使。如果每一个人都能被这种快乐感染，获得良好的心态，我们的生活自然可以变得更加和谐融洽。

控制心中的愤怒

人要是发脾气，就等于在人类进步的阶梯上倒退了一步。

——达尔文

喜怒哀乐，本是人之常情，可是在某些关键时刻，我们必须跳出易怒的心境，善于控制自己的情绪，做自己情绪的主人，以平和的心态去解决问题。假如情绪失控，急火攻心，即将到手的成功“桂冠”难免会付诸东流。

世界台球冠军路易斯·福克斯的最后一次比赛是在纽约举行的。这一天，路易斯·福克斯的状态非常好，击败了几乎所有的对手，而现在，只需要再赢得一局，他就能稳操胜券，再一次加冕冠军。

然而，天有不测风云，就在他准备击球的时候，发现有一只苍蝇落在了主球上。路易斯·福克斯十分厌恶地赶走了苍蝇，可当他再次准备击球的时候，这只苍蝇又回到了主球上。此时路易斯的情绪已经不能用愤怒来形容了，他再一次驱逐苍蝇，可恶的苍蝇破坏了他的好心情。台下的观众此时已经开始狂笑，看着这个著名的世界冠军和苍蝇的大战。在接下来的比赛中，路易斯·福克斯连连失利，最后也没有赢得比赛。就这样一只苍蝇，让他与即将到手的冠军失之交臂。

更不幸的是，第二天，人们在河里发现了路易斯·福克斯的尸体，这位著名的世界冠军就这样告别了他的辉煌人生。

愤怒情绪是一种心理病毒，它不仅容易使人丧失理智，做出很多傻事，还会危及身体健康。因此，我们一定要学会“制怒”。俄国大文豪屠格涅夫曾劝告与人争吵、情绪激动的人：“在开口之前，先把舌头在嘴里转十圈。”总之，当你心中怀有愤慨或不平而觉得不舒服时，要及时通过适当宣泄、转移、升华、回避等方式，理智地将那些“情绪炸弹”扔掉。

“石油大王”约翰·洛克菲勒曾经遭遇过这样一件事。那天，他像往常一样来到办公室，准备处理那些紧急的或者不紧急的，但都关乎着他的公司命运的事务。正在这时，他办公室的门被大力地撞开，进来一个陌生的男人。这个男人直奔他的写字台，双拳有力地撞击它，嘴里还不住地叫嚷：“洛克菲勒，我恨你！”

男人用他的拳脚表达着他的愤怒，破坏着办公室里的一切事物，而对着唯一的人——洛克菲勒，他则是用最粗俗恶毒的语言谩骂着。而洛克菲勒，作为受害者，却表现得非常平静，仿佛在看一个小丑表演一般，既不还嘴，也不询问，任由男人发泄自己的怒气，而他则坐在椅子上继续自己的工作。

洛克菲勒的员工们十分不解，为什么不让保安“请”走这个莫名其妙的人呢？但洛克菲勒始终不动声色，任由男人疯狂发泄。终于，男人的声音渐渐小了，直至消失。而洛克菲勒对这一切视若无睹，专注着自己的文件，就连男人的离开，他都没有抬头看一眼。就这样，洛克菲勒用自己的冷静轻易地打败了一个男人的愤怒。

不理睬他人对自己的无礼攻击，便是对对方最沉重的回击。成功者每战必胜的原因，便是当对手急不可耐时，他们依然能像往常一样冷静与沉着。

人生犹如跌宕起伏的海洋，我们每个人就是那艘航海的船，而情绪无疑就是那艘船上的帆。我们只有适时地调整帆的方向，才能拥有成功和快乐的人生。

斯坦德是一家公司的经理。这天早上闹钟罢工，他起床比平时晚了许多，为了全勤奖，斯坦德开了车就跑。

为了赶时间，斯坦德连闯了数个红灯，但很不幸，在一个路口，他被警察拦了下来，最后的结果是他不仅迟到了，全勤奖泡汤，而且还被警察开了好几张罚单，真是偷鸡不成反蚀把米。

早上的遭遇让斯坦德非常气愤，当他回到办公室，看见秘书竟然忘记寄出他交代的信件时，怒火再也忍不住了，他叫来了秘书，把她一顿痛骂。

秘书一大早被骂了一顿也是非常气愤，出门的时候看到总机小姐，再也忍不住，责怪她为什么不在昨天提醒她寄信。

总机小姐感到委屈是不言而喻的，觉得这真是悲惨的一天，所以当她看到清洁工打翻了一个杯子的时候，又将清洁工骂了一顿。

清洁工带着郁闷的心情回家了，看到调皮的儿子把家里搞得天翻地覆，再也没有了往日的好脾气，抓住儿子就是一顿揍。儿子被打得眼泪汪汪，正好脚下的大猫靠过来，他一时气愤，抬起就是一脚，可怜的大猫，最终承受了人类的怒火。

其实，在生活中遭遇一些不愉快是很正常的事情，在处理事情之前，一定要记得先处理心情，而不要让坏情绪传递，破坏了生活。及时赶走心中的坏情绪，也是一种生活的智慧。

公园里的长椅上，静静地坐着一个女孩，神情漠然。她没法开心起来，就在今天早上，当她如往常一样踏入公司的时候，她的老板将一封解雇信直接送到她的手中。就这样，她被辞退了，没有理由。她匆忙收拾了一下个人物品，仓皇逃走，来到了这里，一坐就是半天。她不知道该怎么办，仿佛连阳光都变得暗淡了。正在这时，她听到一个男孩的笑声。四处一看，原来小男孩就在她的背后。她不由好奇："你在笑什么呢，小朋友？"小男孩一脸得意地说："这条长椅早上刚刚刷过油漆，看你怎么办。"

女孩一顿懊恼，心想今天真是祸不单行，现在连小男孩都来嘲笑她了。但她猛然醒悟，这个小男孩和她的那些同事多像啊，都喜欢躲在背后看她的笑话，她一定要坚强，不然岂不是让他们得逞了。

女孩忽然笑了，指着天空对小男孩说："啊，快看，那是什么？"趁着小男孩转头的瞬间，女孩赶紧站起来，脱掉外套拿在手中。阳光下，她颜色鲜艳的毛衣仿佛怒放的花朵一般耀眼。

生活中，我们都会碰到不如意，我们也会失落、会痛哭、会发脾气，但短暂的发泄之后，我们要像女孩一样，随时脱下"外套"，让自己重新拥有鲜亮的心情。

有一个小伙子非常喜欢兰花，工作之余也在他的住处种了几盆兰花，美丽的花朵总是让他忘记烦恼，恍如进入仙境。有一次，公司派他外出公干，时间久了，家里的兰花自然没人侍候，于是他让自己的弟弟时常过来照看一下这些兰花。弟弟几乎每天都过来，精心地照顾着哥哥的宝贝。但有一天，他一不小心碰倒了花架，所有的花盆瞬间掉落，娇贵的兰花就此夭折。弟弟很伤心，觉得对不起哥哥，而且他也担心，害怕哥哥回来会因此大发雷霆。终于哥哥回来了，却没有责怪弟弟，只是笑着说："我养兰花可不是为了生气。"

洒脱一些，才会及时赶走心中的坏情绪。不为打碎的兰花生气，这是智者的生活态度。

在苏格兰的南部，人们所热衷的游戏都是骑马、打桌球等活动，勃朗宁先生也非常喜欢这些消遣活动。但是某一天下午，当他发现外面湛蓝的天空时，脑海中忽然蹦出了一个想法：钓鱼！

在勃朗宁先生的邻居中很少有人去钓鱼，所以，勃朗宁夫人便劝他说："我们连一支鱼竿都没有准备，怎么去钓鱼呢？我看还是不要去了。"

可是，突发奇想的勃朗宁先生却忽然对钓鱼充满了向往，他兴奋地说："你看外面的天空多美，我相信接下来的几天应该天气都不错。要是这个时候可以在湖边坐下来，安静地钓上几条鱼来，一定是非常惬意的事情。没有鱼竿没关系，我可以去商店买！"

勃朗宁夫人对丈夫的想象感到非常可笑，便笑着说："你要知道，这个区根本没有人钓鱼，所以商店也不会有鱼竿卖。"

听了夫人的话，勃朗宁有些懊恼，他坐在沙发上一言不发，心里全都是钓鱼的乐趣。突然，他从沙发上蹦起来，像个孩子似的大喊："我想到了，我想到了！我们的朋友米歇尔不就有鱼竿吗？去年他买了鱼竿之后还专门和我们讲过呢！我可以去找他借！"

勃朗宁夫人皱着眉头说："米歇尔的鱼竿非常昂贵，你确定要去借吗？"

勃朗宁一边穿上外套一边说："放心吧，我一定可以借到，我和米歇尔已经认识十多年了，这么点儿交情还是有的。"

满怀信心的勃朗宁走出家门，向离他家不远的米歇尔家走去。

不一会儿，勃朗宁路过一家酒吧，他便想：进去喝一杯吧。

在酒吧里喝了几杯酒，勃朗宁又上路了。可是走出去没多久，他的脑子里忽然闪出妻子的话：那支鱼竿确实很昂贵，米歇尔会不会借给自己呢？勃朗宁一边走，一边在心里问自己：我有没有把握借到鱼竿呢？说不定米歇尔会不愿意借给我。

走着走着，又一家酒吧出现在面前，勃朗宁因为想着米歇尔的鱼竿心里有些烦躁，便又走进酒吧去喝了两杯。等他再次走出酒吧的时候，脑海中似乎有一个声音在不断地问他：要知道上个月米歇尔想要借你的猎枪，你拒绝了他。这次你真的有把握借到鱼竿吗？

"哼，他要是不借给我，那我以后便不再和他来往，断绝朋友关系！"勃朗宁默默地对自己说。

等他再走出几里地，勃朗宁想："米歇尔是一个小气的家伙，他就算自己不用也可能不会借给我。也许他会说：‘我已经把它借给别人了！’这个小子肯定会编造一个谎言来搪塞我的！”

又走了一段路，勃朗宁已经变得怒气冲冲，他几乎完全认定米歇尔一定不会借鱼竿给自己了。

当勃朗宁到达米歇尔家门口的时候，天色已经渐渐变暗。他找了一块儿石头，隔着栅栏狠狠地投向米歇尔家的窗户。

“哗啦”一声，窗户玻璃被勃朗宁砸碎了，碎裂的声音让他的心里一阵快活。他看到米歇尔着急地从屋里跑出来，四下查看是谁闯的祸。

米歇尔一眼就看到满脸怒容的勃朗宁手里正攥着一块儿石头站在他家院门前，便诧异地走上去问：“伙计，出什么事了？谁惹你这么不高兴了？”

勃朗宁怒视着米歇尔，大声地吼道：“你这个小气鬼，不用编造谎言来搪塞我，留着你的破鱼竿吧！我不会跟你借的！”

说完，勃朗宁便掉头大踏步回家了，只留下摸不着头脑的米歇尔不知所措地怔在那里。

虽然哲学家认为适度的猜疑是一种逻辑推理能力，但如果过度地沉迷于自己的猜疑中，则会变成一个人的心理障碍，让他变得神经过敏。喜欢猜疑的人都是孤独的，因为人人都避之唯恐不及。如果你的心里有猜疑的阴影，最明智的办法就是立刻叫停，让宽容之心成为自己的心态，否则就只能在人群之外生存了。

智慧箴言

◎生活中一些微不足道的小事，与其越想越气，不如把它们抛在脑后，以保持心境的平静。确立了这种自我意识，就能逐渐学会“制怒”。

微笑可以改变一切

笑是人类的特权。

——戴尔·卡耐基

态度决定一切，也许你改变不了事实，但是你却可以改变对这件事情的态度。人的快乐，通常是由自己给予的，只要你愿意，你就可以生活得很快乐。

作为纽约证券交易市场中的一名代理人，斯图尔德获得了别人难以企及的成功。但是当他谈及自己的成功之道时，却说：“我曾经是一个非常讨人厌的家伙，几乎没有人愿意和我打交道，更别提和我做生意了。但改变这一切的却只是一个微笑而已。”

在斯图尔德年轻的时候，事业发展并不像他预期得那么顺利。为此，斯图尔德脸上总是阴沉着，他不知道自己究竟应该怎么笑。这种生活持续了好几年，而斯图尔德的事业也就停滞了好几年。

终于有一天，当斯图尔德早上起床的时候，他决定改变自己。首先就是要改变自己的心态，让自己扫去以前的阴霾。而这种心态的变化要体现在脸上，就是要求自己无时无刻不微笑，用微笑代替过去阴沉的表情。

做好决定之后，斯图尔德对着镜子露出自己的笑容，并努力维持住。他对镜子里的自己说：“记住，从今以后不管什么情况，你都要保持这样的微笑来面对所有人，从内到外散发出愉悦来。”

当斯图尔德来到客厅，看到他的妻子，他便露出自己的微笑。妻子似乎有点不知所措，忙问他：“亲爱的，你哪儿不舒服吗？”

斯图尔德笑着说：“我很好，只是我学会了微笑。”

妻子说：“每天都看到你一脸愁容，已经很久没有看到你这样对我笑了。”

斯图尔德说：“以后你会习惯的，我保证这样的微笑你会时常见到。”

当斯图尔德来到电梯，他对电梯管理员露出微笑。在这所大楼工作十多年的电梯管理员第一次看到斯图尔德的笑容，居然有些害羞，她默默地微笑着回应了斯图尔德。

当斯图尔德经过大门的时候，他对警卫露出了微笑。而那个警卫也立刻对他敬礼，表示回应。

这种愉快的感受一直持续到斯图尔德来到证券交易所，同事们都大感诧异。当斯图尔德对他们微笑的时候，大家都对他回以更真诚的笑，整个交易所的空气似乎都变得温馨了不少。当客户走进来的时候，都能感受到轻松愉悦的气氛，斯图尔德这一天的业绩也就非常好。

自从有了微笑的转变之后，斯图尔德发现自己的生活正在不断改变着。和妻子结婚多年，他们之间的热情早就消散了，可是因为斯图尔德的微笑，妻子似乎也变得愉悦起来，两个人共同享用了烛光晚餐，幸福和浪漫的感觉又回到了他们的身边。大楼的管理员和警卫也都感受到了斯图尔德的变化，从来没有过交谈的他们，偶尔也会站下来彼此问候，在亲切的语言中他们的关系更加融洽，彼此之间似乎更友爱了。

当然，最大的转变是斯图尔德在证券交易所的业绩，随着他的微笑，业绩表似乎一直在节节攀升。原来抱怨的客户见到了斯图尔德的微笑，也会变得不那么挑剔；而原本准备退出的客户，也因为斯图尔德微笑的鼓励打算留下来再搏一次！没过几年，斯图尔德居然成为纽约证券交易所最成功的代理人，获得了同事的尊敬和客户的推崇，让他的事业进入了全面辉煌的阶段。

“只不过是一个微笑而已。”斯图尔德说，“但是它就是有这么伟大的魔力，让我们的生活都被改变！”

智慧箴言

◎微笑是因为幸福而生发出来，又因为喜悦而表达出来，它虽然不需要我们使用任何的花费，却可以赢得巨大的回报。只要露出一个微笑，就可以帮助你超越出自我的小小情绪，也可以让我们脱离困惑，让心态变得更加轻松、愉悦。因为满脸的微笑，也可以让幸福感受感染到周围的人，再通过周围人的反馈，让我们的愉悦得到巩固和加强。在这样的良性循环之中，生活便会大踏步向前走。

感恩之心，让你幸福

人生最美丽的补偿之一，就是人们在真诚地帮助别人之后，也帮助了自己。

——爱默生

感激伤害过你的人，因为他磨炼了你的意志；感激欺骗过你的人，因为他增进了你的智慧；感激蔑视过你的人，因为他唤醒了你的自尊；感激遗弃过你的人，因为他让你学会了独立……

有一个女子刚刚搬了家，她的邻居是一对贫穷的孤儿寡母。每天看着他们穿着粗布衣服冲她微笑，她就有一种眩晕的感觉，仿佛鼻尖都是他们家腐败的食物味道。

有一天晚上，他们那一带忽然停电了，女人找到了蜡烛，点了起来。这时，敲门声响起。她拉开门，看到门前站立着邻居家的小男孩，污垢的脸上有一双灵动的大眼睛，扑闪扑闪，亮晶晶的。他怯怯地开口：“阿姨，请问你家有蜡烛吗？”女子心想：“天哪，这是怎样贫穷的家庭，竟然连蜡烛都没有吗？我可千万不能借给他们啊，万一被缠上了，可怎么办呢？”

于是，她不耐烦地对男孩说：“没有！”

小男孩闻言双眼一亮，高兴地说：“我就知道是这样。”说着从怀里拿出两根蜡烛，“妈妈怕你一个人会害怕，又没有蜡烛，所以让我送给你两根。”

女子所有的防备在这一刻崩溃，她又自责、又感动，什么话也说不出，只好紧紧地抱着小男孩，感受着来自他的温暖，以及洋溢心中的幸福。

一位哲人曾说："所谓幸福，就是有一颗感恩的心，一个健康的身体，一个深爱你的人，一帮可同舟共济的朋友。"感恩能够缩短人与人之间的距离，使人们逐渐变得仁爱、宽厚起来。生活在一个充满爱与关怀的世界里，自然会感受到一种简单而纯粹的快乐和幸福。

从前，有一座遭受灾难的城市，城里的居民几乎都忍受着难熬的饥饿。有一个善良的面包师目睹了这一切，决定尽自己的努力帮助别人。于是，他召集了十几个孩子，然后拿出一篮子面包，告诉孩子们："这里的面包你们一人一个，而且在饥荒结束之前，你们每天都可以过来拿一个。"

孩子们激动坏了，瞪着篮子的眼睛发出饥渴的光芒，瞬间，他们蜂拥而上，抢了面包就跑，他们甚至都忘记了向给他们面包的善良的面包师说声"谢谢"。

当然，也有一个例外，那是一个瘦小的女孩，她静静地站在外围，等孩子们抢到面包离开之后，她才怯怯地走上前，拿走那个大家留下的、最小的面包。然后，她走到面包师跟前，用她软软的声音表达着她的感谢。

日子一天天过去了，孩子们照例来抢面包师的面包，然后转身跑掉。小女孩也依然等到大家都走了，才走上前，拿起面包，向面包师道谢后离开。这一天，她拿着面包回家，妈妈切开的时候，竟然从面包里掉出来好多崭新的银币。妈妈惊奇地叫道："立即把钱送回去，一定是揉面的时候不小心揉进去的。赶快去，赶快去！"当女孩把妈妈的话告诉面包师后，面包师面露慈爱地说："不，亲爱的孩子，这没有错。是我把银币放进小面包里的，我要奖励你，愿你永远保持一颗感恩、谦逊的心。回家去吧，告诉你的妈妈这些钱是你的了。"她激动地跑回家，告诉了妈妈这个令人兴奋的消息，这是她的感恩之心得到的回报。

传说，感恩是一棵小小的嫩芽，在上帝造物的时候，它就存在于人们的心中，但是，如果我们不能发现它、精心呵护它，它就不会发芽。而如果感恩的嫩芽茁壮成长，那么幸福、快乐、好运也将会紧随而至，只因为它们都是人类心田里的小伙伴。

感恩如同阳光一样，能够给我们带来温暖。不管我们从事什么工作，不管我们是社会哪个阶层的人，不管我们是贫穷还是富有，只要长存一颗感恩之心，就会拥有一种美好的处世品格。自然而然地，我们的生活中便会出现一处又一处的动人风景。

智慧箴言

◎感恩，即乐于把得到帮助后的感激呈现出来并且回馈他人。那些只知索取、不懂感恩的人，认为自己的一切所得都是理所当然的，领会不到那其实是生命的恩赐，感受不到人与人之间的真诚与关爱，自然也就不会有幸福的感觉。

说话办事的艺术

文图编辑：柴　娜
美术编辑：刘晓东
插图绘制：杜肖牧